国家自然科学基金地区项目"环境规制影响企业绩效的过程、关键因素及作用机理——以重污染企业为例（71362023）"主要研究成果

环境规制
对企业绩效的影响研究

胡元林 郑文 等 ◎ 著

THE IMPACT OF ENVIRONMENTAL REGULATION ON
FIRM PERFORMANCE

图书在版编目（CIP）数据

环境规制对企业绩效的影响研究/胡元林等著. —北京：经济管理出版社，2018.5
ISBN 978-7-5096-5705-8

Ⅰ.①环… Ⅱ.①胡… Ⅲ.①环境规划—影响—企业—绩效—研究—中国 Ⅳ.①F279.23

中国版本图书馆 CIP 数据核字（2018）第 054886 号

组稿编辑：梁植睿
责任编辑：梁植睿
责任印制：黄章平
责任校对：赵天宇

出版发行：经济管理出版社
（北京市海淀区北蜂窝 8 号中雅大厦 A 座 11 层　100038）
网　　址：www.E-mp.com.cn
电　　话：（010）51915602
印　　刷：北京玺诚印务有限公司
经　　销：新华书店
开　　本：720mm×1000mm/16
印　　张：17.5
字　　数：290 千字
版　　次：2018 年 5 月第 1 版　2018 年 5 月第 1 次印刷
书　　号：ISBN 978-7-5096-5705-8
定　　价：58.00 元

·版权所有　翻印必究·
凡购本社图书，如有印装错误，由本社读者服务部负责调换。
联系地址：北京阜外月坛北小街 2 号
电话：（010）68022974　　邮编：100836

PREFACE
前言

近年来,由水、空气、重金属、化学品污染引发的突发环境事故时有发生,一些地区污染排放大大超过环境容量,其中重污染企业对生态环境危害极大。重污染企业是我国GDP的主要贡献者,对增加地方财政收入和解决就业功不可没;同时,电力、钢铁、建材、电石、焦炭等重污染企业集中行业是我国二氧化硫和化学需氧量的主要"产生者",也是多数环境纠纷和事件的"触发者"。对重污染企业进行环境规制一直是国家环境污染防治的重点,这不仅关系到我国资源节约型、环境友好型社会的建设,更是中国在世界气候变化舞台上履行大国责任的重要体现。

严格的环境规制要求企业增加环境保护投入,提高技术创新,发展环境友好产品,这有利于环境保护和资源节约,但势必对企业绩效产生较大的冲击。关于环境规制对企业绩效的影响(包括影响性质、影响因素、影响机理等),到目前为止学术界仍存在诸多争议。尽管环境问题对社会的长远发展具有极其重要的作用,但对企业而言并非如此。在机会主义行为在决策中占据优势的情况下,企业会更加追求自身的微观利益。因此,只有将企业绩效同环境规制结合起来,既关注环境规制的环境效果,又关注企业绩效的提高,才能保证企业和社会获得"双赢"。因此,研究环境规制与企业绩效之间的关系,可为我国企业适应规制、提高绩效提供理论和实践依据。

尽管国外学者关于环境规制对企业绩效的影响的研究取得了一系列成果,但由于历史背景与环境的特殊性,其研究结论很难直接嫁接到我国进行运用。国内相关研究主要集中在环境规制如何影响外商直接投资,而较少涉及环境规制对本土企业,特别是对重污染企业绩效影响的系统分析。因此,研究环境规制对企业绩效的影响过程和影响因素,揭示环境规制影响企业绩效的内在机理,明确企业在规制下的价值创造,既可为国家制定相关政策提供微观理论基础,又可为企业完善管理、提高绩效,获得经济和环保双丰收提供实际指导,本书具有重要的理论价值和现实意义。

本书运用管理学、产业经济学、环境经济学等多学科知识,围绕"环境规制影响企业绩效的内在机理"这一基本命题,历时四年,通过对云南、湖北、陕西、山西、辽宁等地的多家重污染企业进行实地调研、访谈和问卷调查,以规范研究与实证研究相结合的方法,主要探讨了以下问题:

第一,环境规制下企业环境管理现状研究。在明确我国现行环境规制内涵、类型、特征的基础上,通过实地调研、重点访谈和问卷调查,以重污染企业为研究对象,了解环境规制下企业环境战略实施的驱动因素、动因和阻力,以及影响企业环境行为的主要因素,明确环境规制下企业环境管理行为的特征。

第二,基于平衡计分卡视角探讨环境规制对企业绩效的影响。为探讨环境规制对企业绩效的影响机理,本书构建了"环境规制—企业绩效""环境规制—企业资源—企业绩效""环境规制—企业管理—企业绩效""环境规制—市场结构—企业管理—企业绩效"四个模型,其中在"环境规制—企业绩效"模型中,将环境规制与企业绩效直接联系起来,对环境规制按照规制手段进行分类,将企业绩效按照平衡计分卡进行细化,以重污染企业为例,探讨两者之间的关系,明确环境规制对企业绩效的直接影响。

第三,基于企业资源视角探讨环境规制对企业绩效的影响。本书运用资源管理理论,结合我国环境规制现状,基于企业内部资源的微观视角,构建"环境规制—企业资源—企业绩效"模型来探讨企业内部资源对环境规制影响企业绩效的调节作用,并运用我国重污染上市公司数据进行实证研究,为企业加强资源管理、构建核心能力、应对环境规制提供实践路径。

第四,基于企业内部管理视角探讨环境规制对企业绩效的影响。环境规制会提高企业成本或促进创新,这是客观存在的管理现象。因此,研究环境规制如何影响企业成本或促进创新进而影响企业绩效更具有意义。在"环境规制—企业管理—企业绩效"模型中，基于企业内部管理视角，本书关注环境规制影响企业绩效的过程、关键因素，研究环境规制、企业管理行为、企业绩效三者之间的关系，探讨环境规制影响企业绩效的作用机理。

第五，基于ESCP视角探讨环境规制对企业绩效的影响。本书运用产业经济学和制度经济学的基本理论，构建了一个拓展的"环境规制—结构—行为—绩效"（ESCP）模型来研究环境规制对企业绩效的影响过程。在此基础上，本书重点研究在环境规制下如何有针对性地适应外部结构变化、改变企业管理行为，让企业自觉地适应环境规制、利用环境规制来提高企业绩效。同时，运用问卷数据，实证研究环境规制对企业管理行为以及企业绩效的影响机理。

本书得出了如下相关结论：

第一，环境规制既是企业主动型环境战略的强制驱动力，又是企业实施主动型环境战略的决策动因和持续动因，是影响企业环境行为的重要因素。目前，我国环境规制工具日趋丰富，规制强度越来越大，各规制主体的协调性增强，强调多部门的联合行动。但也存在以命令控制为主，市场激励力度不够；规制机构缺乏独立性，对规制者的监督机制不健全；规制过程缺乏公开性、透明性和公众参与性等问题。

第二，在"环境规制—企业绩效"模型中，通过层次回归方法实证发现：命令控制型环境规制对企业绩效无显著的影响，市场激励型环境规制和自愿型环境规制对企业绩效均有显著的正向影响，而且自愿型规制的影响力要强于市场激励型规制。这一研究结论为评价我国环境规制政策的有效性、完善环境规制政策指明了方向。

第三，在"环境规制—企业资源—企业绩效"模型中，利用企业资源管理理论，通过理论分析和研究假设，对我国重污染上市公司2009~2015年的数据进行实证分析，得出以下结论：当前环境规制对企业绩效的正向影响不显著，企业资源在两者之间起调节作用。其中，创新资源、沉淀性冗余资源正向调节环境规制与企业绩效之间的关系作用更加显著，资源柔性对环境规制与企业绩效的关系呈现显著的正向影响。该研究明确了企业资源在企业环境管理中的作用，为企业强化资源管理、加强核心能力建设提供了理论依据。

第四，在"环境规制—企业管理—企业绩效"模型中，提炼出环境规制影响企业绩效的过程：环境规制对企业绩效的影响，首先是影响管理者的管理感知。

管理者在综合考虑环境规制的类型、企业自身的资源能力、组织目标和预期的结果基础上，确定企业的竞争战略。积极的管理认知能够促进企业实施绿色管理，推动企业战略转型，企业的绿色管理行为必须与企业的竞争战略结合起来才能真正促进企业绩效的提高。其中，管理认知、环境管理、成本竞争优势、差异化竞争优势均是环境规制影响企业绩效的关键驱动因素。环境规制正是通过这四个关键因素逐步对被规制企业产生影响，最终作用于企业的绩效。

第五，在"环境规制—市场结构—企业管理—企业绩效"模型中，借助"结构—行为—绩效"（SCP）模型，从环境规制、市场结构、公司治理特性以及管理层认知和管理实践四个层面探讨了企业环境行为的驱动力，构建了环境规制对企业绩效影响的ESCP框架体系，探讨了环境规制影响企业绩效的内在机理。实证研究中，首先验证了SCP模型的存在，接着将规制工具引入模型，得出环境规制对市场结构和企业行为能够产生显著的正向影响，市场结构对企业环保行为的影响不显著，企业环保行为对企业绩效的影响不显著。究其原因，一方面可能是由于SCP模型完全是基于市场自发行为的结果，而加入环境规制变量这一政府调控手段后，可能对其原有的影响关系产生影响；另一方面可能是由于我国目前的环境规制不够完善，对重污染企业的规制力度不够，规制的影响作用并没有沿着S-C-P的方向在各部分之间有效地传导，这导致在环境规制的作用下，重污染企业所在的市场结构、企业行为和企业绩效之间的作用关系不再显著。

本书的主要贡献体现在以下几方面：

第一，基于我国企业实践，以重污染企业为研究对象，探讨环境规制下企业环境管理过程和管理行为，关注现行环境规制对企业管理行为的影响，明确了企业环境行为的特征及其主要影响因素。

第二，探讨了环境规制对企业绩效的影响过程，识别出关键影响因素，明确其作用机理。本书利用四种模型多维度探讨了环境规制对企业绩效的影响，识别了其中的关键因素，为企业管理战略的制定和企业管理行为的实施提供依据。

第三，为评价环境规制政策的有效性提供了微观依据。在明确作用机理的基础上，通过环境规制对企业绩效的影响，评估环境规制政策的有效性，能够为未来环境规制政策优化提供方向。

CONTENTS 目录

第一章 绪　论 ··· 001

　一、研究背景与意义 ··· 001

　二、研究目标、研究内容及研究方法 ································· 005

　三、研究方案及拟解决的关键科学问题 ······························ 009

　四、研究对象的界定 ··· 011

　五、研究特色与创新之处 ·· 012

第二章 理论回顾和评述 ··· 014

　一、环境规制会对企业绩效产生何种影响？ ······················· 014

　二、环境规制如何对企业绩效产生影响？ ·························· 016

　三、环境规制会对企业绩效产生多大影响？ ······················· 018

　四、研究现状评述 ·· 020

第三章 我国环境规制下的企业环境管理现状 ·················· 022

　一、我国环境管理政策的演化与发展 ································ 022

　二、环境规制的理论与实践 ··· 027

　三、企业主动型环境战略的驱动因素——基于扎根理论的探索研究 ········ 031

　四、企业实施主动型环境战略的动因和阻力分析 ················ 041

　五、企业环境行为影响因素实证研究 ································ 052

第四章　环境规制对企业绩效的影响——基于平衡计分卡视角　065

一、理论分析与研究假设　066
二、研究设计　070
三、实证检验及结果分析　075
四、结论及建议　083

第五章　环境规制对企业绩效的影响——基于资源视角　089

一、理论分析与研究假设　090
二、研究设计　093
三、实证结果与分析　096
四、结论与建议　102

第六章　环境规制对企业绩效的影响——基于内部管理视角　103

一、环境规制影响企业绩效的过程分析　104
二、研究假设及理论模型　107
三、研究方法　110
四、数据分析　112
五、结论与建议　118

第七章　环境规制对企业绩效的影响——基于ESCP视角　121

一、环境规制对企业绩效影响的ESCP框架　122
二、基于ESCP视角的环境规制影响企业绩效的内在机理　125
三、研究假设　128
四、研究设计　131
五、实证结果与分析　133
六、相关建议　138

第八章　结论与展望　139

一、本书主要结论　139

二、对策与建议 …………………………………………………… 142
三、不足与展望 …………………………………………………… 145

附录1　企业主动型环境战略的驱动因素调研提纲 ……………… 147

附录2　企业实施主动型环境战略的动因与阻力研究调查问卷 …… 148

附录3　环境规制对企业绩效影响的关键因素调查问卷 ………… 152

附录4　专题研究 …………………………………………………… 158

环境规制下企业环境战略转型的过程机制研究
　　——基于动态能力视角 ……………………………………… 158
环境规制、资源管理对企业绩效影响的实证研究 ……………… 171
环境规制对企业绩效的影响——以企业环保投资为传导变量 …… 182
市场激励型环境规制对企业绩效影响的路径研究 ……………… 196
自愿型环境规制影响企业绩效的路径研究 ……………………… 207
平衡计分卡因果逻辑关系实证研究——基于重污染企业的问卷数据 …… 216
基于价值链视角的企业环境管理绩效评价研究 ………………… 226
环境规制对企业行为的影响 ……………………………………… 239

参考文献 …………………………………………………………… 246

后　记 ……………………………………………………………… 266

第一章 绪 论

一、研究背景与意义

(一) 生态环境问题已成为制约我国社会与经济发展的重要因素

改革开放以来,中国经济一直保持着快速发展的趋势,自 2010 年第二季度起,中国经济总量超过了日本,成为世界第二大经济体。但这也使中国付出了沉重的资源和环境代价。资源方面,按照 Vaclav Smil (2013) 的分析,中国 2011~2013 年消耗水泥 66 亿吨,超过美国整个 20 世纪的消耗量,水泥产量和消耗量均居世界第一位,且超过全球的一半;环境方面,按照 2016 年的中国环境状况公报,全国 338 个地级及以上城市中,仅 84 个城市环境空气质量达标,占全部城市数的 24.9%;254 个城市环境空气质量超标,占 75.1%。全国地表水 1940 个评价、考核、排名断面中,Ⅰ类、Ⅱ类、Ⅲ类、Ⅳ类、Ⅴ类和劣Ⅴ类水质断面分别占 2.4%、37.5%、27.9%、16.8%、6.9%和 8.6%。[①] 以地下水含水系统为单元,以潜水为主的浅层地下水和以承压水为主的中深层地下水为对象的 6124 个地下水水质监测点中,水质为优良级、良好级、较好级、较差级和极差级的监测点分别占 10.1%、25.4%、4.4%、45.4%和 14.7%。由水、空气、重金属、化学品污染引发的突发环境事故时有发生,一些地区污染排放大大超过环境容量,环境污染给中国带来的经济损失占 GDP 的 8%~15%(韩超、胡浩然,2015),经济的可持

---

① 数据摘自《2016 中国环境状况公报》。

续发展受到严重威胁。

与此同时,中国正处在以重化工业快速发展为特征的工业化中后期阶段,不少地方政府为了争先进位,纷纷将加速工业化作为工作重点,能源高消耗和污染高排放很可能呈现密集增长的态势,如内蒙古阿拉善盟腾格里沙漠环境污染事件,正是在这一背景之下发生的。中国经济的发展在很大程度上依靠能源消耗来实现,工业部门平均每年消耗的能源达到全国总量的80%,温室气体排放超过全国总量的85%,而且这一比例还在不断增长,使经济增长与环境恶化之间的矛盾不可避免(林伯强、蒋竺均,2009)。重污染企业是我国GDP的主要贡献者,对增加地方财政收入和解决就业功不可没;同时,电力、钢铁、建材、电石、焦炭等重污染企业集中的行业是我国二氧化硫和化学需氧量的主要"产生者",也是多数环境纠纷和事件的"触发者"(李华友,2010)。由于重化工业的发展,中国被认为是世界第一大能源消耗国,并在2007年之后被认为是世界上温室气体排放量最大的国家,由此产生的环境恶化不仅影响到人民群众的身体健康,也可能威胁到国家未来更长时期的可持续发展(宋马林、王舒鸿,2013)。

目前,中国正处于经济增长方式转型升级的关键时期,在这样的背景下,中共十八大报告要求将生态文明建设放在突出地位。因此,如何在稳定经济增长的约束下降低环境污染、保持生态安全是当前亟待解决的难题。这不仅关系到我国资源节约型、环境友好型社会的建设,更是中国在世界气候变化舞台上履行大国责任的重要体现。

(二)环境规制成为治理生态环境问题的主要手段

发展的危机亟须制度创新引导绿色生产(李虹、熊振兴,2017)。对重污染企业进行环境规制一直是国家环境污染防治的重点。环境规制是指以环境保护为目的而制定实施的各项政策与措施的总和,依据政策工具的强制程度可将其分为三类(Testa et al.,2011):直接规制(标准、命令与控制)、经济工具(税费、可交易的排放许可证等)和"软"手段(自愿产业协议、环境认证方案等)。早在20世纪80年代,环境保护就被列入我国基本国策。自1989年通过并施行《中华人民共和国环境保护法》以来,全国人大以及常委会已经制定了29部关于环境与资源保护的法律,包括《水污染防治法》《大气污染防治法》《固体废物污染环境防治法》等(包群等,2013)。近年来,面对着严重的生态环境问题,我国环境规制日趋严厉，不仅从环保标准等技术层面对企业进行约束，继续推行"总量控制、责任分解"的环境治理总体政策，还直接干预资本市场，调控资金投资方向，如 2007 年实施绿色信贷，2008 年推行绿色证券，2010 年要求 16 类重污染行业上市公司发布年度环境报告，定期披露污染物排放情况、环境守法、环境管理等方面的环境信息。另外，为进一步加强环境保护工作，被称为"史上最严"的新环境保护法从 2015 年开始实施，在打击环境违法行为方面力度空前（李干杰，2017）。根据新环境保护法和《加快推进生态文明建设的意见》等要求，党中央、国务院建立环境保护督察制度，并于 2015 年 8 月印发《环境保护督察方案（试行）》，明确以中央环境保护督察组名义，对各省、自治区、直辖市党委和政府开展督察，并纳入《生态文明体制改革总体方案》"1+N"序列。这对今后我国的环境保护工作和生态文明建设具有里程碑式的意义。

中共十八大把生态文明建设作为统筹推进"五位一体"总体布局和协调推进"四个全面"战略布局的重要内容，推动我国生态环境保护从认识到实践发生了历史性、全局性变化，美丽中国建设深入人心、稳步推进。中共十八大以来，国务院发布实施大气、水、土壤污染防治三大行动计划，加大化解钢铁、煤炭等过剩产能和淘汰落后产能工作力度。中共中央、国务院印发《关于加快推进生态文明建设的意见》《生态文明体制改革总体方案》。中央全面深化改革领导小组审议通过 40 多项生态文明建设和环境保护具体改革方案，一批具有标志性、支柱性的改革措施陆续推出，"四梁八柱"性质的制度体系不断完善。开展四批中央环境保护督察，实现 31 个省（区、市）全覆盖，有力落实环保"党政同责""一岗双责"，推动解决了一大批突出的环境问题。有序推进省级以下环保机构监测监察执法垂直管理制度改革，开展按流域设置环境监管和行政执法机构、设置跨地区环保机构、生态环境损害赔偿制度改革试点，完成国控空气质量监测站监测事权上收任务，实施控制污染物排放许可制，加强环境信息公开，政府、企业、公众共治的环境治理体系初步形成。《环境保护法》《大气污染防治法》《水污染防治法》《环境影响评价法》《核安全法》《环境保护税法》等法律完成制定/修订,《核安全法》《土壤污染防治法》进入全国人大常委会立法审议程序。

（三）环境规制对企业绩效的影响具有复杂性

环境规制是政府解决环境问题"市场失灵"的手段，也是实现产业结构调整的重要措施。严格的环境规制要求企业增加环境保护投入，提高技术创新，发展环境友好产品（Nakao et al., 2007），这有利于环境保护和资源节约，但势必对企业绩效产生较大的冲击。以医药行业为例，作为污染相对较大的行业，该行业正在面临越来越严的环保高压态势。在京津冀及周边地区，截至2017年6月底，环保督查发现的"散乱污"企业达17.6万家。受环境、土地等因素制约，环保部要求对于无法升级改造达标排放的企业，2017年9月底前一律关闭。在中国原料药企业中，小型企业占比为77.04%，收入仅占40%。大型企业以不到5%的数量规模占据了整个原料药总收入的33%。面对高压态势，企业或整改、或搬迁、或关闭、或转型。但无论是整改还是搬迁，制药企业都将面临高额的搬迁费用和治理费用，并受技术壁垒约束。在持续的环保压力下，专家估计原料药市场中至少70%的小型企业将首先被淘汰出局。不过，也有部分原料药龙头企业享受到了环保整治带来的红利。工信部发布的《2016年医药工业主要经济指标完成情况》显示，2016年我国医药工业规模以上企业利润总额增长15.6%，而原料药行业增长了25.9%。在主营业务收入增速低于行业整体的情况下，原料药企业的利润增速领跑行业整体水平，价格因素功不可没。可见，环境规制对企业绩效的影响（包括影响性质、影响因素、影响机理等）存在很大的不确定性，这可能与企业资源禀赋、要素投入结构以及企业管理方式相关。同时在学术界也存在着"传统假设""波特假设"和"不确定性假说"三种理论之争。尽管环境问题对社会的长远发展具有极其重要的作用，但对企业而言并非如此。在机会主义行为在决策中占据优势的情况下，企业会更加追求自身的微观利益。因此，只有将企业绩效同环境规制结合起来，既关注环境规制的环境效果，又关注企业绩效的提高，才能保证企业和社会获得"双赢"。因此，研究环境规制与企业绩效之间的关系，可为我国企业适应规制提高绩效提供理论和实践依据。

尽管国外学者关于环境规制对企业绩效的影响研究取得了一系列成果，但由于历史背景与环境的特殊性，其研究结论很难直接嫁接到我国进行运用。国内相关研究主要集中在环境规制如何影响外商直接投资，而较少涉及环境规制对本土企业，特别是对重污染企业绩效影响的系统分析。因此，从实证中探明环境规制对企业绩效的影响过程和影响因素，从理论上揭示环境规制影响企业绩效的内在机理，明确企业在规制下的价值创造，既可为国家制定相关政策提供微观理论基础，又可为企业完善管理、提高绩效、获得经济和环保双丰收提供实际指导，本书研究具有重要的理论价值和现实意义。

二、研究目标、研究内容及研究方法

（一）主要研究目标

本书的主要研究目标是明确环境规制对企业绩效影响的内在机理，具体包括以下目标：

（1）建立环境规制与企业绩效间的内在联结。通过理论分析和实证研究，采取多种模型探讨环境规制对企业绩效的影响过程，识别出关键影响因素，明确其作用机理，为企业应对环境规制提升自身绩效提供管理策略。

（2）揭示我国企业在环境规制下的管理战略与行为选择。通过总结我国企业在环境规制下的管理行为特征，归纳出环境规制对企业的影响以及企业的应对策略，为企业进行环境管理战略的制定和实施提供依据。

（3）推进我国环境规制政策优化。通过评价我国环境规制政策的有效性，明确规制政策的优缺点，为未来环境政策的改革提供方向。

（二）主要研究内容及章节安排

本书的研究内容主要包括：

1. 企业在环境规制下的管理现状

明确我国现行环境规制政策。通过文献查阅，界定环境规制的内涵，了解我国重污染行业现行环境规制政策，着重明确环境规制的类型、手段，总结我国环境规制政策的特征。

研究环境规制下的企业管理行为。通过实地调研、重点访谈和问卷调查，以重污染企业为研究对象，了解环境规制下企业环境战略实施的驱动因素、动因和阻力，以及影响企业环境行为的主要因素，明确环境规制下企业环境管理行为的特点。在识别不同规制情况下企业管理行为的动态演化路径的基础上，总结我国企业环境管理行为特征，归纳引导企业良性发展的关键因素，开展企业绿色战略的对策研究。

2. 基于平衡计分卡探讨环境规制对企业绩效的影响

将环境规制与企业绩效直接联系起来，对环境规制按照规制手段进行分类，将企业绩效按照平衡计分卡进行细化，以重污染企业为例，探讨两者之间的关系，明确环境规制对企业绩效的直接影响。

3. 基于企业资源视角探讨环境规制对企业绩效的影响

资源基础理论认为企业竞争优势来自内部的资源，是由企业内部战略性异质资源决定的。环境规制作为企业外部变量，对企业绩效的影响是通过企业资源发生作用的。研究利用资源基础理论，结合我国环境规制现状，基于企业内部资源的微观视角，从资源的种类、数量、特性等方面入手，探讨企业内部资源对环境规制影响企业绩效的调节作用。

4. 基于企业内部管理视角探讨环境规制对企业绩效的影响

环境规制会提高企业成本或促进创新，这是客观存在的影响因素。研究环境规制如何影响企业成本或促进创新进而影响企业绩效更具有意义。本书基于企业内部管理视角，关注环境规制影响企业绩效的内在机理，研究环境管制、企业管理行为、企业绩效三者之间的关系，探讨环境规制影响企业绩效变化的过程以及关键因素。

5. 基于ESCP视角探讨环境规制对企业绩效的影响

运用制度经济学和产业经济学的基本理论，构建一个拓展的"环境规制—结构—行为—绩效"模型来研究环境规制对企业绩效的影响机理。在此基础上，重点研究在环境规制下如何有针对性地适应外部结构变化、调整公司内部结构、改变企业管理行为，让企业自觉地适应环境规制、利用环境规制来提高企业绩效。运用问卷数据，实证环境规制对企业管理行为以及企业绩效的影响。

6. 结论与思考

系统思考环境规制下影响企业绩效的主要因素，从企业战略管理、资源及资源管理、环境管理和绩效管理等视角探讨在环境规制下的企业管理对策，并审视在相关理论领域的创新性和贡献，指出进一步的研究方向。

基于实证研究的结果，进一步分析我国环境规制政策的特征、优缺点以及其适用范围，为我国环境规制政策改革提供理论依据。

本书主要章节安排如下：

第一章是绪论。目前,生态环境问题已成为制约社会经济发展的重要因素,环境规制作为治理生态环境问题的主要手段,对企业的影响极为复杂。本书以重污染企业为例,探讨环境规制对企业绩效的影响,明确环境规制对企业绩效影响的内在机理。在描述研究背景、分析研究意义的基础上,对研究目标、研究内容及方法、研究方案、拟解决的科学问题、可能的创新点等进行了介绍,为进一步研究确定了方向和目标。

第二章是理论回顾和评述。环境规制对企业绩效的影响已成为目前的研究热点,本书从"环境规制是否影响企业绩效、如何影响企业绩效、产生多大影响"三个维度进行了文献梳理,上述研究成果为本书的研究提供了思路和启发。

第三章是我国环境规制下的企业环境管理现状。首先,总结中国环境管理政策的发展和演化历程,分析我国环境管理的法律法规体系及其运行机制;接着,结合环境规制的演化历程,对我国环境规制的发展历程进行回顾,并分析其特征;在此基础上,基于扎根理论的探索研究,探讨了企业主动型环境战略的驱动因素;并运用问卷调查法,对企业主动型环境战略的动因和阻力进行分析;最后,利用逐步回归方法,实证了企业环境行为的主要影响因素。所有研究均表明,环境规制是影响企业环境战略和环境行为的重要因素。

第四章是环境规制对企业绩效的影响——基于平衡计分卡视角。本章首先直接探讨环境规制对企业绩效的影响。将环境规制细化为命令控制型环境规制、市场激励型环境规制和自愿型环境规制,利用平衡计分卡将企业绩效划分为财务、顾客、内部流程、学习与成长四个方面,在理论分析的基础上,选取不同指标体系对潜变量进行量化,通过对重污染企业进行问卷调查,运用层次回归方法进行实证研究,结果发现:市场激励型环境规制和自愿型环境规制与企业绩效正相关,而命令控制型环境规制对企业绩效财务、顾客、内部业务流程以及学习与成长四个维度的影响均不显著。

第五章是环境规制对企业绩效的影响——基于资源视角。利用资源基础理论,结合我国环境规制的现状,从资源的种类、数量、特性等方面探讨企业内部资源对环境规制影响企业绩效的调节作用。通过对我国重污染上市公司企业2009~2015年的数据进行实证分析,发现资源在环境规制对企业绩效的影响过程中起调节作用。其中创新资源和沉淀性冗余资源的作用关系更为显著;资源柔性对环境规制与企业绩效的关系呈现显著的正向影响。研究为企业加强内部资源管理、培育创新资源、保留适当资源冗余、保持资源柔性提供了理论依据。

第六章是环境规制对企业绩效的影响——基于内部管理视角。接着，继续拓展研究领域，基于企业内部管理视角，将环境规制、企业管理行为、企业绩效纳入一个框架体系进行研究，应用 SEM 研究了环境规制对企业绩效的影响路径，通过提出假设并建立理论模型，结合问卷调查证实所提出的有关假设，明确了环境规制影响企业绩效的过程和关键因素，厘清了企业在当前环境规制背景下的管理过程和价值创造。

第七章是环境规制对企业绩效的影响——基于 ESCP 视角。进一步拓展研究领域，利用 SCP 分析模型，从环境规制、市场结构、公司治理特性以及管理层认知和管理实践四个层面探讨了企业环境行为的驱动力，构建了环境规制对企业绩效影响的 ESCP 框架体系，并通过实证研究分析了该体系的完整性。从实证结果中可以看出，目前我国环境规制政策在引导企业环境保护行为上起到了一定的效果，但从程度上来看还远远不够，我国的环境规制还需要进一步加强。

第八章是结论与展望。在上述研究的基础上进行了总结，形成相关研究结论，提出相应对策与建议，并指出了未来的研究方向和可进一步研究的领域。

（三）主要研究方法

（1）文献研究法。通过文献研究，以收集、鉴别、整理环境规制、企业绩效以及环境规制对企业绩效影响的相关文献，并通过对文献的研究形成对事实的科学认识，完成文献综述以及提出相关研究假设。

（2）实地调查法和专家访谈法。通过实地调查和专家访谈，了解环境规制背景下我国企业环境管理现状，明确企业环境管理战略实施的主要驱动因素、动因及阻力因素，识别主要管理过程及管理行为。

（3）问卷调查法。为明确我国企业环境管理战略实施的动因及阻力因素，探明环境规制影响企业绩效的路径，在文献研究和专家访谈的基础上，设计问卷，并以重污染企业为例进行问卷调查，为相关研究获取一手资料。

（4）统计分析方法。借助 SPSS 软件和结构方程模型软件进行描述性统计、信度检验、效度检验、检验性因子分析、平均方差抽取量检验、潜变量路径分析、多组群分析、模型拟合参数分析等工作，对调查数据进行定量分析。

（5）理论演绎方法。综合运用管理学、制度经济学和产业经济学的基本理论，探讨环境规制影响企业绩效的过程，构建一个拓展的"环境规制—结构—行为—绩效"模型来研究环境规制对企业绩效的影响机理。

三、研究方案及拟解决的关键科学问题

（一）研究方案

本书在参照国外经典文献的基础上，立足问卷调查数据，采用实证研究方法，研究过程拟分为以下三个步骤（见图1-1）。

第一步，现状研究。通过文献查询，对本书所涉及的环境规制政策、企业管理行为、管理过程、关键影响因素、绩效管理内容进行归纳总结，依据文献综述内容完成现场调研以及提请专家研讨，完善环境规制下企业管理行为、关键因素以及企业绩效的相关研究，为后续假设研究以及影响作用机理奠定基础。

第二步，模型构建与实证研究。主要包括以下递进程序：

（1）依据前期对环境规制政策、企业管理过程、关键影响因素以及企业绩效的研究，提出若干科学研究假设，构建环境规制对企业绩效的影响作用机理。

（2）按照环境规制影响企业绩效的路径，采用李克特7级量表完成初始调查问卷设计和问卷前测。问卷前测中采取来自于相关企业的小样本，借助SPSS软件和结构方程模型软件依次完成样本数据录入、缺失值处理、信度检验、效度检验、检验性因子分析、平均方差抽取量检验、潜变量路径分析、多组群分析、模型拟合参数分析等工作。根据前测结果对影响机理和初测问卷进行修改，形成最终问卷。

（3）选取重污染企业（拟选取钢铁、电解铝、煤炭、冶金、化工、石化、制药和采矿业等行业的企业），收集足够数量样本，完成数据收集和统计分析，对比不同数据对象的分析结果，提取具有共性的特征。

（4）明确主要影响因素，完成环境规制对企业绩效的影响机理研究，并在此基础上借助重污染行业上市公司数据、运用结构方程模型、Ordered Probit模型评价环境规制对企业绩效的影响。

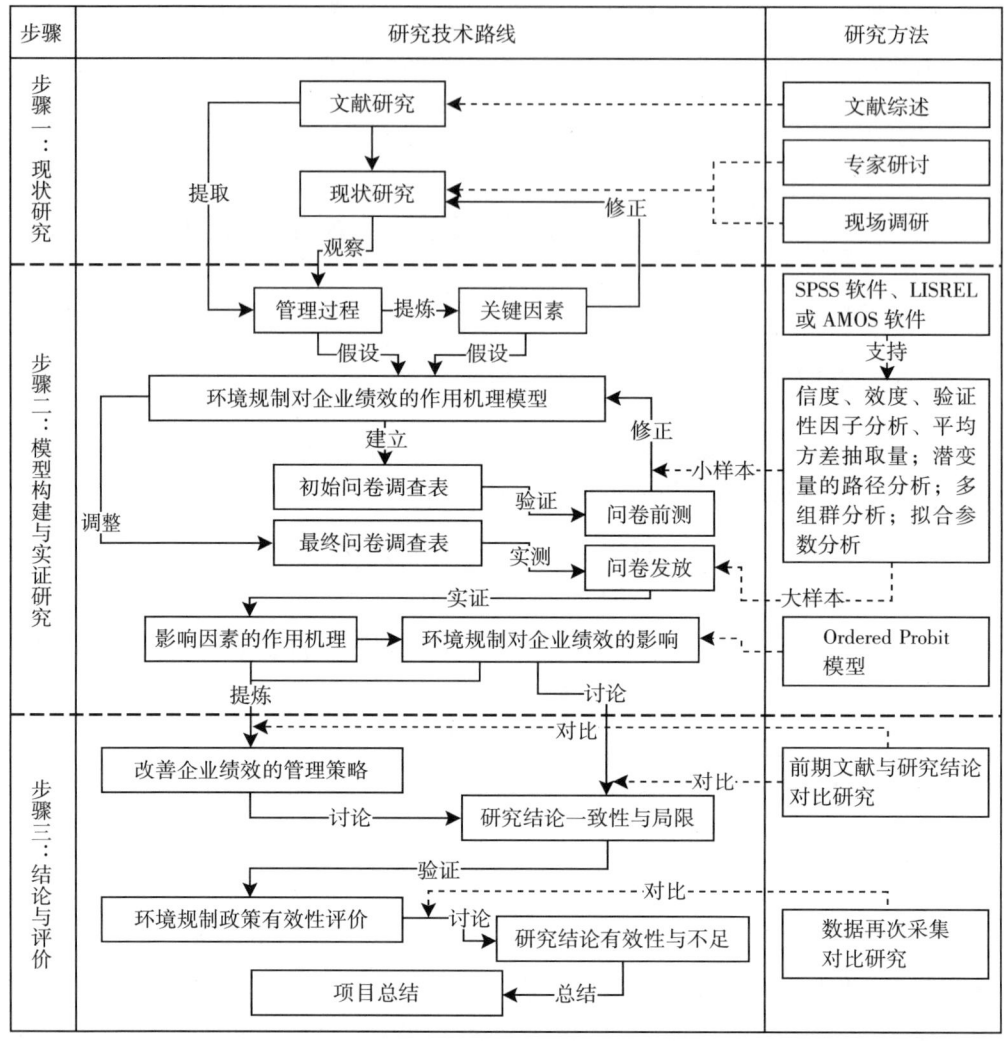

图 1-1 研究方案框架

第三步,结论与评价。形成环境规制下企业的管理策略,评价我国环境规制政策的有效性,探讨本书研究的有效性和局限性,进行研究总结。

(二)拟解决的关键问题

明确环境规制下的企业管理行为及环境规制对企业绩效的影响过程,识别关键影响因素。环境规制的实施会影响企业的决策和行为。如何在环境规制下识别影响企业行为和绩效的关键因素,明确关键因素为什么以及如何影响企业行为和绩效，揭示影响因素与企业绩效之间的内在逻辑，是本书首先拟解决的问题。

明确环境规制对企业绩效的作用机理。在明确关键因素的基础上，通过理论探讨和实证研究，探索"环境规制如何作用于关键因素，关键因素如何影响企业行为，进而影响企业绩效"的作用机理，寻找关键因素作用的时机和范围，提出相应管理策略，是本书拟解决的第二个问题。

评价环境规制政策的有效性。在明确作用机理的基础上，通过环境规制对企业绩效的影响，评估环境规制政策的有效性，为未来环境规制政策优化提供方向，是本书拟解决的第三个问题。

四、研究对象的界定

本书以重污染企业为研究对象。对于污染行业及污染企业的界定，政府和社会有一个不断强化认识的过程。根据原国家环保局"九五"环境保护计划，将煤炭、石油、天然气、电力、钢铁、有色金属、建材、炼焦、化工、医药、石油化工、造纸、食品发酵、纺织和机械工业等行业确定为污染重点控制行业，即这些行业是排放污染的主要行业。到了2010年9月14日，按照环保部公布的《上市公司环境信息披露指南》（征求意见稿）的规定，确定火电、钢铁、水泥、电解铝、煤炭、冶金、化工、石化、建材、造纸、酿造、制药、发酵、纺织、制革和采矿业16类行业为重污染行业。可见，随着社会经济的发展以及管理水平的提高，大家对重污染行业（企业）的认识越来越深入，管理越来越细化。这些行业（企业）有以下特点：

第一，地位显著，对国民经济的支持力度大。这些行业主要集中在重工业范畴，而我国的重工业在经济发展中占有举足轻重的地位，为我国经济的快速发展和全国人民生活水平的提高提供了强有力的物质基础；作为国家利税大户，为国家的各项开支做出了重大贡献；并在很大程度上为吸纳就业人员、稳定社会起到积极作用。

第二，资源具有稀缺性与可耗竭性。重污染行业的原料投入主要依赖的是矿产资源，矿产资源多数属于不可再生资源，具有稀缺性与可耗竭性，具有很强的使用价值，但储藏量有限，不能在短时间内再生，对资源的过度开发，会导致后代居民发展机会的减少，甚至失去对资源的利用机会。矿产资源的稀缺性与可耗竭性会导致这些行业在发展中遇到诸如资源稀缺性带来的成本上升、资源的枯竭带来发展的缓慢或停滞等问题。

第三，资源消耗大，污染严重，负外部性强。重污染行业发展进程越快，对钢铁、石油等材料的消耗也就越大，污染也就越严重。近年来，国内重污染企业频频出现重大环境污染事故，如紫金矿业和中金岭南故意拖延披露事故信息，严重加剧了环境污染损害；腾格里沙漠污染事件的曝光以及众多上市公司因环境污染问题被环境保护部点名批评并要求整改，这充分暴露出重污染行业的环境问题变得越来越严重。

第四，投入高、风险大。重污染企业设备投资比例大，前期的勘探、采掘成本较高，无法持续发挥投资效益。在生产过程中，资源消耗巨大，对技术、管理以及人力资本产生挤出效应，劳动生产率和资金利用率偏低。随着资源的枯竭或者产业的衰退，将会面临巨额的沉淀成本（惠宁、惠炜、白云朴，2013）。同时，重污染行业在整个开发到深加工过程中一直伴随着高风险性，如安全风险、环境风险以及价格波动引发的周期性风险。因此，这些行业具有高投入高风险的特征。

与一般企业相比，重污染企业资源消耗量大，污染物排放严重，对环境的破坏程度更高，引发环境问题的可能性更大，是我们重点关注的对象。如何正确协调和处理经济发展与环境保护之间的关系，达到环境保护与经济发展的"双赢"状态，一直以来都是困扰重污染行业发展的重大难题之一。

五、研究特色与创新之处

（一）研究特色

建设生态文明的关键是加强环境规制，促使环境成本内部化。随着环境规制预期的强化，企业只有在环境规制下调整自身行为创造绩效，才能实现环境保护和经济发展的"双赢"。本书关注现有环境规制政策对企业绩效的影响机理，探讨企业在当前环境规制下的管理过程和价值创造，有利于引导企业走上可持续发展的道路，为我国企业适应规制提高绩效提供理论和实践依据。

（二）研究创新

（1）面向我国企业实践，以现行环境规制下企业管理行为、管理过程以及企业绩效为研究对象，关注现行环境规制对企业管理行为的影响，力图从本源上找到其中的内在机理，为企业环境管理战略的制定和环境行为的实施提供依据。

（2）从公司视角出发，综合运用传统假设、波特假设和资源基础理论，从企业的创新与学习、业务流程、顾客、财务四个方面来界定企业绩效，从多个层次来评价环境规制对企业的影响。

（3）运用四种研究模型，层层深入，系统分析"环境规制如何通过影响企业管理行为，进一步影响企业绩效"的传导机理，并从多维环境规制方式角度来进行实证研究，识别出环境规制影响企业绩效的关键因素，明确其作用机理。

（4）评价环境规制政策的有效性。在明确作用机理的基础上，通过环境规制对企业行为及绩效的影响，评估环境规制政策的有效性，为未来环境规制政策优化提供方向。

第二章 理论回顾和评述

本章以"Environmental Regulation""Environmental Policy""Competitive Performance""Competitiveness"等相关术语作为关键词检索文献,系统梳理了近年来发表在国内外期刊的相关论文和博士学位论文,分析了环境规制影响企业绩效的现状,进一步指明未来可能的研究方向,为后续研究提供参考。

一、环境规制会对企业绩效产生何种影响?

环境规制对企业绩效会产生何种影响,目前研究结论尚不明朗。在文献上主要有"传统假设""波特假设"和"不确定性假说"三种理论之争。

传统假设认为:环境目标与企业目标之间存在着相互制约的关系,有助于一个目标实现的同时必定会伤害另一个目标。社会收益与私人成本之间总是此消彼长的,如何平衡社会的环境保护意愿与企业的经济负担就成为一种两难选择问题。因此,环境改进成为一种角力战,导致了政府与企业之间的僵局。环境规制在一定程度上削弱了企业的竞争力,进而抑制了企业的发展和绩效。在实证研究方面,传统假设得到了不少学者的支持。如 Gray 和 Shadbegian(1995)从环境成本与企业生产率之间的关系入手,研究了美国纸浆业和造纸、石油冶炼和钢铁工业的情况,发现环境成本与生产率水平和增长速度之间呈现负相关,即环境管制较严企业的生产率水平和增长速度均比环境管制宽松企业为低;Brannlund 等(2008)和 Stanwick(1998)的实证研究,也得出了"经济绩效与环境绩效是负相关关系"的研究结论。

传统假设在 1991 年后受到了极大挑战。波特(1991,1995)认为:适当设计的环境政策可以激发创新与生产效率收益，部分或全部弥补企业遵循环境规制的成本，甚至会产生净收益。相对于不受规制的企业，这可能会导致绝对优势，这种优势主要来自于"创新优势"与"先动优势"。波特这一观点通常被称为"波特假设"。在实证研究方面，波特假设得到了下述学者的支持：Nishijima（1993）研究了日本部分企业情况后发现，当企业面临高效率利用能源和低水平排放污染的压力时，其能源和原材料的投入水平有所降低，并且，还获得了低成本的竞争优势。Hurt和Ahuja（1996）对美国127家大企业的研究也发现了类似的现象。Lanoie（2011）通过对欧盟4200家左右企业的统计数据进行分析，发现环境准入规制不仅可以促进一些类型的环境创新，而且还可以带来降低成本的创新。我国学者黄德春、刘志彪（2006）利用模型分析了海尔企业环境规制与自主创新之间的关系，研究表明：环境规制在增加企业费用成本的同时，也会通过刺激创新来部分或全部抵消这些费用成本；张三峰、卜茂亮（2011）采用实证分析的方法研究了环境规制对我国企业生产率的影响及作用机制，研究表明环境规制及其强度和企业生产率之间存在着稳定且显著的正向关系；企业的环保投入越大，生产率越高，两者存在明显的正向关系。赵细康（2003），秦颖、武春友、徐光（2004）实证分析的结果也显示环境准入规制与技术创新之间呈现相互协调的促进关系。

除上述两种理论外，目前环境规制对企业绩效的研究还存在另外一种观点——"不确定性假说"。该假说认为：环境规制与企业绩效间存在许多不确定性因素，而且实施环境规制的时机选择也具有差异性，这将导致环境规制对企业绩效的影响具有不确定性（Barbera and McConnell，1990；Wagner，2005）。正如Lanoie（2008）对加拿大17个制造业进行实证分析，发现环境规制对产业生产率间的关系取决于时间的长短：短期是负相关的关系，而长期是正相关的关系。我国学者张嫚（2010）提出企业内外部条件、环境管理动机等多种不确定性因素的存在，致使环境规制对企业竞争力产生不确定性的影响。解垩（2008）采用DEA方法考察了1988~2004年我国31个省份环境规制对工业行业Malmquist生产率指数的影响，研究表明环境规制强度与工业生产率之间没有明显的影响关系。傅京燕、李丽莎（2010）认为环境规制与我国各行业的国际竞争力呈"U"型关系。同样，王爱兰（2006）、张红凤（2008）等也认为环境成本与效益的关系是动态的，其受企业内外等因素的影响。

二、环境规制如何对企业绩效产生影响？

"环境规制如何对企业绩效产生影响？"一直是国内外学者积极探索的主题，目前已经形成了两条研究主线：一条主线是从公司行为视角入手，探讨环境规制对企业技术创新、产品差异化、环境管理、企业投融资等行为因素的影响；另一条主线是从公司属性视角入手，探讨环境规制与企业所处的市场结构、股权结构、产权性质、行业属性、企业规模以及财务状况等内外部因素的相互关系，现从这两方面进行综述。

从公司行为视角入手，学者们均认同决定企业竞争力的两个主要因素，一是成本，二是产品差异化（傅京燕，2010），环境规制对企业绩效的影响也是通过这两个主要因素来传导的。传统假设主要强调环境规制对被规制主体带来直接成本，从而认定其竞争力必然受损；除此之外，Jaffe 等（1995）在对环境规制与美国制造业竞争力之间的关系进行检验时，还发现环境规制会引发"挤出效应"（Crowing-out Effect），即企业在进行满足环境规制要求的投资后反而会挤占企业在其他方面的投资，最终妨碍了企业生产率的提高。波特假设在承认直接成本存在的同时，认为规制对创新的刺激可能为被规制对象带来直接的正面效应，会产生"创新优势"与"先动优势"，甚至改善其竞争力，从而获得环境与经济"双赢"的局面（见图 2-1）。国内学者张嫚（2010）认为，环境规制通过建立企业环境资源利用的付费机制，影响企业环境资源的使用成本，进而影响了企业的生产成本与获利情况。马中东和陈莹（2010）研究了环境规制约束下企业环境战略的选择，认为不同企业所面对的内外部因素的差异使得环境规制对企业成本和差异化的影响程度不同，进而会影响企业环境战略的选择和竞争力。傅京燕（2010）认为，环境规制通过强迫公司检验生产结构和商业模型来帮助企业克服组织惰性。

Buysse 和 Verbeke（2003）、Cabugueira（2004）则进一步探讨了环境规制影响公司竞争力的传导机制，认为规制压力迫使公司管理层将环境因素纳入到公司战略中，环境管理是帮助公司适应环境规制的重要工具，而公司是否实施积极性

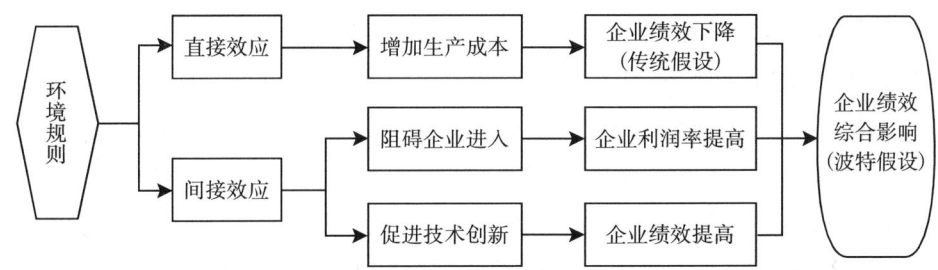

图 2-1　"传统假设"和"波特假设"下环境规制对企业绩效影响的传导机制

环境管理的关键在于管理层对环境规制重要性识别的管理感知（Managerial Perception）（Berrone and Gómez-Mejia，2009）。因此管理层如何理解环境规制对公司的影响是非常重要的步骤。高层管理者越重视环境问题，则公司对环境问题的投入就越大（Stone et al.，2004）。如果管理层认为环境规制是公司的威胁，他们将抵制反对进而限制创新和变革；相反，如果他们认为环境规制是公司的机会，管理者可能会创造性地解决问题，如采用创新技术、加强利益相关者的合作（Sharma and Vredenburg，1998）等手段来利用规制创造价值，管理感知将影响企业的环境管理。积极的环境管理有利于降低产品成本和提高产品差异化（Galdeano-Gómez et al.，2008），进而提高公司财务绩效。

从公司属性视角入手，国内外学者目前主要探讨了环境规制与市场结构、股权结构、产权性质、行业属性、企业规模以及财务状况等内外部因素的关系。

环境规制的趋严会增加企业的遵循成本，这一方面会提高新企业的进入壁垒，另一方面也会迫使部分无法满足规制要求的企业退出市场，从而提高企业的最佳有效规模，让存留下来的企业规模进一步提升，实现市场集中度的相对提高。Pashigian（1984）的经验研究发现环境法不仅会降低被规制企业的数量，也会给企业增添负担，并且小企业的负担要远远大于大企业的负担；在环境规制下，小企业将更难与大企业竞争。Dean 和 Brown（1995）验证了环境规制会对新进入企业产生壁垒效应，而被规制的老企业则能从中获益。近年来，我国学者张成、于同申（2012）研究了环境规制对产业集中度的影响，认为加强环境规制有利于在促进企业节能减排的同时，优化资源配置，提升产业集中度。马海良、黄德春（2012）也认为环境规制通过设置绿色进入壁垒，提高市场集中度，导致产业结构发生改变，对企业绩效产生影响。同时，大量研究注意到环境规制对不同类型的企业的环境行为有不同的影响。Hayami（1984）、Welch 和 Mori（2002）

也认为企业的规模是企业改善环境行为的一个决定性因素，企业规模同企业环境行为呈正相关；企业规模越大，采取更多的清洁生产工艺的可能性也越大。Gottsman 和 Kessler（1998）研究了企业财务状况与环境行为主动型之间的关系，认为好的经济绩效对企业采取主动环境行为有正面影响。另外，也有学者（Downing，1982；Waldman，2008）研究了企业成员尤其是企业领导人与管理层的环保意识、学习和认知过程、管理经验等对企业环境行为的影响。

针对我国的研究现状，国内学者近年来主要探讨了股权结构、产权性质、行业属性与企业环保投资之间的关系。唐国平、李会龙（2013）发现股权制衡度、管理层持股比例分别与公司环保投资规模呈显著的负相关关系；公司环保投资行为具有显著的产权差异特征，即国有公司比民营公司投入了更大规模的环保资金；重污染行业企业比非重污染行业企业投入更大规模的环保资金。许松涛、万红艳（2011）认为，环境规制限制了中央国企高污染投资项目的融资，有助于推动产业扩张，整合产业资源。关劲峤等（2005）对太湖流域印染企业环境行为影响因素进行选择，结果表明私营合资企业环保投入水平高于国有集体企业，中型企业环保投入高于小型企业。

三、环境规制会对企业绩效产生多大影响？

环境规制对企业绩效的影响程度，受变量选择、模型设计、行业属性、规制方式、企业规模及其区位等多因素的影响，正如 Simpson 和 Bradford（1996）所指出的，环境规制的影响取决于被规制行业的具体特点，行业不同，影响也不同，而且理论上也不太可能精确估计这种影响。

在实证研究中，环境规制、企业绩效的具体指标选择和模型设计存在着多样性，对研究结论产生了明显的影响（见表 2-1）。Konar 和 Cohen（2001）采取 321 家企业的截面数据，用有毒物质排放清单（TRI）和环境问题未决诉讼来考虑企业环境行为，用托宾 Q 值来考量企业价值，发现样本企业因不当环境行为带来的经济损失占到样本企业近 10% 的总资产价值，而且损失程度会因行业类型存在差异，化工企业可能会高达 31.2%。Jaggy 和 Freedman（1992）的研究发现支持了以上观点。另外,不同规制形式对绩效的影响也不同。Hemmelskamp(2000)和 Silvo 等(2002)表明直接规制在改进环境绩效方面是有效的。Jaffe 等(1995)认为市场化工具对发明、创新以及环境友好型技术的扩散拥有较为显著的积极作用。King 等(2005)、Arimura 等(2008)、Iraldo 等(2009)考察了"软"手段对企业绩效的影响,为"软"手段带来的正面效应提供了大量的支持证据,当然也不排除少数相反的例证(Dahlstrom et al.,2003;Ambec and Barla,2007)。表 2-1 列示了一些经典文献的实证研究结论(Francesco Testa,Fabio Iraldo and Marco Frey,2011)。

表 2-1 环境规制与企业竞争力的关系:典型案例结论

理论基础	环境规制		竞争力(绩效)		结论	出处
	测量内容	测量指标	测量内容	测量指标		
传统假设	规制强度	污染控制成本	生活标准(绩效)	真实 GNP 增长率	--	Jorgenson 和 Wilcoxen(1990)
	规制强度	污染治理投资	投资(驱动因素)	生产率(非治理投资)	--	Gray 和 Shadbegian(1998)
	规制强度	排放标准的严厉程度	生产量(驱动因素)	预计成本函数	--	Gollop 和 Roberts(1983)
	规制强度	污染治理成本	国际贸易(绩效)	进口量和关税	--	Ederington 和 Minier(2003)
波特假设	规制方式	环境规制类型	创新(驱动因素)	研发支出	+	Lanoie 等(2007)
	规制强度	污染控制设备投资/总成本	生产量(驱动因素)	要素生产量总额	++	Lanoie 等(2008)
	规制强度	污染控制运行成本	创新(驱动因素)	与环境相关的专利申请数	+	Brunnermeier 和 Cohen(2003)
	规制强度	污染控制资本成本	创新(驱动因素)	专利申请数/研发支出	无显著影响	Jaffe 和 Palmer(1997)

注:++为强正相关,+为正相关,--为强负相关,-为负相关。
资料来源:Francesco T., Fabio I., Marco F.. The Effect of Environmental Regulation on Firms' Competitive Performance: The Case of the Building & Construction Sector in Some EU Regions [J]. Journal of Environmental Management, 2011 (92): 2136-2144.

我国学者张三峰、卜茂亮(2011)利用调查问卷运用两种实证方法研究了环境规制对企业生产率的影响,发现环境规制强度与企业生产率存在正向关系,环境规制强度每提高 10%,企业生产率相应上升 0.5%和 0.7%;同时,其研究认为,不同行业、不同规模和不同地理位置的企业生产率在面对环境规制及其强度时呈现不同的表现。李志学、杨媛（2011）通过理论分析指出，不同类型的环境规制对企业绩效的影响程度不同。他们认为：规制对成本、企业等因素的影响决定其对企业绩效的影响程度，在命令控制型规制下，成本的受影响程度较大，从而环境规制对企业绩效的不利影响较大；而以市场为基础的规制工具则对企业绩效的不利影响较小。陈茹等（2010）运用 ML 生产率指数测量了我国东部地区 2000~2007 年实施环境规制对技术效率、生产率增长的影响，结果发现考虑环境下的增长率比不考虑环境下的技术效率高，但是生产率增长低。张成等（2012，2013）的实证研究认为，环境规制的"创新补偿"效应大于企业的"遵循成本"，但这种关系在地区之间存在差异；王兵等（2008）、吴军等（2010）等学者也从上述方面进行了研究，但是研究结果各有差别。

四、研究现状评述

面对资源约束趋紧、环境污染严重、生态系统退化的严峻形势，加强环境规制已成为一种社会共识，环境规制对企业绩效影响的研究已成为理论界和实务界关注的热点。学者们从不同角度运用多种方法进行研究，取得了较大的进展，研究主题呈现出多样化，研究方法多元化，结果复杂但充满启发，越来越多的文章得出了更加积极的结论，为后续研究提供了思路。总体而言，国内学术界对该问题的认识和研究逐步深化，并在以下方面达成了共识。

（1）现有研究一致认为环境规制对企业绩效会产生影响，并且利用实证方法进行了大量探索性研究。尽管现有研究尚未形成一致的结论，但有利地推动了研究的深入。

（2）越来越重视环境规制对企业绩效的影响机理研究。早期的文献聚焦于"传统假设"和"波特假设"之争来探讨环境规制对企业绩效的影响，主要是从竞争优势的视角来进行研究环境规制对企业成本或技术创新的影响。随着研究的深入，视角逐步多元，现有文献从市场结构、企业行为、企业特性等多方面探讨环境规制对企业绩效的影响机理。

（3）开始从企业的微观层面来探讨环境规制的影响问题。借鉴国外研究成果，国内早期研究主要关注宏观层面和行业层面，微观层面则集中在环境规制如何影响外商直接投资（FDI），较少涉及环境规制对本土企业特别是对重污染企业绩效影响的系统分析。近年来，由于环境形势的严峻以及战略管理理论的发展，研究者纷纷打开企业这个"黑箱"，立足于中国企业的微观层面来探讨环境规制对重污染企业管理行为和绩效的影响，评估环境规制政策的有效性。

尽管国内学术界对上述问题进行了积极的探讨，相关研究也取得了不少有价值的成果。但总的来说，目前国内环境规制对企业的影响研究仍是一个十分薄弱的领域。

一是研究视角分散，没有形成逻辑严密的统一的研究框架。囿于经济学、管理学、生态学、环境学范式之隔，国内外学术界就环境规制对企业绩效的影响机理，均从自身视角出发进行探讨，缺乏应有的连贯、融通、集成与整合；如何在统一的研究框架下将多种影响因素进行整合来探讨环境规制对企业绩效的影响机理是值得我们深入研究的课题。

二是现有研究很少考虑到企业异质性问题。"传统假设"和"波特假设"均是建立在企业同质性假设基础之上的，未充分考虑企业内在的资源和能力。在环境规制下，并非所有的企业均会产生"创新优势"与"先动优势"，由于决策的路径依赖性以及自身拥有的资源和能力不相同，企业对环境规制会有不同的"管理感知"，进而采取不同的策略，这会导致企业绩效的差异。这些薄弱领域需要学术界和实务界共同努力来完善。

随着环境规制预期的强化，企业只有在环境规制下调整自身行为创造绩效，才能实现环境保护和经济发展的"双赢"。因此，从理论上揭示环境规制影响企业绩效的内在机理，从实证中探明环境规制对企业绩效的影响过程和影响因素，明确企业在规制下的价值创造，既可为国家制定相关政策提供微观理论基础，又可为企业完善管理、提高绩效、获得经济和环保双丰收提供实际指导。

第三章 我国环境规制下的企业环境管理现状

本章通过文献查阅，界定环境规制的内涵，着重明确环境规制的类型、手段，了解我国重污染行业现行环境规制政策，总结我国环境规制政策的特征，并结合我国重污染企业实际，通过实地调研和访谈方式，对企业主动型环境战略、环境管理行为进行分析。

一、我国环境管理政策的演化与发展

（一）中国环境保护的法律制度

从1949年中华人民共和国成立到1972年，我国对环境的重视程度很低，没有专门的环境保护机构，没有明确的环境保护目标和任务，也没有形成相应的环境保护法律。自1972年联合国人类环境会议以来，我国在环境保护方面取得了长足的发展，确定了"预防为主、防治结合，谁污染谁治理（1999年调整为'谁污染谁付费'），强化环境管理"的三大基本原则，形成了环境影响评价制度、环境保护目标责任制度、"三同时"制度、排污收费制度、限期治理制度、城市环境综合整治定量考核制度、申报登记与排污许可证制度、污染物集中控制措施八项环境保护的基本制度。

1. 我国环境保护法规的起步阶段

1972年6月5日，"联合国人类环境会议"在斯德哥尔摩召开，这是世界各国政府共同讨论当代环境问题、探讨保护全球环境战略的第一次国际会议。会议通过了全球性保护环境的《人类环境宣言》和《行动计划》，号召各国政府和人民为保护和改善环境而奋斗，它开创了人类社会环境保护事业的新纪元，这是人类环境保护史上的第一座里程碑。会议对中国的环境保护事业起到了促进作用。1972年6月中国组团参加该环境会议。通过对相关大会报告的阅读，我国与会者了解到了世界环境污染问题的严重性，通过对比也发现中国的环境污染已经相当严重，除城市和江河湖泊污染的程度与西方发达国家大体持平外，自然生态所遭受的破坏程度则有过之而无不及。这次联合国人类环境会议是中国环境保护事业的转折点，从此环境保护工作正式列入议程。

1973年我国召开了全国第一次环境保护工作会议，审议通过了"全面规划、合理布局、综合利用、化害为利、依靠群众、大家动手、保护环境、造福人民"的环境保护工作"32字方针"和中国第一个环境保护文件——《关于保护和改善环境的若干规定》。会后国务院设立环境保护领导机构和办事部门，迈出了中国环境保护事业关键性的一步。

2. 我国环境保护法规体系的形成阶段

《中华人民共和国宪法》是中华人民共和国的根本大法，规定拥有最高法律效力。《中华人民共和国宪法》在2004年修正案第九条第二款中规定：国家保障资源的合理利用，保护珍贵的动物和植物。禁止任何组织或个人用任何手段侵占或者破坏自然资源；第二十六条第一款规定：国家保护和改善生活环境和生态环境，防治污染和其他公害。这些规定是环境保护立法的依据和指导原则。

为保护和改善环境，防治污染和其他公害，保障公众健康，推进生态文明建设，促进经济社会可持续发展，中华人民共和国第七届全国人民代表大会常务委员会第十一次会议于1989年12月26日通过并施行《中华人民共和国环境保护法》，该法于2014年4月24日由中华人民共和国第十二届全国人民代表大会常务委员会第八次会议进行修订通过，自2015年1月1日起施行。《中华人民共和国环境保护法》设总则、环境监督管理、保护和改善环境、防治环境污染和其他公害、法律责任及附则六章，共计四十七条。该法确立了中国环境保护的基本原则和基本制度。在环境保护法律框架体系中处于基础性、综合性地位。

在此基础上，相关环境保护单行法相继出台，主要包括：

——污染防治法：《中华人民共和国大气污染防治法》《中华人民共和国水污染防治法》《中华人民共和国环境噪声污染防治法》《中华人民共和国固体废物污

染环境防治法》《中华人民共和国放射性污染防治法》《中华人民共和国海洋环境保护法》等。

——资源保护法：是指涉及环境保护的一些自然资源保护和其他有关部门法律，如《中华人民共和国森林法》《中华人民共和国草原法》《中华人民共和国矿产资源法》《中华人民共和国水法》《中华人民共和国渔业法》《中华人民共和国野生动物保护法》《中华人民共和国水土保持法》等。

——环境管理类法律，如《中华人民共和国环境影响评价法》《中华人民共和国清洁生产促进法》《中华人民共和国循环经济促进法》等。

其他部门法中的环境保护法律规范：《中华人民共和国节约能源法》《中华人民共和国消防法》《中华人民共和国文物保护法》等。

除了相关法律外，还有国务院制定或批准的环境保护行政法规以及国务院各部、委、办、署颁布的政府部门规章。环境保护行政法规，是由国务院制定并公布或经国务院批准有关主管部门公布的环境保护规范性文件，包括：一是根据法律授权制定的环境保护法的实施细则或条例，如《中国水污染防治法实施细则》；二是针对环境保护的某个领域制定的条例、规定和办法，如《建设项目环保管理条例》。政府部门规章，是指国务院环境保护行政主管部门单独发布或与国务院有关部门联合发布的环境保护规范性文件，以及政府其他有关行政主管部门依法制定的环境保护规范性文件。政府部门规章是以环境保护法律和行政法规为依据制定的，或者是针对某些尚未有法律和行政法规调整的领域做出相应规定。

在地方还有环境保护地方性法规和地方性规章，即享有立法权的地方权力机关和地方政府机关依据《中华人民共和国宪法》和相关法律制定的环境保护规范性文件，是根据本地实际情况和特定环境问题制定的，在本地区实施，有较强的操作性。环境保护地方性法规和地方性规章不能和法律、国务院行政规章相抵触。

同时，环境标准也是环境保护法律法规体系的一个组成部分，是环境执法和环境管理工作的技术依据，分为国家环境标准、地方环境标准和国家环保部标准（行业标准），如《生活饮用水卫生标准》《渔业水质标准》《环境空气质量标准》《污水综合排放标准》等。

在解决国内环境问题的同时，我国积极参与全球环境治理，已批准加入30多项与生态环境有关的多边公约或议定书。在蒙特利尔议定书框架下，累计淘汰消耗臭氧层物质占发展中国家淘汰量的一半以上。率先发布《中国落实2030年可持续发展议程国别方案》，向联合国交存《巴黎协定》批准文书，推进绿色"一带一路"建设。这些环境保护国际公约是指我国缔结和参加的环境保护国际公约、条约和议定书。国际公约与我国环境法有不同规定时，优先适用国际公约的规定，但我国声明保留的条款除外。具体其中涉及臭氧层保护公约、气候变化公约、生物多样性变化公约、湿地公约、荒漠化防治公约、海洋环境保护公约、海洋渔业资源保护公约、核污染防治公约、南极保护条约、物种国际贸易公约、危险废物控制公约、化学品的安全使用和环境管理公约、环境权的国际法规定公约等；其他国际条约中关于环境保护的法规如《外空物体所造成损害之国际责任公约》等。这些我国参加的国际条约和公约，构成了我国涉外环境资源法体系的主要内容。

目前，我国已经建立了由法律、国务院行政法规、政府部门规章、地方性法规和地方政府规章、环境标准、环保国际条约组成的完整的环保法律法规体系（见图3-1）。

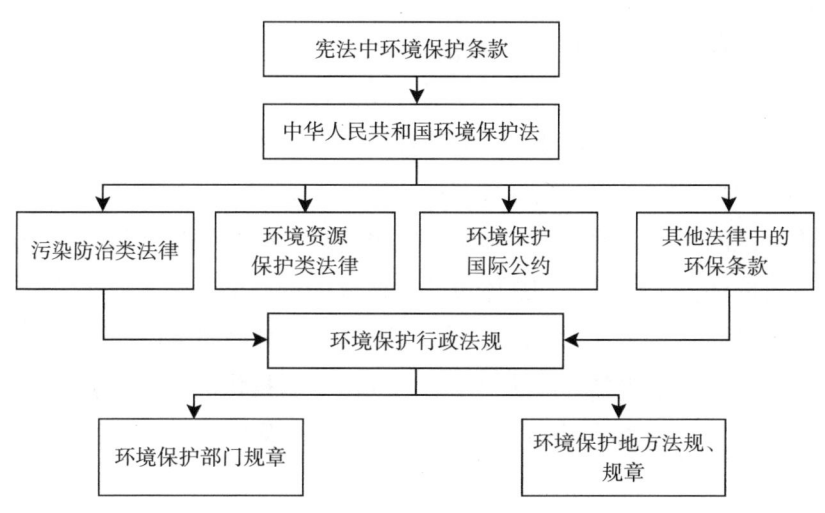

图 3-1 中国环境保护法律法规体系

（二）我国环境保护的运行机制

尽管环境保护所涉及的利益主体繁多，各利益主体对环境问题的认识以及重视程度也有差异，可以抽象出环境立法者、环保行政执法者、污染企业以及社会公众四大利益主体来研究我国环境保护的运行机制（赵卓，2013），具体如图3-2所示。

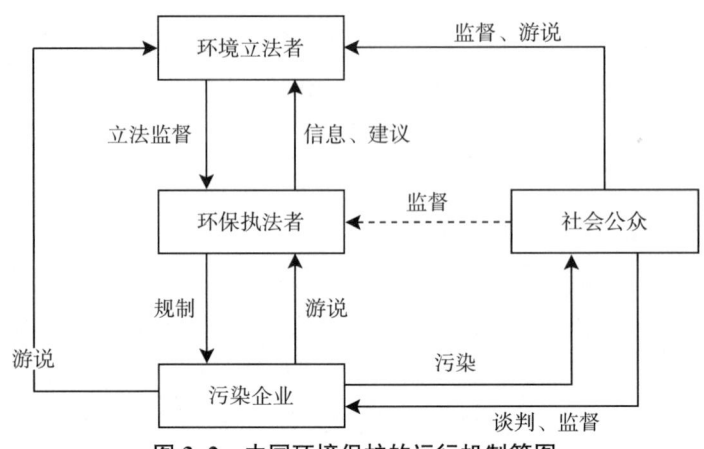

图 3-2 中国环境保护的运行机制简图

环境立法者主要包括各级人民代表大会以及常委会，政府及其部门如环保、交通、城建、卫生、公安等部门，针对不同的环境污染类别，形成了不同的环境保护法律法规以及规章。

环保行政执法者主要由各省、自治区、直辖市政府以及环保局、地市县环保局和各地环境监测站组成。我国的环境行政实行"由环保部门统一监督管理与其他相关部门分工负责管理相结合"的管理模式。国务院环境保护行政主管部门对全国环境保护工作实施统一监督管理；县级以上地方人民政府环境保护行政主管部门对本辖区的环境保护工作实施统一监督管理，除了领导所属各工作部门和下级人民政府的环境保护工作，具体包括对造成严重污染的企事业单位进行限期治理，对造成严重污染的 15 类小企业等依法取缔，对违禁采用"禁止采用的工艺设备"的单位责令停业关闭等外，还需向立法部门提供法律法规方面的相关信息和建议，负责具体解释和执行环保方面的法律法规和政策，并接受立法者和社会的监督。

污染企业在生产过程中，需要认真贯彻执行国家、上级主管部门的有关环保方针、政策和法律法规，主动了解熟悉国家和省、市及行业环保法律法规与政策标准，负责组织本企业环保工作的管理、监察和监测任务，同时需要配合环保执法者的监督检查，并接受社会公众的监督。如果企业违反相关政策或违规排污，除了要接受处罚外，还须对造成的污染进行治理，因此，污染企业出于自身考虑，常常在违规处罚和进行污染治理之间进行选择。

社会公众是环境污染、生态破坏的真正受害者，也是污染企业破坏环境的外部性成本的承担者。为此,公众必须与造成危害的污染企业进行谈判,并索要补偿;在此过程中,还需要不断地向立法机关和环保执法部门施加压力,并对他们的立法、执法行为进行监督。然而,在整个监管和谈判过程中,均存在着"搭便车"的倾向,使社会公众处于弱势地位。

二、环境规制的理论与实践

(一)环境规制的界定、分类与演进

对于政府环境保护与环境规制之间的关系,学术界经历了一个逐步深化的认识过程。起初,环境规制被认为是政府以非市场途径对环境资源利用的直接干预,内容包括禁令、环境标准等,主要体现为环境标准的制定及执行均由政府当局一手操办,企业在严格的行政管制中没有活动余地。随后,补贴、押金退款、环境税等经济刺激手段的运用,体现出了良好的环境规制功能,于是人们对环境规制的含义进行修正,概括为以环境保护为目的而制定实施的各项政策与措施的总和,主要体现为政府对环境资源利用直接和间接的干预,外延上除行政法规外,还包括经济手段和利用市场机制政策等。20世纪90年代以来,环境认证、生态标签、自愿协议的实施,使得环境规制的内涵再次得到修正,环境规制被界定为是以环保为目标,个人和组织为规制对象,各种有形的法律、规定、协议等为存在形式的一种约束性力量,外延上除命令控制型环境规制、以市场为基础的激励型环境规制外,又增加了自愿型环境规制(赵玉民、朱方明、贺立龙,2009)。

1. 命令控制型环境规制

命令控制型环境规制是指通过立法或制定行政部门的规章、制度来确定环境规制的目标、标准,并以行政命令的方式要求企业遵守,对于违反相应标准的企业进行处罚(Hockenstein,1991)。规制工具包括确立企业必须遵守的环保标准和规范、规定企业必须采用的技术等。其主要特征是刚性较强,个体和组织无任何讨价还价余地,只能被迫遵守规章制度,否则将面临严厉的处罚。命令控制型

环境规制环境改善效果显著，但其运行成本高，对政府监管有较高的要求；对企业技术创新的激励程度较低，抑制了企业技术创新的积极性。目前世界各国环境规制中，命令控制型环境规制应用得最为广泛。我国颁布的《中华人民共和国环境保护法》及其他相关单行法、部门法，实施的新五项制度和老三项制度中的环境影响评价制度及"三同时"制度等，都属于命令控制型环境规制。

2. 以市场为基础的激励型环境规制

以市场为基础的激励型环境规制是指政府利用市场机制设计的，旨在借助市场信号引导企业排污行为，激励排污者降低排污水平，或使社会整体污染状况趋于受控和优化的制度（Hahn，1984）。规制工具包括产品税费、排污税费、使用者税费、补贴、可交易的排污许可证、押金返还等。以市场为基础的激励型环境规制首先给予排污企业一定程度选择和采取行动的自由，排污企业可以根据自身特点选择排污或治污方式；其次该规制对企业技术创新的激励程度较高；再者通过明确企业的排污所有权，激励企业主动减排，积极进行技术革新，把排污控制在环境容量和环境净化能力的安全临界点之内。但激励型环境规制运行成本较高，环境改善效果总量不确定；同时还需要市场体系健全，否则排污税、补贴和可交易的排污许可证等工具无法有效地发挥作用。以市场为基础的激励型环境规制于1972年在经济合作与发展组织（OECD）颁布"污染者付费原则"后引起各国的关注，并逐渐开始采用。

比较前两种工具，市场化环境规制工具比命令控制工具更加有效，这是因为市场化规制工具一方面可以节约成本，另一方面可以为减污技术的进步提供激励。在节约成本方面，Atkinson 和 Lewis（1974）对比了两种工具成本的有效性，得出为达到相同的环境质量标准，采用命令控制工具所需要的成本是市场化工具的几倍、甚至几十倍的结论。除此之外，在信息不对称的现实世界里，相比于命令控制工具，市场化工具具有明显的信息节约优势；在技术激励方面，Malueg（1989）、Baumol 和 Oates（2004）认为市场化工具能提供强烈的刺激，让排污者去发明或采用更为经济和成熟的污染控制技术，因为排污者能从发明和采用更低减污成本的污染控制技术中获益（薛伟贤、刘静，2010）。

3. 自愿型环境规制

自愿型环境规制是指由行业协会、企业自身或其他主体提出的、企业可以参与也可以不参与、旨在保护环境的协议、承诺或计划。规制工具包括环境审计、环境认证、生态标签、环境协议等。自愿型环境规制是建立在企业自愿参与实施的基础上的，更多的是强调企业、行业的主动性和主导作用，政府或置身于事外，或参与其中但只是一个配角或合作伙伴，或即便充当主角，亦不再有刺激性经济手段的运用。自愿型环境规制的环境改善效果总量不确定，但运行成本较低，对企业技术创新的激励程度也高。实践中，自愿型环境规制主要有三种形式：一是企业或行业与政府之间通过谈判达成双边协议，如美国 XL 计划；二是由企业或行业发起倡议或承诺，政府并不参与其中，如 3M 公司的 3P 计划；三是由政府设计并提出各种计划，企业自愿决定是否参加，如美国的 33/50 计划。目前，自愿型环境规制应用正逐年增加。据美国 EPA 估计，2000 年有超过 13000 家公司、非政府组织和地方机构参与了自愿型环境规制。我国自 1993 年 3 月 31 日开始实施的环境标志、1995 年开始推行的 ISO 14000 和 2003 年 1 月 1 日开始施行的清洁生产和全过程控制等均属于自愿型环境规制范畴。

从规制目标、规制性质等角度看，不同类型的环境规制之间具有一致性，主要体现在以下几方面：第一，不同类型环境规制的目标都在于环保，都是为了实现人与自然的和谐发展，同时又都具有某种约束性，使个体或组织的行为受到某种程度的约束。第二，不同类型环境规制之间的区分不是绝对的，一定条件下，它们之间可以相互转化。比如信息披露，最初出于企业自愿，属于自愿型环境规制。但当发现信息披露是促进环保的一个非常有用的工具后，国家便在贷款、上市等方面采取相关激励措施，此时信息披露便由自愿型环境规制转化为以市场为基础的激励型环境规制。不仅如此，一些国家还强制企业进行信息披露，此时，信息披露就成了命令控制型环境规制（赵玉民等，2009）。

从规制政策的演进过程来看，无论是先发国家的规制政策，还是我国的环境规制制度，都经历了三个发展阶段，即从以命令控制型规制阶段到经济激励政策推广应用阶段，再到以信息披露为特色的政策创新阶段的演进过程。从总的演进趋势看，命令控制型环境规制与以市场为基础的激励型环境规制的作用在一个较长的时期内仍然不可替代，而自愿型环境规制和隐性环境规制基于社会的进步和其他原因，将越来越引起人们的关切和重视，并将在更广阔的领域内得到运用和发展。

（二）我国环境规制的现状

环境污染给经济社会发展带来了巨大的压力和代价，解决环境污染问题迫在眉睫（张亚伟，2010）。为解决上述问题，我国不断完善相关法律法规，目前我国环境规制经历了三个发展阶段：

（1）以命令与控制政策进行规制阶段：主要包括环境影响评价制度、"三同时"制度、限期治理制度、排污许可证制度等。

（2）经济激励政策推广应用阶段：主要包括环境税费（排污税费、使用者税费和产品税费三种）、押金返还政策、可交易许可证等。

（3）以信息手段和公众参与为特色的政策创新阶段：主要包括信息公开计划或项目、自愿协议、环境认证、环境听证制度等。按照葛俊杰（2011）的观点，社会公众与政府和企业在生态文明建设中良性互动的纽带和桥梁就是环境信息公开。环境信息手段被称为强制手段和经济手段后全球环境政策改革的第三次浪潮。

同时，考虑到环境污染的严重性以及规制实施的复杂性，我国越来越注重规制主体的协调性，强调多部门如环保部等部门的联合行动；规制体系越来越完善，规制工具日趋丰富，而且规制力度不断加强。过去十年，政府措施的成效包括：①将与污染相关的成本核算纳入会计准则中；②实现"点名批评"违反环境法规企业的可能；③修订法律，强调企业的社会和道德责任并追究污染企业的法律责任；④迫使寻求上市的企业改善其环保业绩；⑤实施绿色采购政策；⑥发展绿色贷款、绿色信贷、绿色证券和绿色保险计划；⑦与国内证券交易所合作，鞭策国企发布企业社会责任报告。①

各种环境规制的实施，对保护我国生态环境起到了积极作用。目前我国生态系统总体稳定，环境质量在全国范围和平均水平上总体向好，某些特征污染物和部分时段部分地区局部恶化，环境保护形势依然严峻（陈吉宁，2017）。这些环境态势的出现，一方面与我国社会经济发展阶段有关，另一方面与我国现行环境规制存在的问题相联系，目前我国环境规制存在的问题主要表现为：

（1）规制政策以命令控制为主，市场激励力度不够。目前我国主要运用命令控制型规制政策，而且环境规制标准偏低，部分政策缺乏成本有效性甚至可行性，经济激励政策和信息披露政策在我国应用范围有限。

（2）规制机构缺乏独立性，对规制者的监督机制不健全。

（3）规制过程缺乏公开性、透明性和公众参与性。

---

① 摘自：中国面临的绿色挑战[J].ACCA财会前沿，2013（6）：34.

要提高我国环境质量，必须从两方面入手进行改革：一是改革我国现行的环境规制政策。借鉴发达国家经验，环境规制政策通常是由针对不同环境问题设计的政策组成的体系。我国应提高环境规制的成本有效性，改革命令控制型的规制方式，扩大经济激励政策和信息披露政策的应用范围，实现规制方式的多元化以及各类政策之间的相互协调；继续深化行政管理体制改革，增强规制机构的独立性，促进环保利益集团发展；增加规制过程的透明度，引入规制影响评价机制。二是积极将企业纳入到环境规制过程中，大力支持企业的环保行为。要实现环境保护，离不开企业这一微观主体的努力。在没有较强环境规制的情况下，许多企业还不可能主动自觉地减少资源消耗和非期望产出排放，实现产品在整个生命周期中对环境影响的最小化，因此，政府需要通过规制来干预企业行为以促进可持续发展。Kolstad（1996）认为：政府的干预或规制会对环境的好转起到很大的促进作用，因此建议积极采取一些不可逆的、沉没成本不大且周期短的污染控制政策。Marconi（2010）则指出，单方面的环保税收政策可以增加技术改进速度和缩短环境污染减轻的时间。确实，如果没有政府参与去帮助企业引入、消化和吸收环保先进技术，引导和要求企业积极参与环保建设，我国环境效率的提升将有更长的路要走。因此，由于无法确保企业在注重发展自身的同时肩负环境保护的社会责任，政府的规制作用就不可或缺（宋马林、王舒鸿，2013）。通过环境规制，将企业纳入到规制体系，既能减少环境污染和生态破坏，又能提高企业治污防污的积极性。

三、企业主动型环境战略的驱动因素
——基于扎根理论的探索研究

随着我国环境规制的不断完善、公众环境保护意识的不断增强，将环境因素纳入企业的经营决策正日益成为企业可持续发展的新方向。市场竞争不仅是企业环保治理达标与否的竞争，绿色环保、清洁生产对于企业来说不再是锦上添花，更是关乎生死的一件大事。企业若要实现环境问题与企业绩效的"双赢"，必须制定并实施主动型环境战略（马中东、陈莹，2010）。但现阶段的相关研究表明，我国多数企业尤其是重污染企业应对环境问题仍处于被动的反应阶段,未能实施主动型的环境战略。企业主动型环境战略的驱动因素有哪些?这些因素是如何推进企业主动型环境战略实施的?这些问题需要结合我国企业实际进一步地进行探讨与分析。

(一) 文献综述

对于主动型环境战略的内涵,理论界尚未形成一致的结论。比较典型的有 Anton 等 (2004) 提出的将主动型环境战略定义为积极环境实践的总和,具体指要求组织承诺提升自然环境、同时又没有被法律所规定的无形创新和常规;Aragon-Correa 和 Rubio-Lopéz (2007) 提出的主动型环境战略是超出管制要求的自愿行为的一种系统模式。在国内,孙宝莲、吴宗杰 (2010) 则指出主动型绿色管理战略是除服从制度规范之外,企业进一步采取自愿性行为以减少其经营活动对环境的影响的战略。本书将主动型环境战略界定为"企业自愿、积极地应对环境压力,采取主动型措施管理环境问题,以通过环境战略的实施构建竞争力,在提高经济绩效的同时实现生态可持续发展"。从中可以看出,主动型环境战略包含以下要素:一是将环境保护的理念纳入企业经营管理活动,从经营管理的各个环节控制资源和减少污染;二是超越政府环境规制,进一步采取自愿型环境行为;三是以实现经济与生态可持续发展为目的。主动型环境战略是企业绿色管理实践的先导,研究主动型环境管理战略的驱动因素是在为企业探索增强其环境行为的有效途径。

目前,学者们对企业主动型环境战略影响因素的研究,大体可以总结为以下三种观点:第一种观点集中于经济利益视角,强调通过降低成本获取经济收益,从而实现竞争优势。Hemel 和 Cramer (2002) 运用探索性分析方法发现环境成本高、环境收益不明显会阻碍企业环境战略的推进。同样,Chan (2008) 的研究也表明实施与运行成本高是阻碍企业进行环境行为选择的关键因素。第二种观点则基于制度的视角,强调环境规制的强制力。规制理论很早就提出,企业的环境行为很大程度上受到环境规制的制约,企业通常会根据政府政策来制定环境战略决策。制度压力是企业选择环境保护行为的主要动力 (Bansal, 2005)。Rennings (1998) 也指出在缺乏主动型环境行为的经济激励时,政府环境规制政策是促进企业进行环境行为的关键因素。第三种观点来源于资源视角,强调组织资源对推进企业主动型环境战略选择的影响。资源基础理论表明，企业战略开发和成败的关键因素是企业的资源与能力（张钢、张小军，2014）。Rothenberg（2003）指出在资源相对丰富的情况下，企业更可能会选择采取主动型环境战略，并投资于具有长期回报的环保项目，而资源相对紧缺的企业在进行环保投资时会首先排除需要占用大量额外资源的环保投资项目。此外，也有学者从其他视角对企业环境战略选择的影响因素进行了研究，如 Russo 等（1997）发现企业规模会影响其环境战略的选择。规模越大的企业，能调动的资源和综合实力水平越高，越有利于企业选择更加积极的环境战略。Christmann 和 Taylo（2002）从外贸依存度的角度进行研究得出企业外贸依存度越高，尤其是产品出口到发达国家的比例越高，越可能采取积极的环境战略的结论。唐国平、李龙会（2013）则是从所有制类型方面研究发现，相比私营企业，国有企业更容易采纳环境战略，其环保积极性也相对较高，环保投资的规模也相对较大。

　　从文献来看现有研究有以下特点：①对企业主动型环境战略驱动因素的识别多是由文献演绎而来，且仅限于某单一因素自身驱动作用的研究，而对驱动因素之间的相互作用缺乏深入的分析，没有形成一个系统的理论框架；②现有研究多是通过定量研究方法验证理论假设，所得到的研究结论可能会受到数据选择等局限性的影响；③现有文献在研究环境战略的驱动因素时没有严格区分重污染企业和非重污染企业，但 Berrone 和 Gomez-Mejia（2009）、Fraj-Andrés 等（2008）研究显示：重污染企业有强烈的环保责任，而污染相对较小的企业遭受的压力较小，因为主要的环保措施基本针对环境污染比较直接和明显的工业活动。因此，基于以上不足，根据我国环保总局在《上市公司环保核查行业分类管理名录》（2008）和《上市公司环境信息披露指南》（征求意见稿）（2010）中所规定的重污染行业类别，选取了30家重污染行业企业作为样本，结合现有的研究成果，运用扎根理论的质性研究方法对重污染企业主动型环境战略这一变量范畴进行研究，试图探索影响企业实施主动型环境战略的驱动因素及其作用机理。

（二）分析过程

1. 研究方法与资料来源

　　Glaser 和 Strauss 首创并发展的扎根理论是一种质化的研究方法，其基本宗旨是从经验资料的基础上建立理论。与实证研究不同，研究者在进入田野调查之前并不提出理论假设，而是直接从调查资料中进行经验概括，在不断比较的过程中提炼出反映社会现象的概念，进而发展范畴以及范畴之间的关联，最终升华为理论。这是一种自下而上的归纳式研究方法，直接扎根于现实资料的理论便是其成果的体现（张敬伟，2010）。扎根理论包括开放性编码、主轴性编码、选择性编码和饱和度检验。

重污染企业与非重污染企业相比，引发环境污染的可能性更大，因而对主动型环境战略的需求更加迫切；另外，基于重污染行业的特点，其环境信息也更加丰富，更加适合采用扎根理论进行研究。考虑到地区差异的影响，选取了涵盖东、中、西及东北四个区域[①]的30家重污染行业企业为样本（样本企业基本信息如表3-1所示），以访谈调查及问卷等形式来获得企业环境战略方面的相关信息，访谈和问卷均是围绕企业实施主动型环境战略相关问题展开。鉴于问题的战略视角，调查对象以单位（或部门）领导为主，同时也兼顾到一般职员来完善资料的信度与效度。为确保信息的真实性，在访谈及问卷调查之前，首先向被调查者介绍了有关企业主动型环境战略的相关概念及形式，对于容易出现模糊的概念也进行了区分和说明，并以决策的宏观性和战略性为导向尽量剔除企业所在区域的地区限制对调查者回答的影响。最终通过对收集到的资料进行整理、分析与归纳，构建出相关理论框架。

表3-1 样本企业的基本信息

编号	区域	区位	行业	成立时间	所有制类型	近三年年均销售额（元）	调查人员职位
1	东部	北京	煤炭	10~20年	国有企业	1000万~5000万	单位（或部门）领导
2		福建	发酵	20~50年	股份有限公司	10亿以上	一般职员
3		天津	冶金	0~3年	有限责任公司	100万以下	一般职员
4		上海	制药	20~50年	股份有限公司	1亿~10亿	一般职员
5		广东	石化	5~10年	国有企业	10亿以上	单位（或部门）领导
6		山东	冶金	20~50年	国有企业	1亿~10亿	单位（或部门）领导
7		江苏	煤炭	50年以上	国有企业	1亿~10亿	单位（或部门）领导

---

① 区域划分：东部：北京、天津、河北、上海、江苏、浙江、福建、山东、广东、海南；中部：山西、安徽、江西、河南、湖北、湖南；西部：内蒙古、广西、重庆、四川、贵州、云南、陕西、甘肃、青海、宁夏、新疆；东北部：辽宁、吉林、黑龙江。（不包括西藏自治区和香港、澳门、台湾地区）

续表

编号	区域	区位	行业	成立时间	所有制类型	近三年年均销售额（元）	调查人员职位
8	中部	山西	冶金	20~50年	国有企业	1亿~10亿	单位（或部门）领导
9		河南	冶金	20~50年	国有企业	1亿~10亿	单位（或部门）领导
10		山西	电解铝	10~20年	股份合作制企业	10亿以上	一般职员
11		湖南	钢铁	50年以上	国有企业	10亿以上	单位（或部门）领导
12		山西	钢铁	50年以上	股份有限公司	10亿以上	一般职员
13	西部	陕西	化工	20~50年	有限责任公司	10亿以上	单位（或部门）领导
14		陕西	石化	10~20年	国有企业	10亿以上	单位（或部门）领导
15		陕西	石化	20~50年	国有企业	10亿以上	单位（或部门）领导
16		云南	采矿	5~10年	国有企业	5000万~1亿	单位（或部门）领导
17		云南	采矿	50年以上	国有企业	10亿以上	单位（或部门）领导
18		云南	钢铁	20~50年	私营企业	100万以下	一般职员
19		云南	采矿	5~10年	股份有限公司	1亿~10亿	单位（或部门）领导
20		云南	发酵	0~3年	股份有限公司	100万~500万	一般职员
21		云南	煤炭	3~5年	国有企业	1000万~5000万	一般职员
22		云南	冶金	5~10年	国有企业	1亿~10亿	单位（或部门）领导
23		云南	冶金	5~10年	有限责任公司	10亿以上	单位（或部门）领导
24		云南	冶金	10~20年	国有企业	10亿以上	单位（或部门）领导
25		甘肃	冶金	50年以上	国有企业	10亿以上	一般职员
26		四川	钢铁、冶金、建材	0~3年	私营企业	100万~500万	单位（或部门）领导
27		四川	冶金、采矿	50年以上	国有企业	5000万~1亿	一般职员
28		云南	冶金、化工	10~20年	私营企业	10亿以上	单位（或部门）领导
29		云南	冶金	20~50年	国有企业	10亿以上	一般职员
30	东北部	辽宁	钢铁	50年以上	国有企业	10亿以上	单位（或部门）领导

2. 范畴提取及模型构建

（1）开放性编码。开放性编码是指把收集来的资料进行分解，针对资料中所反映的现象，不断比较其相互之间的异同，将现象升华到概念，再把相似概念集中整合，提炼出更高一级的概念，即范畴，从而把资料概念化、范畴化。根据访谈及问卷收集到的资料，剔除掉模糊不清的回答，如"不确定""不知道"以及"其他"等，对余下的有效信息进行整理，将反映相似现象的词条归类整合，最终形成了813条初始概念，经过对这些信息概念反复地分析归总，本书最终得到了11个范畴，并用阿拉伯数字对这些范畴出现的频次进行列示，如表3-2所示。

表3-2 开放性编码形成的初始概念及范畴

编码	范畴（出现频次）	初始概念
1	成本优势（30）	低成本战略
2	技术优势（44）	清洁生产技术、节能环保技术及高新科技等
3	创新能力优势（102）	新型产品、工艺、技术及专利（44）、可持续产品或服务（58）
4	绿色声誉（85）	追求形象优势和品牌优势（41）、避免较高的负面成本（44）
5	政府规制（74）	法律法规的约束及要求
6	政策鼓励（115）	优惠政策（71）、政府补助（44）
7	市场需求（64）	公众绿色消费意识（22）、消费者绿色产品需求（17）、客户绿色消费需求（25）
8	供应链需求（73）	营销部门要求（23）、供应商环保要求（10）、行业绿色管理（40）
9	管理层环保意愿（75）	股东的环保压力（24）、管理层自发的环保意愿（51）
10	员工绿色价值观（112）	员工个人绿色价值观（38）、员工对基于企业文化的绿色价值观的满意度（74）
11	资源冗余（39）	具备时间、人力、资金等资源

（2）主轴性编码。主轴性编码的主要任务是发现和建立各主要范畴以及主副范畴之间的联系，并将资料中各部分的有机关联展现出来。通过对表3-2中开放性编码形成的11个范畴进行逐一分析，从性质、内容、结构、逻辑关系和因果关系等各个方面进行比较，寻找它们之间可能存在的关联关系，从而确定出竞争优势（C）、政府政策（P）、绿色需求（D）、企业环保理念（W）以及组织资源（R）这五大主范畴。其中，竞争优势（C）包含了成本优势、技术优势、创新能力优势以及绿色声誉四个副范畴；政府政策（P）包含了政府规制和政策鼓励两个副范畴；绿色需求（D）包含了市场需求和供应链需求两个副范畴；企业环保理念（W）包含了管理层环保意愿和员工绿色价值观两个副范畴；组织资源（R）则通过资源冗余这个副范畴来体现。表3-3列示了主范畴、副范畴及其内在联系。

第三章 我国环境规制下的企业环境管理现状

表 3-3 主轴性编码形成的主、副范畴及其内在联系

主范畴	副范畴	主、副范畴的内在联系
竞争优势（C）	成本优势	成本优势是企业通过改良生产流程，避免环保惩罚，节约原材料投入以及降低废弃物处理费用，从而减少成本，提升竞争力，是企业竞争优势的重要组成部分
	技术优势	技术进步会引起生产率的提升，从而扩大市场占有率，增加企业利润，最终形成企业的竞争优势
	创新能力优势	企业创新能力是企业学习力的进一步延展和升华，它所反映的是企业的内在潜力，是企业竞争力的表现形式之一。两者之间相互联系、相互作用。企业创新能力的提高有助于提升企业的竞争力；竞争力的提高也能够增强企业的创新能力
	绿色声誉	绿色声誉即企业品牌优势和形象优势，是企业重要的无形资产，可以为企业创造新的经济增长点，是竞争优势软实力的体现
政府政策（P）	政府规制	政府环境规制是指以环境保护为目的而制定实施的各项政策与措施的总和。政府规制是政府政策强制力的体现
	政策鼓励	政策鼓励是指政府对于企业的环境行为给予相应的优惠政策或补助，增加企业的环境收益。政策鼓励是政府政策的柔性表达
绿色需求（D）	市场需求	市场需求是公众绿色消费意识的体现，是绿色需求的重要组成部分
	供应链需求	供应链需求主要涉及供销部门以及整个行业的绿色管理需求，绿色供应链生产模式是绿色需求亟待解决的重要问题
环保理念（W）	管理层环保意愿	企业的环境战略很大程度上受到管理者意图和管理者参与的影响，同时管理层的环保意愿也是整个企业环保理念形成与发展的重要驱动力
	员工绿色价值观	员工个人的绿色价值观以及员工对企业绿色文化的感知与满意度会影响企业的环保理念的构建，同时，员工的绿色价值观也体现着企业的环保理念
组织资源（R）	资源冗余	资源冗余是组织资源有效性和流动性的体现，丰富的组织资源是企业进行环境行为的有力支撑，会促进企业环境战略的实施

（3）选择性编码。选择性编码要求研究者从主范畴中梳理和探索核心范畴，并以"故事线"的形式把核心范畴与其他范畴系统地联结起来，进一步通过资料与正在成型的理论的互动来完善各个范畴及其相互关系，从而建立起概念密实、充分发展的扎根理论。

围绕企业主动型环境战略的驱动因素进行研究，将"主动型环境战略"确定为核心范畴。围绕核心范畴的"故事线"可以总结为：竞争优势、政府政策、绿色需求、企业环保理念以及组织资源都会影响企业主动型环境战略的选择；竞争优势直接决定了企业处理环境问题的积极性，属于内涵驱动力，形成了"竞争

力——战略选择"的驱动主线；政府政策、绿色需求、企业环保理念以及组织资源分别从企业内外两个方面对该驱动主线进行调节，属于情景变量。其中，政府政策和绿色需求是外部情景变量，企业环保理念和组织资源是内部情景变量，共同推进企业主动型环境战略的实施。

在此"故事线"的基础上，构建了"企业主动型环境战略驱动因素模型"（见图3-3），综合反映出驱动主线及各情景变量之间的相互联系。

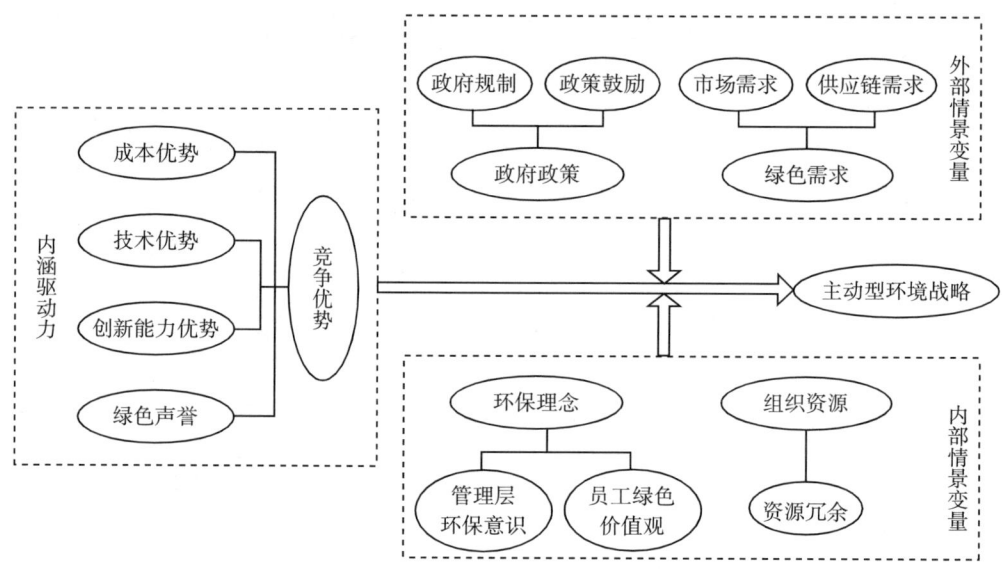

图3-3　企业主动型环境战略驱动因素模型

（4）理论饱和度检验。理论饱和度检验是指通过反复比较收集到的资料，在难以获取额外的数据从而形成新的范畴时即达到理论上的饱和。现有研究通常采用两种方法来验证理论饱和度。其一是通过事先预留部分样本数据与成形的理论进行比较的方法来进行检验；其二是由研究人员对全部原资料所形成的概念、范畴分别独立地进行反复核查、讨论，在相互质疑、相互比较中达成共识，从而进行理论饱和度检验。

鉴于样本资料的有限性，采用第二种方法进行了理论饱和度检验，结果并未发现形成新的概念和范畴，表明"企业主动型环境战略驱动因素模型"理论上是饱和的。

（三）模型阐释

上述企业主动型环境战略驱动因素模型可以用来解释主动型环境战略选择的影响机理，但五大主范畴对企业主动型环境战略的驱动机制并不一致。

企业往往立足于自身竞争优势而做出主动型环境战略的选择。因此，竞争优势是企业实施主动型环境战略的内涵驱动力。Christmann（2000）指出，企业获得环境管理所产生成本优势的前提条件是存在互补性资产，而生产流程创新和实施能力正是绿色管理取得成本优势的互补性资产。孙宝连、吴宗杰（2010）认为，企业绿色能力是企业决定选择绿色管理战略的基本驱动力之一，而企业的绿色能力包括绿色生产技术能力和绿色创新能力。Sharma（2000）认为企业环境管理战略的选择在一定程度上受到经济利益、技术及能力等因素的影响。只有在企业拥有了相关技术和能力的情况下，企业才会顺应形势，根据环境规制的要求提高自己的环境标准，采取先发制人的战略，主动开发污染控制技术、设备和产品，推动行业规制建设，掌握行业发展的主导权，获得竞争优势。竞争优势的取得，又会进一步强化企业产品或技术能力的创新，形成企业的绿色品牌。与此同时，Doerr 和 Kleiner（2006）也认为只有把可持续发展作为战略目标的企业才能在未来赢得竞争优势。可持续发展战略不仅体现在经济收益、技术及创新能力上，还表现为企业绿色声誉的建设。Davies 等（2003）将企业绿色声誉阐释为其绿色身份和形象的结合。他指出，企业绿色声誉无形地影响着社会对企业绿色管理乃至企业整体的评价，是企业竞争能力的重要表现。以上研究表明，成本、技术、创新能力以及绿色声誉共同推进企业主动型环境战略的发生，构成了相互联系的竞争主体，是驱动主线的重要内涵表现。

政府政策和绿色需求是企业实施主动型环境战略的外部情景变量，是主动型环境战略的强制驱动力，约束着企业的环境行为。政府政策和绿色需求分别从政府和市场角度对主动型环境战略的实施产生影响，但其影响力度并不一致。政府政策包括政府规制与政策鼓励。现有文献大多是从环境政策惩戒的角度来研究环境规制与企业战略选择的问题，得出了制度约束力越强，企业越会采取对环境负责的长期战略的结论。Petts 等（1999）认为，环境规制是企业进行环保行为的主要驱动力。Maxwell 和 Decker（2006）指出部分企业往往是出于降低环境遵守成本的目的而愿意进行环境治理。从收集到的资料来看，很多受访者认为充分享受到国家各方面的环保优惠政策是企业选择主动型环境战略时优先考虑的因素，即现阶段企业环境战略选择更加倾向于政策激励的影响。政策激励有助于企业降低环境遵循成本从而获得更多的经济利益，它也是政府环境管理的柔性措施，与政府规制一并作用于企业的环境行为。正如原毅军、耿殿贺（2010）提出的，只有在政府环境管制政策和经济激励措施并行的前提下，排污企业才会主动进行污染治理。与政府政策相比，基于市场因素的绿色需求的强制力相对较弱，包括市场需求和供应链需求，它更多的是考虑市场以及企业上下游关联方的环保需求。Banerjee 等（2003）学者研究发现企业绿色战略的一个重要目标是获得社会合法性和满足消费者的绿色需求，从而实现企业价值。他们同时也指出来自于利益相关者的政治压力和客户对绿色产品需求的经济压力是企业选择环境战略时优先考虑的因素。在基于绿色供应链的企业环境决策中，李云雁（2010）认为对环境保护持积极态度的供应商会更加注重节能减排，以满足下游企业所提出的环保要求，从而实现整个供应链的绿色协调管理。

企业环保理念和组织资源是企业实施主动型环境战略的内部情景变量，是主动型环境战略的引发驱动力。企业环保理念反映了一个企业自上而下的绿色文化诉求，其对环境战略选择的影响表现在两个方面：一是企业的管理层在环境决策时的意识体现。Sharma 和 Vredenburg（1998）指出企业管理人员对于环境问题的不同感知会导致不同的环境战略选择。Worthington 和 Patton（2005）的研究也表明企业的环境战略选择在很大程度上受到管理者意识和管理者参与的影响。二是企业员工的绿色价值观所营造的企业绿色文化。Sharma（2000）指出员工的环境意识以及员工对于企业环境决策的认识会直接影响到企业采取何种环境战略。Bansal 和 Roth（2000）也发现个体成员对环境问题的关注程度以及其自身的绿色价值观会影响企业应对环境问题的范围、规模和速度。因此，在绿色文化的主导下，企业更应实施主动型环境战略，倡导绿色文明，培育企业管理者和员工的绿色环保意识和社会责任观，带动企业绿色管理制度的建设，形成企业绿色管理优势。对组织资源因素的研究则是通过资源冗余来体现的。Sharma 和 Vredenburg（1998）发现资源和能力丰富的企业更有可能采取主动型环境行为。Bowen 等（2010）检验了不同类型和规模的资源对企业环境战略选择的影响发现，冗余资源能促进企业开展绿色环境战略。

综上所述，"竞争力—战略选择"这条驱动主线是企业选择主动型环境战略的根源，企业是否主动采取绿色管理战略的决定因素在于绿色管理能否给企业带来生存与发展的价值。根据波特的观点，企业生存与发展的根基是培育和发展核心竞争力，建立竞争优势，因此，竞争优势是内因驱动力。其他四个范畴分别作为内外情景变量推动着驱动主线的向前发展，调节着驱动主线的关系强度。政府政策和绿色需求强制规范着企业环境行为的发生，是企业选择主动型环境战略的制度基础；环保理念和组织资源则更多的是从企业自身的条件出发，创造环境战略选择的意识背景，是企业主动型环境战略的诱发因素，"企业主动型环境战略驱动因素模型"则是更加直观地将这五大范畴融合在一起，综合反映了其影响机制及相互作用。

（四）研究建议

鉴于扎根理论要求的是资料的丰富性而非样本容量的大小，在未来的研究实践中，可以运用更加有效的方法收集资料，比如深度访谈或选取更具代表性的企业进行实地追踪，尽可能地掌握充足的一手资料，使研究建立在扎实的资料基础之上。另外，基于扎根理论的方法从收集到的样本信息中提炼出影响企业主动型环境战略实施的驱动因素以及各主、副范畴对主动型环境战略实施的驱动机制，是一种从资料数据升华到理论的研究方法，该驱动机制是否有效、是否可以指导企业实践，未来可以通过大样本数据，运用相关分析、结构方程模型等量化方法，对企业主动型环境战略的主要驱动因素以及作用路径进行更深入的分析，进一步修正和完善模型，构建具有普适性的理论。

四、企业实施主动型环境战略的动因和阻力分析

在探讨企业主动型环境战略驱动因素基础上，本书进一步调查了企业实施主动型环境战略的动因和阻力。是什么因素阻碍了企业主动型环境战略的制定和实施，又有哪些因素刺激企业制定主动型环境战略，推进企业持续实施主动型环境战略，这需要我们结合重污染企业实际进行实地调研。本书采用问卷调查的形式对重污染企业实施主动型环境战略的阻力与动因进行分析，明确企业在实施主动

型环境战略时的主要阻力及主要的驱动因素,为企业环境战略转型和政府环境管理提供理论支持,为相关研究提供了一手资料。

(一) 相关文献综述

主动型环境战略是企业自愿、积极地应对环境压力,采取主动型措施管理环境问题,以通过环境战略的实施构建竞争力,在提高经济绩效的同时实现生态可持续发展。在重污染企业中,环境战略覆盖了产品的整个生命周期,涉及企业的各类组织活动,包括研发、采购、生产、物流、营销、销售等环节。具体包括企业主动的环境保护目标的制定、环境技术的改进、环保设备的投资、环境产品创新、环境治理以及环境管理系统的采用等。考虑到问卷的方便性,本书主要关注污染预防、环境管理系统(EMS)的采用、主动采用环境管理体系认证(如 ISO 14000)、环境信息披露以及其他自愿的、超出法律要求的环保行为等方面。

Chan(2008)运用探索性分析方法发现以下六种类型的障碍与企业的环境行为呈现负相关性:①缺乏相关的知识与技能;②缺乏专业意见;③成果不显著;④认证机构的参与;⑤缺乏资源;⑥实施与持续成本高。Van Hemel 和 Cramer (2002) 同样运用探索性分析方法发现主要有三项障碍会阻碍企业环境战略的推进,即环境收益不明显、责任意识缺乏以及缺少可利用的可替代方案。Murillo-Luna 等(2007)和 Dahlmann 等(2008)认为企业采取积极的环境战略最显著的障碍是缺乏资源及相关技能。Massoud 等(2010)则指出缺乏政府的支持和激励、缺乏相关法律法规的要求以及环境收益不明显是企业实施环境战略的主要障碍。同样地,李冰(2008)也认为对绿色理念实现的监督制度的有无以及监督力度的强弱是企业能否实现绿色管理的决定因素。

Moon、Rugman 和 Verbeke(1998)指出,遵守监管规定、制度驱动、利润及业绩驱动是企业开展环境管理的三大动机。张海姣和曹芳萍(2013)认为,企业所承担的环境责任以及企业所追求的竞争优势是推动企业实施绿色管理的动力来源。孙宝连等(2009)沿着从宏观因素到微观因素的分析路径,认为绿色社会观念、行业绿色竞争、企业绿色文化、企业绿色能力是企业决定选择绿色管理战略的基本驱动力。张台秋等(2012)认为企业实施绿色战略动机来源于组织合法性,其具体包括利益性动机、道德性动机和规制性动机,即经济效益、监管压力与制度规范、利益相关者导向驱动企业实施绿色战略。叶强生和武亚军(2010)

通过数据实证分析得出，遵守监管是目前中国企业的主要环境管理动机，同时，私营企业相对国企较重视经济效益优化，国企则明显以遵从监管法规为主要出发点。朱庆华（2009）则认为政府法规的执法不严以及政策激励不足是制约企业开展绿色供应链管理的最主要的原因，进行绿色供应链管理的同时带来的成本提高、企业环保意识和相关能力的缺乏也制约了企业绿色供应链管理的发展。

由此可见，企业环境管理的阻力和动因研究一直是理论界分析的热点领域，现有的相关成果为本研究提供了理论支持。

（二）问卷设计

1. 问卷设计

为了达到研究目标，首先设计调查问卷。问卷由两个部分组成：第一部分是对被访问公司及被访问人员的基本情况进行调查，具体包括：公司的详细名称、成立时间、所属行业、所有制类型以及近三年的年均销售额、被访问者的职位；第二部分是企业实施主动型环境战略的阻力与动因调查，主要包括实施主动型环境战略需要克服的最大阻力、推动企业做出主动型环境战略决策的主要动因，以及企业在实施主动型环境战略过程中激励其持续实施并不断改进的主要动因。对每一个问题结合现有理论研究给出了一些既定的选项供被访问者选择。为了确保问卷的完整性，在每个问题的最后也给出了"其他原因（请列出）"选项供被访问者补充与完善，这样能使被访问者可以根据企业自身的具体情况，对每个问题给出较为真实的回答，而不局限于所给出的选项。同时，为了保证问卷的可靠性，我们首先进行了预测试，对其中四个行业各选定两家企业进行了访谈，主要是看提出的问题是否合理和有缺项，问题的描述是否简单易懂，并根据预测试对问卷进行适当调整。

2. 问卷发放及收回

为使研究具有针对性，我们重点对资源消耗量大、污染物排放严重、对环境破坏程度高、易引发环境问题的重污染企业进行调查。具体调查对象是重污染企业的在职人员，包括单位（部门）领导与一般职员。调查问卷采用不记名问卷填写的方式，共投出了200份问卷，收回182份，回收率为91%；剔除回答不规范及信息不完整的问卷后，共得到170份有效问卷，占总投放问卷数的85%。

3. 样本的总体特征

有效问卷所涉及的企业主要分布在冶金、钢铁、石化、采矿业、煤炭、化工、发酵、制药、建材和电解铝这 10 类行业中，其中分布较多的为冶金、钢铁、石化、采矿业及煤炭，分别占所调查企业的 23%、22%、18%、17% 和 10%；化工占 6%，发酵、制药、建材和电解铝行业也有所涉及，但所占比例较少，均占被调查企业比例的 1%。

（三）样本描述

1. 阻力研究

为了解企业实施主动型环境战略的阻力，根据文献阅读和访谈结果，总结出 22 项可供选择的"阻力"选项（见表 3-4），要求每一个被访问人员回答企业在实施主动型环境战略时需要克服的首要的四项阻力；其次，被访问人员也可以选择"其他原因"选项来告知没有被列出的"阻力"。

表 3-4 企业实施主动型环境战略的阻力及给出的预设选项

1. 环保政策的设计和制定不够合理
2. 环保相关的法律法规监管或执行不严，违法成本低
3. 政府对企业环境保护的激励力度不够
4. 没有足够的时间主动管理环境问题
5. 没有足够的人力资源主动管理环境问题
6. 没有足够的资金主动管理环境问题
7. 没有及时获取或积累足够的环保相关的信息
8. 缺少向标杆企业学习的机会
9. 缺乏相关专业知识及技术
10. 很难找到可替代的环保材料或成分（或其成本过高）
11. 生产工艺的改造成本高
12. 环保设备维护成本高
13. 很难找到可替代的生产程序（或其不成熟）
14. 具体管理过程中缺乏相关有效的工具或方法（如缺乏环保业绩的评价体系等）
15. 管理层环保意识差
16. 员工环保意识差
17. 公众绿色消费意识差

续表

| 18. 主要合作供应商缺乏合作环保意愿 |
| 19. 环境改进后的绿色产品或服务不被客户认可 |
| 20. 改善环保业绩后并未获得显著的绿色声誉 |
| 21. 经济收益（尤其是短期收益）不明显 |
| 22. 不知道 |
| 23. 其他原因（请列出） |

图3-4为企业实施主动型环境战略主要阻力的汇总表。在170位受访者中，有61位受访者选择了"生产工艺改造成本高"这一阻力因素，大约占据所有受访者的35.88%，也就是说，大于1/3的受访者认为企业实施主动型环境战略需要克服的最大阻力是生产工艺改造成本高。其次，"政府对企业环境保护激励力度不够""没有足够的资金主动管理环境问题"和"管理层环保意识差"这三个选项所选比例均超过25%，分别为28.24%、26.47%和25.29%。"缺乏相关专业知识及技术""经济收益（尤其是短期收益）不明显""员工环保意识差"和"环保设备维护成本高"这些阻力因素均得到了20%以上的认可率，分别为23.53%、23.53%、22.35%和21.76%。

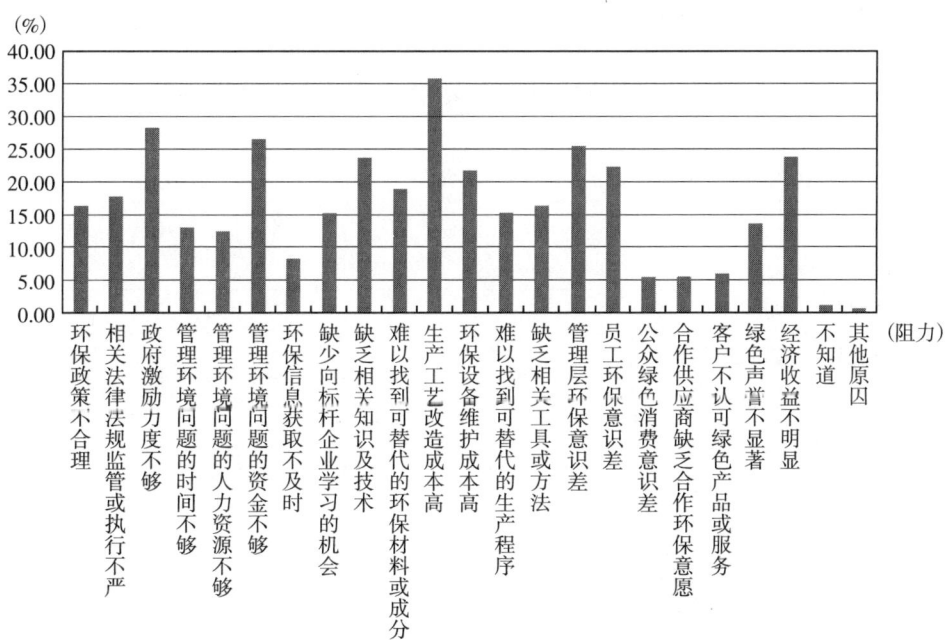

图3-4 企业实施主动型环境战略阻力汇总

调查显示，员工认为阻碍企业实施主动型环境战略最需要克服的因素大致分为三类：第一类是成本效益问题。企业作为一个营利性组织，在决策时常常将自身的经济利益放在第一位，由于环境投入产生效益的滞后性和不确定性，企业在应对环境问题时容易采取机会主义行为。第二类是环保意识问题，政府环保意识不足就可能不会拿出更多的财力、物力、人力去激励主动型环境战略的实施，企业管理层和员工环保意识不足会直接导致主动型环境战略的流产。第三类是资金、技术和人才问题。即使社会各界都已经意识到环境保护的重要性，如果缺乏足够的资金、专业知识和技术，缺乏掌握专业知识的技术型人才，主动型环境战略也难以实施。

2. 动因研究

这部分问卷调查分别询问了两种类型的动因：第一，受访者所认为的推动企业做出主动型环境战略决策的动因是什么，即实施主动型环境战略的决策性驱动因素是什么；第二，受访者认为的在实施主动型环境战略的过程中，激励其持续实施并不断改进的动因是什么，即实施主动型环境战略的持续性驱动因素是什么。本书将这两类动因分别称为"决策动因"和"持续动因"。

（1）决策动因。表3-5给出了企业实施主动型环境战略的决策动因可供选择的选项，要求受访者从中最多选择三项主要动因。

表3-5 企业实施主动型环境战略的决策动因及给出的预设选项

1. 法律法规的约束及要求（避免处罚成本）
2. 追求政策收益（如环保优惠政策、政府扶植、绿色信贷等）
3. 股东的环保压力
4. 管理层自发的环保意愿
5. 员工个人绿色价值观推进
6. 具备技术优势或创新能力优势
7. 具备时间、人力、资金等资源
8. 公众绿色消费意识增强
9. 客户的绿色消费需求加大
10. 供应链厂商的环境保护要求增多
11. 改善企业形象需要（避免较高的负面成本）
12. 追求成本优势

第三章 我国环境规制下的企业环境管理现状

续表

| 13. 追求形象优势和品牌优势（即绿色声誉） |
| 14. 重构行业竞争规则 |
| 15. 不知道 |
| 16. 其他原因（请列出） |

170位受访者中，有74位受访者在决策动因选项中选择了"法律法规的约束及要求（避免处罚成本）"，大约占所有受访者的43.53%。也就是说，大于2/5的受访者认为企业决定开始实施主动型环境战略的最大动力是法律法规形成的约束力。其次，"管理层自发的环保意愿"得到了51人的支持，占30%。"追求政策收益（如环保优惠政策、政府扶植、绿色信贷等）""具备技术优势或创新能力优势"和"改善企业形象需要（避免较高的负面成本）"也被较多次地选择，所选比例均为25.88%。另外，"追求形象优势和品牌优势（即绿色声誉）"以及"具备时间、人力、资金等资源"这两个选项的选择率也超过了20%，分别占受访者选择比率的24.12%和22.94%。同时，也有大约1%的受访者选择了不定选项"其他项"来陈述"其他原因"。调查结果在图3-5中予以列示。

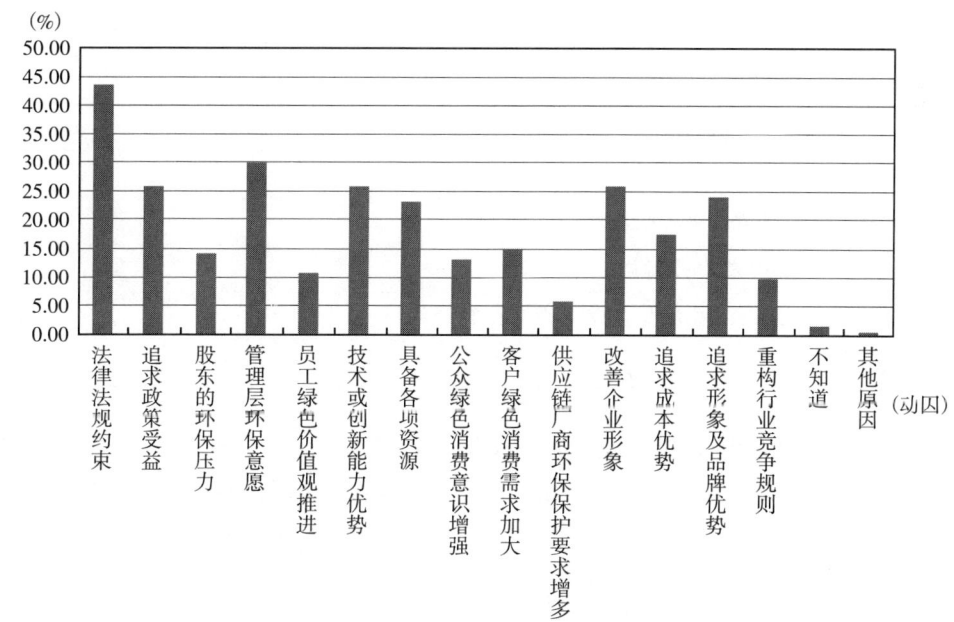

图3-5 企业实施主动型环境战略决策动因汇总

毋庸置疑，法律法规的权威性和强制力对企业形成的约束和要求是企业决定实施主动型环境战略的首要动力。其次，管理层自发的环保意识能极大地促进主动型环境战略在企业内部自上而下地实施，为企业实施主动型环境战略的决策提供极大的可能性。最后，专业技术人才和创新能力能消除企业决定实施环境战略的技术担忧，环保优惠政策让追求政策收益的企业更增添了决定实施主动型环境战略的筹码，而企业形象的改善对增加企业的市场竞争力以及提高企业的绿色环保声誉也是非常有帮助的。

（2）持续动因。持续动因即实施动因，是指在实施主动型环境战略的过程中，可以激励其持续实施并不断改进环境战略的驱动因素。表 3-6 给出了企业实施主动型环境战略持续动因的选项，要求受访者从中选择三项持续动因。

表 3-6　企业实施主动型环境战略的持续动因及给出的预设选项

1. 充分享受到国家各方面的环保优惠政策
2. 来自个人意愿的绿色价值观不断推进
3. 基于公司文化的绿色价值观已经形成
4. 增强员工满意度
5. 营销部门的要求
6. 消费者绿色需求
7. 主要合作供应商的要求
8. 推动了产品创新或技术能力创新
9. 可持续产品或服务提供了竞争优势
10. 形象优势或品牌优势带来新的经济增长点
11. 希望占据绿色供应链的主导地位
12. 希望处于未来法律要求的前沿，推动行业绿色管理
13. 其他重要的动力

170 位受访者中，有 71 位受访者选择了"充分享受到国家各方面的环保优惠政策"这一项实施动力因素，即有 41.76% 的受访者认为企业持续实施主动型环境战略的最大动力是充分享受到国家各方面的环保优惠政策。其次，"可持续产品或服务提供了竞争优势"得到了 58 人的支持，占受访者比例的 34.12%。"基于公司文化的绿色价值观已经形成"得到了 43 人的支持，占 25.29%。另外，

"推动了产品创新或技术能力创新"以及"希望处于未来法律要求的前沿,推动行业绿色管理"这两个选项的选择率也超过了20%,均占受访者人数的23.53%。调查结果如图3-6所示。

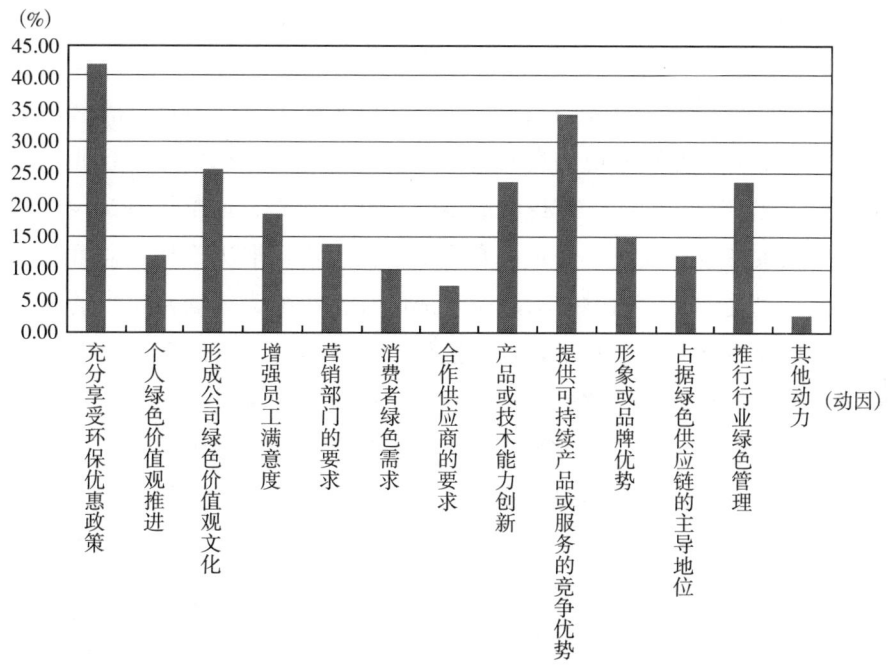

图3-6 企业实施主动型环境战略持续动因汇总

结果表明,企业实施主动型环境战略后,法律法规的权威性和强制力对企业形成的约束和要求不再是企业实施主动型环境战略的首要动力,支持企业持续实施主动型环境战略的最主要动力因素是充分享受到国家各方面的环保优惠政策;其次是通过提供可持续产品或服务来获得竞争优势;再者,基于公司文化的绿色价值观的形成也为企业实施主动型环境战略、发展绿色生产提供了思想上的保障。

(四) 内在机理分析

调查结果表明,在企业中实施主动型环境战略的主要障碍包括生产工艺改造成本高、设备的维护成本高、缺乏必要的资金、专业知识及技术、环保意识差等内部因素以及政府对企业环境保护的激励力度不够。企业实施环境战略的决策动因则是由于法律法规的约束及要求,企业自身具有环保的意愿,拥有相应的资源、技术和专业能力,追求政策收益等;持续动因则是为了充分享受到国家的环保优惠政策，推动产品创新或技术创新获得绿色竞争优势以及推动行业绿色管理。

可见，当前企业实施主动型环境战略主要考虑的是政府环保政策的激励约束作用以及企业自身的资源能力。环境规制压力迫使管理者在制定战略过程中考虑环境因素。Cañón-de-Francia 等（2007）认为，遵循环境规制需要企业采取适应过程，这不仅需要企业花费高昂的代价，同时也会改变企业的生产系统和方法，进而会影响到企业的竞争力和未来的利润。Child 和 Tsai（2005）指出，如果制度约束强，企业会采取对环境负责的长期战略；如果制度约束弱，企业只关心短期利益的最大化，则会倾向于拉拢政府继续污染。戴璐、孙茂竹（2014）进一步指出，环境政策在企业战略中是否占有重要地位，不仅取决于环境监管制度是否具有硬约束，也受到企业通过政治战略形成的社会影响力或谈判实力的影响。企业在制定其环保战略时，会基于其发展愿景，综合考虑环境政策对企业发展的影响，平衡经济绩效与环境绩效之间的关系，从中选择出最优组合。如果环保政策实施非常严格，或提供相应的政策优惠，将会降低企业的政治谈判动机，企业在谋求商业利益的过程中，或不得不在控制污染方面做出一定的投入，或为了获得政策优惠达到规定技术标准，总体而言，企业战略会更倾向于环境保护。但如果环境政策的激励性不够，或在实施过程中存在因人而定、因事而定的情况，则企业会将重心放在政府公关与谈判上，力图获得政府的支持，获得更多的资源和更宽松的环境监管环境，将污染外部化，转嫁给社会公众。因此，想要企业实施主动型的环境战略，需要强化环境规制，形成优胜劣汰的约束机制，并提供环境保护、促进绿色生产的政策优惠，为企业实施主动型环境战略创造良好的竞争环境和盈利机会。

企业是否实施主动型环境战略不仅与国家的环保政策有关，更与企业自身的管理意识、资源、能力、知识有关。从调研结果可知，企业实施主动型环境战略的阻碍和决策动因均包括企业管理者的意识、技术、资源与能力。是否具有环境管理的内在相关要素已成为企业进行环境战略决策的关键因素。竞争能力理论和组织理论对此作出了解释，企业实施环境管理的能力和可利用资源的冗余程度等企业特定因素对环境管理行为选择产生重要影响（胡美琴、李元旭，2007）。Stone 等（2004）证实，高层管理人员越重视环境问题，他们就会尽更大的努力来应对这些问题。Sharma（2000）指出管理人员对环境管理战略的选择在一定程度上受到可支配资源的影响，这些资源包括：技术、管理技能、预防污染的综合环境能力、持续创新、利益相关者关系等。当企业缺乏必要的资金、专业知识及技术，势必会造成生产工艺改造成本高，设备的维护成本高，企业难以自行消化由环境保护带来的财务绩效下降的后果，在绿色经营中处于劣势地位，难以有效实施主动型环境战略。一旦拥有了环境管理的相关意识、技术和能力时，企业首先会顺应形势，根据环境规制的要求提高自己的排污标准，采取先发制人的战略，主动开发污染控制技术、设备和产品，推动行业规制建设，掌握行业发展的主导权，获得竞争优势。竞争优势的获得，会进一步强化企业产品或技术能力的创新，促进公司绿色价值观的形成。可见，企业管理层的环保意愿以及其本身所具备的技术及创新优势不仅是减轻企业实施主动型环境战略阻力的关键要素，也是企业开始实施主动型环境战略重要的驱动因素。这也与企业实施主动型环境战略的持续性动因是一脉相承的，自发的环境意愿形成了企业的绿色价值观，企业本身的资源和技术也为企业获得包括创新优势、效率优势和先动优势等一系列的竞争优势，从而提高企业在行业竞争中的地位。如同金碚（2009）所言：有能力接受较高环境保护标准的企业，已把提高环境质量作为提升竞争力的一种重要方式。所以说，决策型动因与持续性动因是相辅相成的，共同推进企业实施主动型环境战略。

（五）相关建议

为促进企业主动型环境战略的形成，应从政府环境政策以及企业内部发展两方面进行对策研究。

进一步完善环境规制政策。第一，强化环境保护政策的约束力，压缩企业环保谈判空间。法规不严格，企业就有违法的余地，政府就有卸责的心理；执法不严、有法不依，则会纵容企业寻找环保空隙，地方政府则会包庇违法企业，阻挠环保执法。因此，应进一步明确环境监督部门的法律地位，赋予环保部门更强有力的执法权；通过向环保部门主要负责人、地方政府决策者问责，去增大他们的履职压力，进一步明确官员对环境保护的责任；提高企业违法成本，倒逼企业遵守环保法规，自觉成为生态文明的践行者。第二，加强环境规制的激励力度。加强激励力度是解决企业环境战略阻力的关键，也是企业实施主动型环境战略的诱因。政府可重点利用市场型规制方法引导企业实施主动型环境战略，如直接借助市场机制，通过排污税费、产品税费、使用者税费、补贴、可交易的排污许可证、押金返还等工具引导企业排污行为，激励排污者降低排污水平，给予企业一定程度的选择和采取行动的自由，为企业采用廉价和较好的污染控制技术提供了较强的刺激。第三，积极营造有利于环境保护的环境。政府部门应该加大保护和改善环境、防治污染和其他公害的财政投入，提高财政资金的使用效益，积极帮助企业引入环保技术和管理经验，规范绿色市场，引导企业进行技术创新、产业升级，发展循环经济和低碳经济。

企业应转变观念，积极培育绿色经营的核心能力。第一，企业应当树立长期的经营理念，制定主动型环境战略。环境战略是一个长期的收益项目，管理决策者不能因为短期经济效益无法达到而放弃其绿色经营理念；企业管理者应积极学习环保生产的成功案例，培养自身的环保理念素养；在企业上下树立环保理念，形成绿色环保的企业文化，并制定企业环境战略和环境奖惩措施。第二，在学习和引进国际先进的绿色生产技术的同时，加强自主创新，将企业的环境战略与经营战略结合起来，通过降低产品成本或提高产品差异化来实现环境战略形成企业的竞争优势。发展适合自身可持续发展的新型生产技术，培育企业自身的核心竞争力。第三，制定符合企业实际的环境计划，分阶段完成。可先在企业内部选择生产量较大、污染较严重的部门采用新型的清洁生产技术，改进其环保生产工艺，以达到缓解和改善环境污染的目的，树立企业的环保形象；等在积累一定经验和资金后，再向其他污染较小的部门推广清洁生产技术，循序渐进，最终实现企业整体的环保战略目标。

五、企业环境行为影响因素实证研究

长时间以来，我国污染气体排放量不降反增，水污染、重金属污染等问题也日益突出，环境规制并没有达到其预期目的，原因之一是政府在制定环境政策时更多地考虑了政策本身与企业环境行为之间的直接相关性，而忽略了影响企业环境行为的其他因素。明确企业环境行为的影响因素，并对这些因素加以调整和改善，既可为国家制定相关政策提供微观理论基础，又可为企业完善管理、提高绩效，获得经济和环保双丰收提供实际指导，具有重要的理论价值和现实意义。

第三章 我国环境规制下的企业环境管理现状

(一) 相关文献回顾

1. 企业环境行为的内涵

在现有文献中,环境行为也被称为"保护行为""生态行为"和"负责任的环境行为"。Corbet 和 Pan (2002) 曾提出企业环境行为是指企业在生产经营过程中对环境造成影响的行为以及为挽救负面影响而采取的措施。Sarkar (2008) 认为,企业环境行为是企业为了平衡环境和经济效益而推行的一系列战略措施,可能是源自外界的压力,或是为了降低环境污染而采取的比较积极的管理手段。随后,学者们从企业环境行为的概念出发,将其内涵逐渐细化。Jamison (2005) 提出企业环境行为主要内容包括:企业环境保护承诺、生产过程中原材料和能源的清洁管理、利益相关者的有效参与以及企业环境信息公开并为造成的环境问题承担责任。Oketch (2004) 认为企业环境行为是企业遵纪守法、环境污染问责制、环境信息透明度以及企业自愿行为等诸多方面的制度化内容。学者 Chen 和 Yi (2010) 将企业环境行为的重点放在生产环节上,认为企业环境行为包括主动处理废弃物、采购生态友好型产品、降低能源消耗、减少废物排放、使用清洁生产技术、使用可再生包装或容器等。

结合国内外学者的相关研究理论,将企业环境行为总结为以下三个方面:①环保投资行为,即增加清洁生产技术和绿色产品研发的投入,定期维护或更新对环境能够造成污染的生产设备,增加污染治理技术方面的投资;为达到环境规制的相关标准,逐渐增加环境方面的运营费用,如环境监管费、审计费等。②环保营运行为,即在产品生产过程中优先使用环保性原材料或选择环保性替代技术,尽可能降低能源消耗或使用可再生能源,企业支持产品或半成品的回收再利用,精简产品包装或使用环保的包装材料等。③环境管理行为,即企业在制定发展战略时会将环境问题作为重点考虑因素,定期组织员工学习环保政策并向其传达企业的环保理念以及环保策略,向相关监督部门和社会公众公布详尽的环境报告,在企业日常生产经营过程中组织专业人员或设立专门部门进行企业内部环境监督和管理。

2. 企业环境行为影响因素

从现有文献来看,学术界对企业环境行为影响因素的研究可以从企业外部和内部两方面进行提炼,从企业外部因素来看,环境规制、公众压力、市场结构等因素都是众多学者研究的重点；内部因素则主要包括企业存续时间、规模、财务状况、管理者环保意识以及公司治理等。表 3-7 总结了关于企业环境行为影响因素较具代表性的研究结论。

表 3-7 企业环境行为影响因素文献汇总

影响因素		国外研究		国内研究	
		学者	主要观点	学者	主要观点
外部因素	环境规制压力	Olson（1999）	环境规制起基础性作用	邱桂杰、彭辉（2011）	环境规制带来的动力为积极因素，而环境规制设计缺陷和执法力度弱为消极因素
		Parker 和 Nielsen（2009）	消费者保护法对企业行为具有较大影响		
		Biglan（2009）	严格环境规制增加企业生产成本		
	公众压力	Brooks 和 Sethi（1997）	企业所在地环保主义者数量或投票率影响企业环境行为	陈雯等（2003）	来自社会公众监督的信用压力是导致企业实施环境行为的主要原因
		Kagan 等（2003）	社会公众压力为重要影响因素	宋宝莉、何东（2011）	公众要求促使企业改善环境行为
	市场结构	Arora 和 Gangopadhyay（1995）	企业为追求产品差异化优势而实施改善环境行为	刘红明（2008）	企业环境行为影响因素分为宏观中观微观，其中市场压力属于宏观因素
		Drobny（1994）	绿色产品消费倾向迫使企业实施环保行为		
内部因素	企业存续时间	Alvarez 等（2001）	企业年限是企业环境管理的重要影响因素之一		
		Gray 等（1995）	企业年龄是影响企业环境绩效的次要因素		
	企业规模	Porter 等（1995）	企业规模扩大促使其改善环境行为	关劲峤等（2005）	企业所有制结构是影响环境行为的重要因素
		Hussey 和 Eagan（2007）	大型企业环境行为比同类中小型企业更积极		
		Hayami（1984）	企业清洁生产的可能性多大取决于企业规模的大小		
	财务状况	Klassen 等（1996）	企业绩效与其环境行为正相关	崔睿、李延勇（2011）	企业财务状况与其环境行为程度正相关
		Salama（2005）	企业财务情况与环境行为相互促进		
		Earnhart 和 Lizal（2013）	企业财务状况是否良好与环境行为有直接关系	陈璇、淳伟德（2010）	企业经济行为对环境行为影响显著

续表

影响因素		国外研究		国内研究	
		学者	主要观点	学者	主要观点
内部因素	管理者环保态度	Andersson 等	企业环保人士所占比例影响企业环境行为	刘红明（2008）	企业家特质为影响企业环境行为微观因素
		Giorgos 和 SpyYos（2012）	企业环境行为受到管理者处理环境事务能力的直接影响及其环保意识的间接影响		
	公司治理结构	Anton 等（2004）	来自投资者（股东）的压力是企业环境行为的推动因素	戈爱晶、张世秋（2006）	企业组织结构对企业感知制度压力、分配资源、改善环境行为有影响

（二）重污染企业环境行为影响因素的理论假设

以现有文献为基础，结合对重污染企业的实地调研，对以上影响重污染企业环境行为的主要因素进行理论分析，并相应地做出八个假设。

1. 环境规制

企业最初实施环境行为的目的就是顺应政府的环境规制要求，政府的环境规制对企业环境行为产生最直接和最有力的影响。对于大多数企业而言，首先应考虑遵守相关环境法规，避免惩罚，其次才会考虑满足客户需求和超越规则。Olson（1999）认为政府的环境规制对企业的环境行为起到了基础性作用，企业实施环境行为的主要原因是迫于严格的环境规制给企业带来的压力。环境规制对重污染企业的制约在一定程度上可以控制企业造成的环境污染，令其改善其环境行为。由此提出假设1：

H1：环境规制力度与企业环境行为呈正相关。

2. 市场及公众压力

企业在经营过程中会受到多方利益相关者的影响，对于重污染企业来说，社会公众对企业的环境行为起到了较强的监督和制约作用。重污染企业周边的社会公众出于对生活环境以及身体健康的考虑，会要求污染严重的企业改善其环境行为，维护自身利益；企业为了尽量避免与公众发生冲突，也会将环境问题考虑在内。有学者研究表明，企业所在社区中若存在较多的环保主义者，则企业更倾向于作出积极的环境行为。同时,绿色消费的引领也会进一步强化环境规制力度。Arora 和 Gangopadhyay(1995)通过调查研究发现,很多购买力较强的消费者宁愿花费更多的价钱去选择环境友好型商品,这促使很多企业为了追求产品差异化带来的优势而采取更多的环境行为,这种行为会从企业外部直接对产品的供给或需求发生作用,进而对企业环境战略和环境行为产生影响。由此提出假设 2:

H2:市场及公众压力与企业环境行为呈正相关。

3. 市场结构

市场结构是指市场的组织结构,即市场的各构成要素及其组织方式或结合方式,就是对竞争的性质和市场定价具有战略性影响的市场的那些组织特征,如卖方集中度、买方集中度和市场的进入退出条件等(张成、于同申,2012)。通过提高环境标准、对无法满足规制要求的企业进行"关停并转",从外部影响行业的市场集中度;同时,企业上下游产业链上的绿色需求也会对企业的环境行为产生挤压或拉动作用,使环境友好型企业进一步壮大,产业结构和消费结构得到调整。市场结构的调整会增加企业的遵循成本,提高新企业的进入壁垒,让存留下来的企业规模进一步提升,环境行为进一步改善。由此提出假设 3:

H3:重污染企业所在市场行业越集中,企业环境行为越好。

4. 公司治理结构

公司治理主要是通过战略制定、重大决策的参与、监督以及会计责任等主要方式促进管理层履行环保责任,对企业环境行为实施间接影响。唐国平、李龙会(2013)发现股权制衡度、管理层持股比例分别与公司环保投资规模呈显著的负相关关系;公司环保投资行为具有显著的产权差异特征,即国有公司比民营公司投入了更大规模的环保资金;重污染行业企业比非重污染行业企业投入更大规模的环保资金。若企业股权集中程度较高,大股东为了尽量避免企业在生产经营过程中因违反环境规制造成的资金损失,会对企业的环境保护提出要求,甚至改变投资策略。根据问卷结果,提出假设 4:

H4:公司股权集中程度越高,企业环境行为越好。

5. 企业管理认知

管理者的管理认知、环境管理政策和措施、员工意识及学习能力以及企业内部经验和传统等会直接影响企业环境行为,企业会根据自身的资源、能力以及对内外驱动力的判断来选择或逃避政府管制、进行污染跨地区转移,甚至通过游说以图放松环境政策的企业行为，或通过加强技术创新、管理创新来进一步降低排污量，提高环境治理水平。对于重污染企业来说，当企业的管理者有较高的社会责任感和环境管理水平时，企业会积极承担环境保护的责任，及时采取措施治理污染，更倾向于作出良好的环境行为。由此提出假设5：

H5：企业管理层与员工的环境意识和环保责任感越强，企业环境行为越好。

6. 企业财务状况

众多学者研究表明，企业财务状况与企业的环境行为呈正相关关系。首先，积极实施环境行为无疑会使企业环境成本增加，企业在财务状况良好的前提下承担一定的环境成本不会对企业生产经营造成较大影响；反之，对于财务状况较差的企业来说，积极的环境行为会给企业带来一定成本压力。其次，财务状况是评价一个企业发展能力的重要指标，财务状况良好的企业发展前景更为广阔，更容易受到投资者和政府的青睐，进而给予其在技术或政策方面的一些支持。由此提出假设6：

H6：企业财务状况与企业环境行为呈正相关。

7. 企业存续时间

在众多对企业环境行为影响因素的研究中，企业存续时间这一因素至今并未受到学者的广泛关注。重污染企业存在的时间越长，说明企业生产经营比较稳定，从其环境行为的角度来说，良好的环境行为是重污染企业能够长期存续下去的一个重要因素；若企业对环境保护持消极态度，迫于各项环境规制以及社会公众的压力，企业不会保持稳定的经营，则可以假设存在时间足够长的企业更倾向于作出积极的环境行为。由此提出假设7：

H7：重污染企业存续时间越长，企业环境行为越好。

8. 企业规模

早在1994年，以Wally和Whitehead为代表的传统学派认为企业的环境行为不利于企业规模的壮大及财务状况的改善，尤其对于处于产业链上游的企业来说，环境行为无疑会增加成本并降低边际利润。随后，以Porter为代表的修正派提出不同的观点，认为企业规模扩大和财务状况好转都可以促使其改善环境行为，而环境行为的改善并不只是为企业带来成本上的负担，而且是一个可以帮助企业提高竞争力的潜在因素。企业的规模越大，其可支配的生产资源越多，同时具有较强的经济实力，这种规模大且实力强的企业有能力承担遵守环境规制带来的环境成本，甚至会加大环保投资，在同行业中取得更强的竞争优势。Hayami（1984）认为企业的规模是企业改善环境行为的一个决定性因素，企业规模同企业环境行为呈正相关，企业的规模越大，其采取更多的清洁生产工艺的可能性也越大。由此提出假设8：

H8：重污染企业规模越大，企业环境行为越好。

（三）问卷设计与实证研究

1. 问卷设计和发放

问卷设计主要分为三个部分共56个问题。第一部分调查被访企业的基本情况，包括被访企业的名称、成立时间、所属行业、所有制形式、近三年年均销售额以及被访者的职位；第二部分调查被访企业的环境行为，主要是从环境管理行为、环保投资行为和环保营运行为三个方面进行调查；第三部分调查被访企业环境行为影响因素，问卷题项来源及指标等如表3-8所示。每个题项采用李克特七分制评分标准进行测量，即"1. 非常不同意""2. 较不同意""3. 不同意""4. 不确定""5. 同意""6. 较同意""7. 非常同意"。

表 3-8　研究问卷的指标设计及来源

项目	指标数量	评价指标说明	指标来源
环境管理	5	制定置顶环境发展战略；定期向员工传达环保政策；调整组织结构；考察供应商环保记录；定期修订环保管理办法并公布环境报告	Orsato（2006）；张嫚（2010）；唐国平等（2013）
环保投资	4	增加治污设备和治污技术的投资；增加环保运营费用；增加横向并购以减少环保政策不利影响；增加环保产品研发投资	López-Gamero（2009）；Testa 等（2011）
环保营运	5	优先使用环保材料；选择环保生产技术；降低能源消耗或使用可再生能源；产品回收利用；使用简单或可重复包装	López-Gamero（2009）；Corbet
环境规制	3	命令控制型环境规制；市场激励型环境规制；自愿型环境规制	Winer（2012）；López-Gamero（2009）；张三峰、卜茂亮（2011）
市场及公众压力	5	近三年公众环保意识；顾客对绿色产品重视程度；竞争企业环保意识及绿色产品倾向；投资者投资倾向；媒体对企业不良环境行为曝光度	Arora、Gangopadhyay（1995）；Kagan 等（203）；
市场结构	4	企业所在行业集中程度；行业进入壁垒；产品差异程度；环境政策对企业资源配置影响	Molina-Azorín 等（2009）；石盛林、陈圻（2010）；马中东、陈莹（2010）

续表

项目	指标数量	评价指标说明	指标来源
企业治理结构	5	股权集中程度；第一大股东持股比例；董事会规模；独立董事人数；管理层持股比例	Anton 等（2004）；戈爱晶、张世秋（2006）
企业管理认知	4	环保是企业应尽的社会责任；环保对企业而言是一个机遇；环保提高企业形象，有利于企业发展；环保对企业发展的阻碍程度	Bansal（2005）；González-Benito（2005）；Stone 等（2004）
企业财务状况	4	近三年企业销售收入超过竞争对手；总资产周转率提高；与同行业相比，本企业保持较好流动性；净资产收益率提高	Salama（2005）

本研究选取我国火电、钢铁、煤炭、水泥、冶金、化工、石化、造纸、酿造、制药、发酵、纺织、制革、采矿、建材以及电解铝这 16 个重污染行业的企业作为调查对象，共发放调查问卷 400 余份，主要是通过现场调研和电子邮件两种形式发放。问卷收回后，剔出信息不完整、勾选不合理以及非重污染企业等无效问卷，最后获得 186 份有效问卷进行后续研究。

2. 信度效度分析

使用 Cronbach's α 系数来评价问卷的信度。当 Cronbach's α 值 ≥0.7，属于高信度；0.35≤Cronbach's α<0.7，属于中信度；Cronbach's α<0.35，属于低信度。由表 3-9 与表 3-10 可知，所有构念的 Cronbach's α 值介于 0.732~0.919，均大于 0.7，量表具有较佳的信度。另外，由于所使用的问卷项目全部来自过去的文献，很多学者曾使用这些量表测量相关变量，所以问卷具有较好的内容效度。

表 3-9 样本企业环境行为量表信度检验结果

项目	指标数量	Cronbach's α
环境管理行为	5	0.882
环保投资行为	4	0.773
环保营运行为	5	0.908
总量表		0.921

表 3-10 样本企业环境行为影响因素量表信度检验结果

项目	指标数量	Cronbach's α
环境规制	3	0.837
市场及公众压力	5	0.834

续表

项目	指标数量	Cronbach's α
市场结构	5	0.758
财务状况	4	0.915
企业管理认知	4	0.863
企业治理结构	5	0.815
总量表		0.906

3. 相关性分析

在进行相关性分析之前，先通过主成分分析法得到 186 个样本企业环境行为评价得分。在计算时，先对样本数据进行因子分析，分别计算出每个样本企业环保行为、环保投资以及环境管理行为的得分；再通过主成分分析得到各样本企业环境行为总评分，分值越高，说明该企业的环境行为越积极。

为了确定影响重污染企业环境行为的主要因素，首先对八个影响因素和各样本企业的环境行为评价得分做相关性分析，观察各影响因素与环境行为评价得分的相关系数和显著性，判断它们之间的相关性。由表 3-11 可以看出，环境规制、市场及公众压力、企业管理认知、市场结构及企业财务状况这五个影响因素的相关系数都高于 0.5，且最高为 0.772，与企业环境行为之间呈显著正相关；企业治理结构因素的相关系数为 0.493，非常接近 0.5，与企业环境行为之间呈低度正相

表 3-11　研究变量的相关分析结果

变量	企业环境行为	环境规制	市场及公众压力	企业管理认知	企业治理结构	市场结构	企业财务状况	企业存续时间	企业规模
企业环境行为	1								
环境规制	0.772**	1							
市场及公众压力	0.676**	0.755**	1						
企业管理认知	0.603**	0.620**	0.700**	1					
企业治理结构	0.493**	0.471**	0.157	-0.029	1				
市场结构	0.582**	0.560**	0.480**	0.331**	0.507**	1			
企业财务状况	0.520**	0.492**	0.449**	0.227**	0.477**	0.486**	1		
企业存续时间	-0.002	0.015	-0.073	0.094	-0.047	0.029	-0.195**	1	
企业规模	0.092	0.178*	-0.016	0.016	0.176	0.095	0.116	0.390**	1

注：** 表示在 0.01 水平（双侧）上显著相关，* 表示在 0.05 水平（双侧）上显著相关。

关；企业存续时间和企业规模两个影响因素的相关系数绝对值分别为 0.002 和 0.092，都未超过 0.1，与企业环境行为之间的相关性很不明显，或者说这两个因素与企业环境行为不相关，在接下来的回归分析中会将这两个变量剔除。

4. 回归分析

在回归分析时，以企业环境行为评价得分作为因变量，以各因素作为自变量，采用逐步回归的方法。剔除不相关变量，将六个相关变量依次导入回归模型中，再对各模型进行 F 检验，选出能将因变量与自变量之间关系解释的最好的模型继续分析。

在逐步回归的六个模型中，因变量都是重污染企业环境行为评价得分，其中模型 1 的预测变量为常数和环境规制；模型 2 的预测变量在模型 1 的基础上又引入了市场及公众压力；模型 3 的预测变量新引入企业管理认知；模型 4 的预测变量新引入企业治理结构；模型 5 的预测变量新引入市场结构；模型 6 的预测变量新引入企业财务状况。表 3-12 为六个模型回归分析的结果，其中多元相关系数 R 为 0.815，可决系数 R^2 值为 0.647，模型拟合优度最高，且 F 检验的 P 值小于 0.05，满足回归分析要求且模型质量较高。

表 3-12　主要研究变量的逐步回归分析结果

模型	R	R^2	标准估计误差	F 值	P
1	0.772[a]	0.594	0.49520	271.281	0.000[a]
2	0.785[a]	0.612	0.48404	146.763	0.000[a]
3	0.792[a]	0.621	0.47819	102.086	0.000[a]
4	0.795[a]	0.620	0.43221	51.237	0.000[a]
5	0.805[a]	0.633	0.42488	43.443	0.000[a]
6	0.815[a]	0.647	0.41675	38.571	0.000[a]

对各个重污染企业的环境行为影响因素进行 T 检验，结果如表 3-13 所示，其中，环境规制、企业管理认知、企业治理结构、市场结构和企业财务状况这五个影响因素都通过了 T 检验，确定为重污染企业环境行为的主要影响因素；市场及公众压力的 P 值为 0.228>0.05，没有通过 T 检验，应该剔除。

表 3-13　重污染企业环境行为各影响因素的检验结果

模型 6	非标准化系数		标准系数	T 值	P
	B 值	标准误差	B 值		
（常量）	−0.044	0.376		−0.116	0.908
环境规制	0.419	0.112	0.350	3.741	0.000
市场及公众压力	0.086	0.071	0.103	1.211	**0.228**
企业管理认知	0.187	0.069	0.206	2.722	0.007
企业治理结构	0.114	0.052	0.158	2.211	0.029
市场结构	0.149	0.063	0.165	2.357	0.020
企业财务状况	0.118	0.050	0.161	2.377	0.019

（四）研究结果与分析

根据对重污染企业环境行为影响因素的相关分析和回归分析结果，对研究提出的八个理论假设进行验证，验证结果如表 3-14 所示。

表 3-14　研究假设的检验结果

	理论假设	检验结果
假设 1	企业受环境规制的压力越大，企业环境行为越好	成立
假设 2	企业所处市场与公众压力越强，企业环境行为越好	不成立
假设 3	企业所在市场的行业越集中，市场占有率越高，企业的环境行为越好	成立
假设 4	股权越集中，企业环境行为越好	成立
假设 5	企业领导与员工的环境意识和环保责任感越强，企业的环境行为越好	成立
假设 6	企业财务状况越好，企业的环境行为越好	成立
假设 7	企业存续时间越长，企业的环境行为越好	不成立
假设 8	企业规模越大，企业的环境行为越好	不成立

在研究提出的八个理论假设中，有五个理论假设成立，三个理论假设不成立。下面针对没有通过检验的理论假设，即市场与公众压力、企业存续时间和企业规模这三个因素进行分析。

（1）关于市场与公众压力影响因素。尽管市场与公众压力和企业环境行为相关（相关系数为 0.676），但其显著性较差，原因可能在于：公众的环保意识尚不全面，主动参与和提前参与不足；项目信息公开程度不够，参与渠道不够畅通；

在追求政绩过程中公众对建设项目缺乏足够的、有实力的话语权。

（2）关于企业存续时间影响因素。研究结果显示，企业存续时间与重污染企业的环境行为相关性不强，但是在重污染企业环境行为评价结果分析部分可以看出，存续时间超过 50 年的重污染企业的环境行为评价得分的平均分为 5.828 分，明显高于存续时间小于 50 年的企业，说明存在时间较长的企业相对来说要比其他企业的环境行为情况好。但是在具体实证相关分析中其相关系数只有 -0.002，原因可能是问卷设计时企业存续时间划分方式存在问题，不是等距划分，并且小于 50 年的企业每隔 10 年分为一类，距离较近，这样会使不同存续时间的企业的差异性不够明显，对结果产生较大影响。

（3）关于企业规模。目前有一些学者在研究企业环境行为的驱动因素时也将企业规模作为一个主要影响因素考虑，大部分研究结论认为：规模越大的企业，其环境行为越好，但是在本章中，无论是从重污染企业环境行为评分的角度，还是从相关性分析的角度，都没有得到类似的结论。研究结果显示，企业规模与重污染企业环境行为之间关系不大，原因可能在于：①在衡量指标选择上，本章仅以企业近三年的平均销售额来代表企业规模，而未考虑企业员工人数、资产总值等指标；②许多地方政府在实施政策优惠和经济资源培育及引进重点企业过程中，一些实力强劲的企业会利用政府之间在招商引资方面的竞争，事先与当地政府谈判，在享有的政策优惠和实际承担的法律责任上讨价还价，以便获得多方面的好处，从而造成地方政府常常与大型企业结成重要的利益同盟，放纵企业的污染行为，导致规模越大的企业其环境行为越短期化。

（五）研究结论与对策

以我国火电、钢铁、煤炭等重污染行业的企业为调查对象，探讨其环境行为及其影响因素，研究发现，能够对重污染企业环境行为产生影响的因素分别是环境规制、市场结构、企业管理认知、企业治理结构和企业财务状况这五个方面，而企业存续时间、企业规模以及市场与公众压力这三个影响因素对企业环境行为的影响不明显。

为进一步强化重污染企业的环境行为，政府应首先从提高重污染企业准入标准、统一监管标准以及严惩违法现象三个方面入手，加强重污染企业环境规制；其次应进一步调整经济结构，全面压缩落后产能，依法淘汰不符合产业政策的落后生产工艺、设备与产品，加快运用高新技术和先进适用技术改造提升传统产业；最后应积极为重污染企业提供有利的技术和政策支持。重污染企业首先应顺应形势，主动遵守环境政策，提高自己的排污标准，避免成为处罚对象；其次应采用先发制人战略，结合企业自身条件，积极地将环境行为融入企业的发展战略中，力图成为行业表率，掌握行业发展的主导权。

第四章　环境规制对企业绩效的影响
——基于平衡计分卡视角

目前国内外学者对环境规制影响企业绩效的研究，多数以上市公司为例选取某类行业或笼统地选取全部上市公司进行研究分析，同时在指标选择上用治污费用替代环境规制指标，用生产率、收益率、研发支出等指标量化企业绩效，研究缺乏针对性和全面性。针对以往研究的不足，以重污染企业为研究对象，综合考虑环境规制工具对企业绩效的影响，具体而言，本章拟在以下几方面有所创新：

（1）结合我国国情以及经济发展现状，本章选取重污染企业为研究对象进行探讨。在问卷调查中明确针对国家环保部公布的火电、钢铁、水泥、电解铝、煤炭、冶金、化工、石化、建材、造纸、酿造、制药、发酵、纺织、制革和采矿业16类重污染行业的企业作为样本进行选择，并收集相关数据，使研究对象更具针对性以保证实证结果更具有实践意义和参考价值，并且试图在企业层面为波特假说提供理论支持，从而为企业有效实施环境规制提供现实条件。

（2）在环境规制量化方面，首先将环境规制细化为命令控制型环境规制、市场激励型环境规制和自愿型环境规制，再结合每种工具的特性，选取不同指标体系对规制工具进行量化，以反映不同规制工具对企业绩效的影响。

（3）对企业绩效的指标选取方面，以平衡计分卡理论为基础进行全面综合的衡量。将企业绩效细化为财务、顾客、内部流程、学习与成长四个方面，选取不同指标进行量化，综合实现短期与长期、财务与非财务、内部与外部的业绩评价指标的有机结合，在验证其总体效应的同时能够分别反映环境规制对企业不同绩效的作用。

一、理论分析与研究假设

"波特假说"提出,环境规制引致技术创新并提高企业绩效,即企业通过技术创新不断提高资源的利用效率,进而在提升企业绩效的同时弥补遵从环境规制增加的成本费用(Porter,1995)。这一假说与传统观点的最大区别在于将环境规制对企业绩效的作用研究置于动态框架中,认为企业本身也处在不断的变化中。同时,这一假说已经得到大量实证研究结论的验证(Majumda and Marcus,2001;Hamamoto,2006;张红凤,2008;张三峰和卜茂亮等,2011)。重污染企业作为我国最大的生态资源消耗主体和污染物排放主要源头,必然受到越来越严格的环境规制制度的约束,但同时我国当前正处于经济高速发展期,企业对研发创新以及技术效率改进的热情空前高涨,面对环境的变化理性做出有利于企业价值最大化的决策是实现企业可持续发展的必然要求。

波特认为,严格并富有一定弹性的环境规制能有效促进企业研发,从而在研发增加的过程中,一方面通过过程的补偿使生产成本降低,另一方面则通过产品的补偿使其内在价值增加,最终提高企业的整体绩效。规制的强度越大,企业为了追求经济效益,会具备更强的内在动力通过相应技术创新水平的提高来提升或保持企业绩效。即从动态角度来看,环境规制强度提高的同时,企业会通过技术创新与内部挖潜以应对由环境规制标准提高而增加的成本(李钢等,2010),并且随着消费者对产品的社会性产生越来越高的期待,积极进行环境规制的企业也能够获得更多的商业机会。

由以上分析,提出假设:

H:环境规制与企业绩效呈正相关。

此外,环境规制政策能够通过对企业进入的条件设置壁垒来间接影响企业绩效,一般而言,环境规制对一个行业或企业的规制强度越大,就越会阻止其他外来企业的进入,从而保持了在位企业的利润水平和竞争优势,从而相对地使在位企业的绩效得以提升。例如,在强环境规制的约束下,企业被迫需要购买治污设备或必须拥有某一高标准的技术能力,这对准备进入该领域的企业来说无疑不是一种高壁垒，因此这种方式的壁垒必然使得潜在进入的企业望而却步，因此这就保护了在位企业的生产能力和利润率。

以"波特假说"为基本框架，对我国重污染企业而言，面临环境治理和企业绩效的双重目标，唯有通过技术创新，将治污压力转化为绩效增长动力，才能实现企业的可持续发展。已有大量学者的实证研究结果表明环境规制能够促进企业的技术创新（Jaffe and Palmer，1997；赵红，2008；李强和聂锐等，2009）。企业获取先动优势，进行技术创新的前提是企业自身组织的学习与成长。只有在多变的规制环境下，保持较强的学习能力才是技术创新的源头。环境规制促进技术创新，在很大程度上是作用于企业生产过程的改进和产品的研发。技术创新能够使技术水准不断提高，进而使企业生产工艺流程得到不断优化。同时积极的技术创新能够使企业率先开发和研制出环境友好产品，满足了当前消费者的绿色需求，从而不断提高顾客的满意度并逐步扩大其市场份额。当企业在环境规制压力下，提高了自身的学习能力，通过技术创新改善了产品以及运营流程并为顾客带来了增量价值后，企业的财务绩效也就自然得到提升。由此可见，环境规制对企业绩效的作用路径主要是"学习与成长—内部业务流程—顾客—财务"，影响的关键因素是技术创新。Robert 和 Curtis（1996）考察得出环境规制对以股价作为衡量标准的企业绩效有正向影响，与股价类似，用平衡计分卡衡量的企业绩效有财务、顾客、内部业务流程和学习与成长四个维度，环境规制对企业绩效的影响是综合体现在这四个方面中的。

另外，重污染企业在严格的规制环境下，要想获得环境治理与经济绩效的"双赢"，必须首先将环境管理纳入企业的战略规划和管理体系当中，在战略层面有效获取先动优势，主动进行技术创新，从而正面推动绿色经营以提供绩效（杨德锋、杨建华，2009）。结合平衡计分卡理论，在这一愿景和战略的清晰规划下，企业主动进行环境管理首先能够有效促进学习能力的提高，使其不断思考改善环境和获得比较优势的方法，寻求自身的变化和成长。采取主动型环境战略的企业会特别关注企业的声誉风险，注重保持自身的企业形象。出于这一动因，企业面临环境规制会制定并遵守严格的自我约束机制，包括一定的商业原则和行为准则等，这些机制涵盖了原材料选购、结构功能设计、生产制造、售后服务、废弃物回收等环节，从而能够有效确保内部流程的科学性和安全性（裴芳，2009）。同时，清洁高效的内部流程又能提供给顾客绿色产品以及服务，在满足消费者不断变化的绿色消费的同时突出了企业形象，提高了企业的市场份额和市场竞争力，从产品及服务属性的角度获取了市场中的"特许经营执照"。在最后一环，企业在声誉以及形象方面的优势，必然会影响资本市场投资者对公司价值的评估，同时市场份额的不断扩大以及顾客对品牌的忠诚也有利于企业财务绩效的增长，实现企业价值增值的最终目标。

命令控制型环境规制通过相关法律、法规、政策和制度的实施来约束和规范企业的行为，并且行政命令的方式使污染者几乎没有选择权，被迫机械地遵守规章制度，因此其对环境问题的解决具有见效快、可靠性强等特点（López-Gamero，2010）。目前我国的命令控制型环境规制主要包括：《中华人民共和国环境保护法》及其他相关单行法、部门法，以及环境影响评价制度、"三同时"制度、排污许可证制度等各项规章制度。随着环境问题的日益突出，作为应用最为广泛的一类规制工具，命令控制型环境规制的强度正在逐步加大，对企业绩效的影响也会越来越显著。依据"波特假说"，从动态角度来看，命令控制型环境规制的实施迫使企业承担投资购买治理污染的设备，以及支付相应的人工费用、税金等额外成本，但明智的企业同时会通过技术创新来提高生产效率以弥补企业遵循环境规制的成本，进而提高企业绩效（Horbach J.，2008）。技术创新能力的提高依赖于组织个体的学习与成长，获取新的知识和技能，并通过构建高效的绿色生产流程，生产或提供令客户满意的绿色产品或服务，实现降低生产成本或产品差异化，从而获得经济收益。

市场激励型环境规制主要通过引导和激励的方式，使经济主体获得一定程度选择和采取行动的自由，为企业进行环境管理和技术创新提供了较强的经济刺激（Hahn R. W.，1984）。我国目前采用的激励型环境规制工具主要有污染治理补贴、超标排污费、可交易许可证、信贷刺激以及押金—退款政策等（刘丹鹤，2010）。Jaffe 和 Palmer（1997）认为，与命令控制型环境规制相比，污染费用和交易许可证等激励型规制手段能更好地刺激企业的创新能力。Downing 和 White（1986）证明，基于市场激励的环境政策工具相对单纯的命令型环境规制工具而言，对企业有更大的激励作用。市场激励型环境规制主要通过市场信号来有效激励企业的各项经济行为，使其能够从创新发明和采用高效的污染控制技术中获益（Baumol and Oates，1988），从而使企业实现污染控制和提高绩效的"双赢"。由此可见，企业的"先动优势"能够刺激企业的技术创新投入，进而转化为企业绩效水平的提高。

自愿型环境规制是指由行业协会、企业自身或其他主体提出的，建立在企业自愿参与实施基础上的、旨在保护环境的承诺、协议、计划等自我约束机制（赵玉民等，2009）。属于该类型的规制工具包括信息公开、环境认证、环境审计、环境协议以及环境听证制度等，我国从1995年起实施的ISO 14000和从2003年起施行的清洁生产和全过程控制等都属于自愿型环境规制。此类环境规制的最大特点使其建立在企业自愿参与实施的基础上，通常没有强制约束力，但它使得企业在进行相应环境管理的过程中拥有较大的自主权，使企业产生更强社会责任意识的同时更大程度地激励了企业的技术创新（马富萍，2012）。一旦企业将自愿进行环境规制内化为企业战略，事先努力寻求积极的方法管理环境问题，更好地承担社会责任，必然会使社会公众对该企业的产品更加信赖，企业的竞争力也会在无形中提高。King等、Arimura等和Iraldo等国外大量学者考察证明了环境管理体系（EMS）等软手段为企业绩效带来了正效应。因此自愿型环境规制通过技术创新的传导不仅解决了环境问题，也使企业绩效得到进一步提升。

综上所述，提出主假设H1、H2、H3、H4及其子假设如下：

H1：环境规制对企业绩效财务维度有显著的正向影响。其子假设包括：

H1a：命令控制型环境规制对企业绩效财务维度有显著的正向影响

H1b：市场激励型环境规制对企业绩效财务维度有显著的正向影响

H1c：自愿型环境规制对企业绩效财务维度有显著的正向影响

H2：环境规制对企业绩效客户维度有显著的正向影响。其子假设包括：

H2a：命令控制型环境规制对企业绩效客户维度有显著的正向影响

H2b：市场激励型环境规制对企业绩效客户维度有显著的正向影响

H2c：自愿型环境规制对企业绩效客户维度有显著的正向影响

H3：环境规制对企业绩效内部业务流程维度有显著的正向影响。其子假设包括：

H3a：命令控制型环境规制对企业绩效内部业务流程维度有显著的正向影响

H3b：市场激励型环境规制对企业绩效内部业务流程维度有显著的正向影响

H3c：自愿型环境规制对企业绩效内部业务流程维度有显著的正向影响

H4：环境规制对企业绩效学习和成长维度有显著的正向影响。其子假设包括：

H4a：命令控制型环境规制对企业绩效学习和成长维度有显著的正向影响

H4b：市场激励型环境规制对企业绩效学习和成长维度有显著的正向影响

H4c：自愿型环境规制对企业绩效学习和成长维度有显著的正向影响

二、研究设计

（一）问卷设计

为探讨环境规制对企业绩效的影响机理，项目组在查阅国内外大量相关文献的基础上，综合考虑环境规制工具、社会环保意识、管理认知、环境管理、环保投资、环保行为、治理结构、市场结构、成本领先竞争优势、差异化竞争优势以及企业绩效等因素，在此基础上进行问卷设计，特别是参考了López-Gamero、José F. Molina-Azorín 和 Enrique Claver-Cortes（2010）的研究成果，并对多家企业进行深度访谈，根据研究目的对显变量进行选择（如附录3所示）。

综合考虑了指标选取的科学性、系统性以及可操作性等原则，设计了相关量表。调查问卷采用李克特标准七点量表法，1代表"非常不同意"，2代表"较不同意"，3代表"不同意"，4代表"不确定"，5代表"同意"，6代表"较同意"，7代表"非常同意"。问卷设计采用多题项结合的方法，以提高度量的信度和效度。本着科学严谨的设计原则，在借鉴国内外相关研究成果的基础上完成初始量表设计，并聘请相关专家（主要包括重污染企业环保部门专家和行业专家）进行了评估修正，修正后再进行小样本预测试，通过信度检验和因子分析后对调查问卷进行再次修正。其中环境规制变量和企业绩效变量最终得到量表如表4-1和表4-2所示。

1. 环境规制变量

关于环境规制强度的指标，学者通常采用污染治理支出和成本、污染排放成本、环境投资情况等进行度量，针对具体问题的适用性是其选择的主要标准。在变量测量题项具有一致性的情况下，多项题型比单项题型具有更高的信度。因此，采用多项题型对环境规制类型变量进行测量。结合环境规制的特点及企业调研的实际情况和专家意见，采用A11~A15题项测量命令控制型环境规制，采用

A21~A25题项测量市场激励型环境规制，采用A31~A34题项测量自愿型环境规制。

表4-1 环境规制类型变量测量

环境规制类型变量	代码	测量题项
命令控制型环境规制	A11	近三年，国家环保政策标准越来越严格
	A12	近三年，环境监督部门对本企业施加的压力越来越大
	A13	国家对企业的新产品和新技术建立了更为严格的标准
	A14	严格的排污、减污标准，对企业竞争力产生了消极的影响，因为它增加了本企业的成本
	A15	违反规制标准，企业将会受到更加严格的惩罚
市场激励型环境规制	A21	多种环保政策的实施，使企业在一定程度上获得选择和采取行动的自由
	A22	政府对企业进行环境污染治理的激励力度加大
	A23	近三年，企业在进行环境治理的同时，获得了政府补贴或税收优惠等福利
	A24	企业要缴纳一定的排污保证金
	A25	近三年，绿色信贷对本企业的影响越来越明显
自愿型环境规制	A31	本企业自愿采用清洁生产技术，遵循行业环境标准
	A32	我们企业环境管理标准已经通过了ISO 14000认证
	A33	近三年，企业能够及时、准确地对外发布环境信息
	A34	我们企业定期举行环境论证会、听证会或采取其他形式，征求有关单位、专家的公众对环境影响评价报告书的意见

表4-2 企业绩效变量测量

企业绩效变量	代码	测量题项
财务	B11	近三年，企业的销售收入已经明显超过主要竞争对手
	B12	近三年，企业总资产周转率明显提高
	B13	近三年，与同行业企业相比，本企业保持较好的流动性
	B14	近三年，企业的净资产收益率明显提高
顾客	B21	近三年，我们企业的市场份额明显提高
	B22	近三年，我们企业明显快速地占领了新市场
	B23	近三年，企业顾客的忠诚度较往年明显提升
	B24	近三年，本企业顾客的满意度明显提高

续表

企业绩效变量	代码	测量题项
内部业务流程	B31	近三年，本企业在研发支出上明显加大了投入
	B32	近三年，本企业比主要竞争对手更快地推出了新产品/服务
	B33	企业部门组织间的管理沟通非常流畅
	B34	近三年，本企业处理客户订单的效率明显提高
	B35	近三年，本企业产品的退货率明显提高
	B36	近三年，本企业加大了售后产品人力和物力上的投入
学习和成长	B41	近三年，企业对员工进行业务培训次数明显增加
	B42	近三年，企业员工的工作效率明显高于竞争对手企业员工
	B43	近三年，企业员工的忠诚度明显提高，离职率降低
	B44	员工在工作中提出建议的数量明显提高
	B45	员工建议采纳后企业效益得到提高
	B46	员工建议采纳后获得了较好的奖励

2. 企业绩效变量

以平衡计分卡为基础，从顾客、财务、内部业务流程和学习成长四个维度对企业绩效进行测量，通过对相关文献的梳理，采用 B11~B14 题项测量顾客绩效，采用 B21~B24 题项测量财务绩效，采用 B31~B36 题项测量内部业务流程绩效，采用 B41~B46 题项测量学习和成长绩效。

3. 控制变量

为了使研究结论更具说服力并保证结果的准确性，研究把企业存续时间、企业规模、企业性质这三个变量作为控制变量，分别用企业成立的年限、企业近三年的年均销售额、企业是否为国有企业来表示。

（二）样本选择及数据来源

在此基础上，积极寻求最具代表性的企业作为研究样本。Berrone 和 Gomez-Mejia（2009）、Fraj-Andrés 等（2008）经研究显示：重污染企业有强烈的环保责任。长期累计污染的行业，包括像高污染行业的石油行业、化工行业和钢铁行业，比低污染行业如服务行业，更有可能主动披露环境信息。污染相对较小的企业遭受的压力较小，因为主要的环保措施基本针对环境污染比较直接和明显的工业活动。

本课题主要对湖北、山西、陕西、云南、贵州、辽宁等省规模以上重污染企业进行重点访谈和问卷调查。这些公司主要包括火电、钢铁、水泥、电解铝、煤炭、冶金、化工、石化、建材、造纸、酿造、制药、发酵、纺织、制革和采矿业16类行业，均属于国家规定的重污染企业，受同一规制进行规制、相同媒体的关注、积极人员的监视、社区的关注以及消费者偏好改变等影响，有利于在同一环境规制下研究企业的内部决策和管理。

在发放正式问卷之前，对初始问卷进行小范围发放，并对其信度、效度进行检验后加以修正完善，形成量表终稿。本次调查时间跨度为2014年6月~2015年6月，最终共发放416份问卷，回收238份问卷，剔除52份无效问卷，导致无效的原因主要是企业所在行业不属于重污染行业或数据缺失过多，最终共获取186份有效问卷，涉及163家企业（有23家企业发放两份问卷以验证其一致性，另外140家企业只发放一份问卷），有效回收率为44.7%。

（三）信度与效度检验

1. 信度检验

信度是指测验或量表工具测得的结果之间的一致性或稳定性。一般而言，测量结果的一致程度越高，则误差越小，所得信度值也越高。Cronbach's α 系数是在李克特态度量表中常用的信度检验方法，其作为内部一致性的函数，在研究领域的使用率甚高。通常认为，Cronbach's α 系数大于 0.7 则信度高，大于 0.8 则信度很高，大于 0.9 则信度非常高。利用 SPSS 19.0 分析得出的信度检验结果如表 4-3 所示。结果表明，除命令控制型环境规制变量的 α 系数小于 0.7 外，其余变量均具有较高的内部一致性。

表 4-3 问卷信度检验

变量	观察变量	题项数目	Cronbach's α
环境规制	命令控制型环境规制	5	0.590
	市场激励型环境规制	5	0.792
	自愿型环境规制	4	0.808
企业绩效	财务绩效	4	0.915
	顾客绩效	4	0.849
	内部流程绩效	6	0.854
	学习与成长绩效	6	0.899

信度检验结果表明命令控制型环境规制的 Cronbach's α 系数为 0.590，说明此观察变量的信度指数欠佳，需要重新修改题项内容或直接删除此题项。采用项目删除时的统计量进行分析（见表 4-4），发现删除 A14 题项后其余题项构成的变量表的 Cronbach's α 系数为 0.738，整体的信度系数值反而变大。所以，最终将 A14 题项删除，采用 A11、A12、A13 和 A15 测量命令控制型环境规制这一变量。

表 4-4 项总计统计量

	项已删除的刻度均值	项已删除的刻度方差	校正的项总计相关性	多相关性的平方	项已删除的 Cronbach's α 值
A11	21.05	8.830	0.434	0.259	0.333
A12	21.38	7.922	0.451	0.286	0.294
A13	21.55	9.222	0.399	0.340	0.360
A14	22.72	10.616	−0.086	0.031	0.738
A15	21.35	9.050	0.398	0.293	0.356

2. 效度检验

效度指特定测验结果能够正确测量的特质程度，用来评价调研问卷的适当性、有效性及正确性，主要包括内容效度、效标关联效度和建构效度。效度越高，则越能够显现所测量对象的真正特质。选择内容绩效来衡量是否能达到调研目的。同时借鉴了马富萍等（2011）、李拓晨和丁莹莹（2013）问卷设置的关于环境规制与企业绩效之间关系的量表，从而保证了调研的内容效度。根据表 4-5 的检验结果可知，所有变量每个题项与变量总分之间呈显著相关，代表问卷设计的内容效度极佳。

表 4-5 内容效度检验

变量		该题项与总分关系	变量		该题项与总分关系
命令控制型环境规制	A11	0.727**	顾客	B21	0.858**
	A12	0.776**		B22	0.866**
	A13	0.757**		B23	0.841**
	A15	0.741**		B24	0.746**

续表

变量		该题项与总分关系	变量		该题项与总分关系
市场激励型环境规制	A21	0.727**	内部流程	B31	0.742**
	A22	0.782**		B32	0.770**
	A23	0.761**		B33	0.834**
	A24	0.667**		B34	0.822**
	A25	0.756**		B35	0.611**
自愿型环境规制	A31	0.742**		B36	0.778**
	A32	0.808**	学习与成长	B41	0.795**
	A33	0.884**		B42	0.785**
	A34	0.751**		B43	0.823**
财务	B11	0.880**		B44	0.845**
	B12	0.941**		B45	0.838**
	B13	0.837**		B46	0.801**
	B14	0.912**			

注：** 表示在 0.01 水平（双侧）上显著相关。

三、实证检验及结果分析

（一）描述性分析

利用 SPSS 19.0 对问卷内容分别从单项平均值、总体平均值以及标准差等方面进行描述性分析，分析结果如表 4-6 所示。

表 4-6 变量的统计描述

变量	观察变量	代码	单项平均值	总体平均值	标准差
环境规制	命令控制型环境规制	A11	5.96	5.68	1.049
		A12	5.63		1.246
		A13	5.46		0.998
		A15	5.66		1.044

续表

变量	观察变量	代码	单项平均值	总体平均值	标准差
环境规制	市场激励型环境规制	A21	4.99	4.89	1.190
		A22	5.15		1.143
		A23	4.55		1.368
		A24	4.85		1.307
		A25	4.90		1.206
	自愿型环境规制	A31	5.54	5.17	0.998
		A32	5.33		1.285
		A33	5.00		1.144
		A34	4.81		1.219
企业绩效	财务绩效	B11	4.81	4.83	1.151
		B12	4.81		1.177
		B13	4.76		0.969
		B14	4.94		1.202
	顾客绩效	B21	4.73	4.93	1.053
		B22	4.88		1.270
		B23	5.05		1.064
		B24	5.07		0.895
	内部流程绩效	B31	5.06	5.10	1.140
		B32	4.90		1.061
		B33	5.14		0.998
		B34	5.33		1.175
		B35	5.06		0.852
		B36	5.13		0.897
	学习与成长绩效	B41	5.32	5.00	1.009
		B42	4.82		0.918
		B43	4.84		0.999
		B44	5.06		1.025
		B45	5.05		0.957
		B46	4.91		1.133

从变量的统计分析结果来看，命令控制型环境规制、市场激励型环境规制以及自愿型环境规制的平均值分别为 5.68、4.89 和 5.17。其中，命令控制型均值最大，自愿型次之，市场激励型的均值最小。由此可见，目前我国的环境规制类型以命令、强制等行政手段为主，企业对规制政策的自愿性配合较少，而最为缺乏的是有效的市场激励型规制政策。在用平衡计分卡衡量的四个维度的企业绩效中，内部业务流程和学习与成长绩效的均值较大，顾客绩效次之，而财务绩效的均值最小，说明环境规制对企业绩效的各个方面都具有显著的影响力。同时，从变量的标准差可以看出，选取的变量均具备较好的变异性。

（二）相关性分析

采用皮尔逊（Pearson）积差相关方法，分析得出不同类型的环境规制和企业绩效各维度的相关系数，具体如表 4-7 所示。

表 4-7 变量相关性分析

变量	1. 命令控制型环境规制	2. 市场激励型环境规制	3. 自愿型环境规制	4. 财务绩效	5. 顾客绩效	6. 内部业务流程绩效	7. 学习与成长绩效
1. 命令控制型环境规制	1						
2. 市场激励型环境规制	0.452**	1					
3. 自愿型环境规制	0.490**	0.525**	1				
4. 财务绩效	0.297**	0.411**	0.500**	1			
5. 顾客绩效	0.336**	0.461**	0.546**	0.790**	1		
6. 内部业务流程绩效	0.328**	0.450**	0.504**	0.588**	0.679**	1	
7. 学习与成长绩效	0.168*	0.401**	0.403**	0.549**	0.608**	0.701**	1

注：** 表示在 0.01 水平（双侧）上显著相关，* 表示在 0.05 水平（双侧）上显著相关。

如表 4-7 所示，三种类型的环境规制与企业绩效的四个维度的相关系数均显著。命令控制型环境规制、市场激励型环境规制与自愿型环境规制与财务绩效的相关系数分别为 0.297、0.411、0.500 且 P 值均小于 0.01，说明环境规制与企业财务绩效正相关；命令控制型环境规制、市场激励型环境规制与自愿型环境规制与顾客绩效的相关系数分别为 0.336、0.461、0.546 且 P 值均小于 0.01，说明环境规制与企业顾客绩效存在正相关关系；命令控制型环境规制、市场激励型环境规制与自愿型环境规制与内部业务流程绩效的相关系数分别为 0.328、0.450、0.504 且 P 值均小于 0.01，说明环境规制与企业业务流程绩效正相关；命令控制型环境规制、市场激励型环境规制与自愿型环境规制与学习与成长绩效的相关系数分别为 0.168、0.401、0.403 且 P 值分别小于 0.05 和 0.01，说明环境规制与企业学习与成长绩效正相关。总体可见，环境规制与企业绩效存在正相关关系，环境规制强度越大，企业的绩效水平越高，相关假设得到了初步的验证。

（三）检验结果及结果分析

为进一步探究环境规制对企业绩效的影响效应，采用层次回归的方法对研究假设进行检验，分析结果如下所示（见表 4-8、表 4-9、表 4-10 和表 4-11）。其中，分别以财务绩效、顾客绩效、内部流程绩效和学习与成长绩效为因变量，将控制变量、命令控制型环境规制、市场激励型环境规制以及自愿型环境规制作为自变量依次放入回归方程，分析 R^2 在不同步骤的回归方程中是否有显著提高，同时考察各自变量系数的变化。

从表 4-8 中的回归结果中可以看出，在控制了企业存续时间、所有制类型及企业规模等因素后，在第二步的回归模型中，命令控制型环境规制的回归系数为 0.343 且达 0.001 的显著水平，表示其对财务绩效的影响为正向，即命令控制型环境规制的强度越大，企业的财务绩效水平越高。在第三步的回归模型中，主要的自变量为命令控制型环境规制和市场激励型环境规制，前者的回归系数为 0.184，对应的显著性 P 值小于 0.05，对财务绩效有正向影响；后者的回归系数为 0.352，并达到 0.001 的显著水平，对财务绩效的影响为正向，并且市场激励型环境规制的作用削弱了命令控制型环境规制对企业财务绩效的解释力。在第四步中把自愿型环境规制变量也投入回归模型中后，由回归结果可知命令控制型环境规制变量被排除于回归方程之外，即此变量的回归系数未达 0.05 的显著性水平。此外，市场激励型环境规制的影响也减小（$P<0.05$），而自愿型环境规制的回归系数为 0.381（$P<0.001$），对企业财务绩效有显著的正向影响力。同时，不同步骤的回归方程中 R^2 不断增大，有显著的提高（$P<0.001$），即回归方程的拟合度得到逐步优化，说明三种不同的环境规制类型是共同相互作用于企业财务绩效的。

表 4-8 环境规制对企业财务绩效影响的回归分析

变量名及回归步骤	因变量：财务绩效			
	第一步	第二步	第三步	第四步
1. 控制变量				
企业存续时间	−0.241** (0.001)	−0.254*** (0.000)	−0.228** (0.001)	−0.208** (0.001)
所有制类型	0.116** (0.007)	0.098* (0.019)	0.075 (0.061)	0.059 (0.124)
企业规模	0.192** (0.001)	0.162** (0.004)	0.140* (0.010)	0.098 (0.063)
2. 命令控制型环境规制		0.343*** (0.000)	0.184* (0.042)	0.051 (0.574)
3. 市场激励型环境规制			0.352*** (0.000)	0.188* (0.023)
4. 自愿型环境规制				0.381*** (0.000)
R^2	0.117	0.191	0.259	0.335
ΔR^2	0.117*** (0.000)	0.075*** (0.000)	0.067*** (0.000)	0.076*** (0.000)
F	8.017	24.723	41.092	61.653

注：***、**、* 分别表示在 0.001、0.01、0.05 的水平（双侧）上显著相关。

由以上分析结果可知，最终步骤完成的回归模型能够最大限度地解释企业财务绩效的变化。其中，命令控制型环境对企业财务绩效无显著影响，H1a 没有通过验证；市场激励型环境规制和自愿型环境规制对企业财务绩效影响的回归系数分别为 0.188（P<0.05）与 0.381（P<0.001），表明市场激励型环境规制以及自愿型环境规制对企业财务绩效有显著的正向影响，假设 H1b 和假设 H1c 通过了验证，并且自愿型环境规制的影响力要大于市场激励型环境规制的影响力。而对于控制变量，我们发现企业存续时间对企业的财务绩效有显著的负向影响。

在以顾客绩效为因变量的回归分析中，随着自变量的逐步进入，回归方程的模型拟合度有了显著的提高，体现了三种不同的环境规制类型对企业顾客绩效的共同影响。如表 4-9 所示，从第四步回归步骤结束的结果可得，命令控制型环境规制对企业顾客绩效的回归系数为 0.068 且并不显著，H2a 没有通过验证；市场激励型环境规制和自愿型环境规制对企业顾客绩效影响的回归系数分别为 0.199

（P<0.01）与 0.375（P<0.001），说明市场激励型环境规制以及自愿型环境规制对企业顾客绩效有显著的正向影响，假设 H2b 和假设 H2c 通过了验证。同时，企业存续时间对企业的财务绩效有极为显著的负向影响。

表 4-9　环境规制对企业顾客绩效影响的回归分析

变量名及回归步骤	因变量：顾客绩效			
	第一步	第二步	第三步	第四步
1. 控制变量				
企业存续时间	−0.237*** (0.000)	−0.251*** (0.000)	−0.225*** (0.000)	−0.205*** (0.000)
所有制类型	0.090** (0.019)	0.07 (0.052)	0.048 (0.166)	0.032 (0.326)
企业规模	0.129** (0.013)	0.097* (0.049)	0.075 (0.107)	0.034 (0.447)
2. 命令控制型环境规制		0.362*** (0.000)	0.198* (0.011)	0.068 (0.372)
3. 市场激励型环境规制			0.334*** (0.000)	0.199** (0.004)
4. 自愿型环境规制				0.375*** (0.000)
R^2	0.110	0.216	0.306	0.401
$\triangle R^2$	0.110*** (0.000)	0.106*** (0.000)	0.091*** (0.000)	0.094*** (0.000)
F	7.486	31.955	55.465	83.628

注：***、**、* 分别表示在 0.001、0.01、0.05 的水平（双侧）上显著相关。

表 4-10 所示为以企业内部业务流程绩效为因变量的回归结果，在全部加入所有自变量后，回归方程的拟合度达到最高，为 0.334。由此可见，第四步完成后的回归模型能够更好地解释环境规制对内部业务流程绩效的影响。其中，命令控制型环境规制对企业内部业务流程绩效无显著影响，H3a 没有通过验证；市场激励型环境规制和自愿型环境规制对企业内部业务流程绩效影响的回归系数分别为 0.187（P<0.05）与 0.375（P<0.001），说明市场激励型环境规制以及自愿型环境规制对企业内部业务流程绩效有显著的正向影响，假设 H3b 和假设 H3c 通过了验证。

表 4-10　环境规制对企业内部业务流程绩效影响的回归分析

变量名及回归步骤	因变量：内部业务流程绩效			
	第一步	第二步	第三步	第四步
1. 控制变量				
企业存续时间	−0.121* (0.035)	−0.132* (0.015)	−0.110* (0.035)	−0.095 (0.056)
所有制类型	0.103** (0.003)	0.087** (0.007)	0.067* (0.030)	0.056 (0.062)
企业规模	0.112* (0.015)	0.086 (0.051)	0.067 (0.110)	0.036 (0.372)
2. 命令控制型环境规制		0.296*** (0.000)	0.155* (0.027)	0.058 (0.409)
3. 市场激励型环境规制			0.287*** (0.000)	0.187** (0.004)
4. 自愿型环境规制				0.278*** (0.000)
R^2	0.086	0.179	0.266	0.334
ΔR^2	0.086** (0.001)	0.092*** (0.000)	0.087*** (0.000)	0.068*** (0.000)
F	5.744	26.046	47.471	65.668

注：***、**、* 分别表示在 0.001、0.01、0.05 的水平（双侧）上显著相关。

表 4-11 所示环境规制对企业学习与成长绩效的影响效应的回归结果与之前三个维度的检验结果也基本一致。在完成第四步的回归分析后，由结果可得，命令控制型环境规制对企业学习与成长绩效的回归系数为−0.088，影响并不显著，H4a 没有通过验证；市场激励型环境规制和自愿型环境规制对企业学习与成长绩效影响的回归系数分别为 0.239（P<0.05）与 0.244（P<0.01），表明市场激励型环境规制以及自愿型环境规制对企业学习与成长绩效有显著的正向影响，假设 H4b 和假设 H4c 通过了验证。

表 4-11　环境规制对企业学习与成长绩效影响的回归分析

变量名及回归步骤	因变量：学习与成长绩效			
	第一步	第二步	第三步	第四步
1. 控制变量				
企业存续时间	−0.213*** (0.000)	−0.219*** (0.000)	−0.193** (0.001)	−0.180** (0.001)

续表

变量名及回归步骤	因变量：学习与成长绩效			
	第一步	第二步	第三步	第四步
所有制类型	0.066 (0.063)	0.057 (0.103)	0.035 (0.294)	0.025 (0.450)
企业规模	0.134** (0.006)	0.119* (0.013)	0.098* (0.031)	0.071 (0.114)
2. 命令控制型环境规制		0.159* (0.029)	−0.004 (0.963)	−0.088 (0.251)
3. 市场激励型环境规制			0.327*** (0.000)	0.239** (0.001)
4. 自愿型环境规制				0.244** (0.001)
R^2	0.098	0.122	0.225	0.272
ΔR^2	0.098*** (0.000)	0.024* (0.029)	0.103*** (0.000)	0.047** (0.001)
F	6.612	11.473	35.329	46.948

注：***、**、* 分别表示在 0.001、0.01、0.05 的水平（双侧）上显著相关。

综上检验结果表明，命令控制型环境规制对重污染企业财务绩效、顾客绩效、内部流程绩效以及学习与成长绩效的影响均不显著，即对企业绩效无显著的影响；市场激励型环境规制和自愿型环境规制对重污染企业绩效的四个维度均有显著的正向影响，并且自愿型的影响力要强于市场激励型。在平衡计分卡视角下的企业绩效在检验过程中体现出了内在一致性。最后的检验结果汇总如表 4-12 所示。

表 4-12　回归结果对假设的支持状况汇总

规制类型＼绩效维度	企业绩效	财务绩效	顾客绩效	内部业务流程绩效	学习与成长绩效
命令控制型环境规制	H1：不支持	H1a：不支持	H2a：不支持	H3a：不支持	H4a：不支持
市场激励型环境规制	H2：支持	H1b：支持	H2b：支持	H3b：支持	H4b：支持
自愿型环境规制	H3：支持	H1c：支持	H2c：支持	H3c：支持	H4c：支持

四、结论及建议

(一) 研究结论

本章以重污染企业调查数据为样本,运用层次回归的方法实证分析了命令控制型环境规制、市场激励型环境规制以及自愿型环境规制分别对企业绩效的四个维度,具体包括财务、顾客、内部业务流程以及学习与成长绩效的影响,主要得出以下基本结论:

(1) 当所有自变量加入回归模型后,方程的拟合度达到最高,解释力达到最强,说明环境规制对企业绩效的影响是不同类型环境规制共同作用的结果。从一定程度上反映出只有全面综合地根据国家、企业、公众等不同的实际情况,运用不同规制工具的有效组合,实现其互补性,才能够在对企业绩效的影响效应上发挥最大作用。

(2) 命令控制型环境规制对重污染企业绩效财务、顾客、内部业务流程以及学习与成长四个维度的影响均不显著。该研究假设没有得到支持的原因可归纳为以下几点:①命令控制型环境规制的主要特点是以强制性的命令和控制为主要手段,企业被迫必须遵守,几乎没有自主选择权。这种过于刚性的做法,对企业进行技术创新的激励程度较低,反而使大部分企业采用"先污染后治理"的末端治理技术进行消极应对,这样就使企业无法通过动态的创新变革实现绩效的提升,这也就不符合"波特假说"的基本条件。②命令控制型环境规制以行政立法及执法部门为主体,在具体实施过程中多体现为政府行为的过度干预,这样容易使企业产生抵抗情绪,而环境保护以及经济绩效改善的"双赢"局面是以企业自主积极配合为前提的,这也就造成了规制在具体实施过程中难以统一协调,使其理应产生的效应存在很大不足。③目前我国特殊的环境规制体制,即地方规制机制受上级行政组织和同级政府的双重领导,而地方政府过分追求 GDP 的政绩观会产生注重企业经济效率而使环境规制执行受阻等情况。另外,本书主要选取重污染行业的企业为样本,湖北、山西、陕西、云南、贵州等地现阶段的经济发展支柱仍主要以此类企业为主。对地方政府而言，相比环保目标，经济发展目标更为重要，因此难以避免政府为环境规制提供庇护的现象出现，从而企业也不会产生进行技术创新的动力，绩效的提高也就无法实现。

（3）市场激励型环境规制对重污染企业绩效的财务、顾客、内部业务流程以及学习与成长四个维度均有显著的正向影响。表明市场激励型环境规制对企业进行技术创新确实产生了强有力的刺激，使企业在对待环境问题上的主观能动性得到了积极的发挥，而政府的一些具体的激励的手段也能够为企业的科研发展提供帮助，从而在环境规制实施过程中真正引入了动态的创新激励机制，最终实现了企业绩效提高的目的。

（4）自愿型环境规制对重污染企业绩效的财务、顾客、内部业务流程以及学习与成长四个维度均有显著的正向影响。表明在环境规制过程中，当企业拥有自主权和主导权后，就拥有了更强的意愿来进行自我规制，从而使企业面对环境问题采取积极主动的行为模式来应对环境保护和效益提高的双重目标。这种自愿型的环境规制使企业在主观意愿上承担了更多的环境管理责任，对企业技术创新动力的激发和经济绩效的提升有根本性和持久性的意义。

（5）环境规制与企业绩效"双赢"的实现是需要一定条件来做支撑的，其关键点在于动态创新机制的构建和环境战略的转型，而市场激励型环境规制和自愿型环境规制能够有效激励和引导企业绿色生产意识的转变，在符合企业理性决策的基础上不断增强技术创新，在产前—产中—产出各个环节解决低效率问题，从而实现环境成本内在化和经济活动生态化。由此可见，市场激励型环境规制和自愿型环境规制对企业实现环境和绩效的"双赢"更为关键。

（二）相关建议

研究结果表明，对重污染企业而言，虽然命令控制型环境规制未能显现出对企业绩效的正向影响，但市场激励型环境规制和自愿型环境规制均对企业绩效有显著的正向影响。总体而言，环境规制能够促使企业绩效的提升，但不同的环境规制类型对企业绩效产生的影响程度不同。基于此实证分析结果，同时借鉴了国内外有关环境管理的先进经验，从国家、企业和社会层面提出促进实现环境规制与企业绩效实现"双赢"发展的政策建议。

1. 国家层面的政策建议

(1) 积极改善环境规制体系，创新规制手段。目前，我国主要采用命令控制型环境规制，但随着我国市场经济条件的日趋成熟，应逐步增加市场激励型环境政策，并引导企业实施自愿型环境规制。针对命令控制型环境规制对企业绩效并无显著正向作用的回归结果，说明政府在相关的法律法规以及行政立法等方面需要进一步修正和完善。此外，需要注意的一点是，不同的规制类型有各自的特点，单一的规制工具并不能够实现环境和经济绩效的双重利益最大化，每种环境规制工具都有其发挥各自作用的空间，这也就需要将多种环境规制工具进行有效的组合，具体根据地区的经济发展状况、企业所处的行业、规模、发展阶段等来确定最优的规制结构，使得规制政策更具有实用性和适用性。同时，政府要根据社会以及行业的变化和发展不断创新规制工具，尤其针对新兴行业等需要采用特殊的规制政策及工具以达到环境和经济"双赢"的目标。

(2) 继续提高环境规制强度，引导企业自愿实施环境管理。根据实证结果分析可知，我国大多数企业已经有能力承受较为严格的环境规制，并且环境规制总体上能够有效提高企业的经济绩效，因为环境规制刺激企业提高了技术创新能力，这才是企业发展最根本的动力。此外，随着人们的环保意识不断加强，对环境质量以及产品、服务的环保性能的要求也不断提高，这就要求政府制定更高强度的环境规制政策。从这个意义上讲，政府需要着力继续提高环境规制的强度，并保证相关政策的有效实施。具体而言，政府要以设计合理的规制模式为基础，相应有效地提高规制强度，引导企业加强自身的环保意识，改变环境管理模式，将传统的末端治理模式逐步转变为源头治理模式，并分别在源头、过程和结果进行监控和管理。同时，运用激励相容的政策措施，对企业环境管理制度建设和优化进行指导，建立政府与企业的长久合作关系，进一步强化企业自愿进行环境管理的动机。

(3) 推进市场激励型及自愿型环境规制政策工具，充分发挥其灵活性和有效性。研究结果表明，市场激励型以及自愿型环境规制的强度越大，对企业绩效的正向影响越显著。这在一定程度上能够说明激励型以及自愿型的环境政策能够促进企业采用创新技术、工艺或流程等方法，实现企业绩效和环境绩效的协调统一。从长远性与有效性的角度出发，只有当环境规制政策能够真正使企业作为经济主体获得最大的经济利益时，环境管理才能转化为企业的积极行为，而不仅是目前的消极应对。这就要求政府加快推进市场激励型以及自愿型环境规制政策的运用，构建出有效的经济利益诱导机制，大力倡导和鼓励企业主动实行高于法规等的环保标准，使企业以最低的成本实现环境治理的目标，并在经济效益方面获得相应的补偿。同时，应积极推广自愿型环境规制工具的使用，充分调动企业的自觉性和主动性，补充和完善传统的环境管理体系。

（4）加强环境规制相应的推广及监管力度，确保政策的有效实施。有效的环境规制政策离不开政府的切实执行，为了确保政策执行的效果，首先需要政府进行相应的推广。政府应加大对企业进行环保宣传，提供相关的环保技术的辅导和培训，对企业成功的环保管理经验进行总结和推广，倡导企业自愿参与环境管理。在目前监管的实施过程中，处罚力度小、监管宽严不一等弊端也使监管难度加大，环境规制效率低下，一些企业宁愿支付污染罚款也不愿进行环保技术创新。面对这种情况，政府的环境监督机构应致力于提高违规处罚和监管力度，减少其环境污染的利益空间。另外，一些地方政府为了提高政绩，而政绩又是由地方经济效益所体现的，这就容易造成"环保为经济增长让路"的现象。针对此现象，政府应积极推进将环境治理的绩效纳入地方政绩考核当中，对治污不力的领导者予以严惩。如在实施过程中出现权责不明、执行不力等情况，政府应予以及时解决，从多方位保证环境规制政策的有效实施。

2. 企业层面的建议

（1）主动转变环境管理理念。从短期的角度来看，虽然规制的实施可能给企业带来额外的运行成本，但从长期的角度来看，企业可通过技术创新，大力生产出具有较高环境认可度的产品，充分发挥其补偿作用，促进经济绩效的提高和竞争力的增强。结合实证分析结果来看，重污染企业的管理层应该转变之前认为的错误观念，即环境规制本身及其强度的提高对企业绩效产生消极影响，转而以积极自愿的态度应对政府及其相关的环境保护政策。企业应该主动学习并遵守政府制定的相关环境保护政策，承担相应的社会责任，在获得社会公众认可的同时，不断通过技术创新提高经济绩效并提升自身的竞争力。

（2）提升企业创新能力。技术创新在环境规制对企业绩效的正向效应中起着关键的中介作用，企业应积极制定创新战略，不断改进产品生产的工艺流程，实现生产活动的高效化和清洁化，为顾客提供绿色化的产品。同时，企业应加大对科研开发的投入，培养出优秀的科技人才，为技术创新活动不断注入新的能量，使企业具备真正的核心竞争力。有条件的企业应设立专门的科研部门，不具备条件的企业则可以积极与高校或科研机构合作，实现企业环保技术以及可持续发展能力的提升。只有企业充分发挥了技术创新的支撑作用，环境规制才能够实现"创新补偿"效应，最终才能够促进环境管理和经济收益的协调发展。

（3）结合企业特性，对接相关政策法规进行环境管理。针对企业自身的特点，不同的企业在不同强度的环境规制约束下可以采用不同的应对措施。国内企业应最大限度地利用政府制定的相关优惠扶持政策，加强自主创新，加大技术、工艺、流程等方面的创新改造投入，推行清洁生产并不断优化管理模式，提高对资源的利用率，逐步实现降低生产成本、提高企业绩效的目标，最终提高企业总体的竞争力。对于港澳台企业及外资企业，则应不断提高其环保及守法意识，严格履行全球统一标准，积极履行环境责任。企业只有通过不断的技术进步，将环境管理战略内化于企业长期的可持续发展战略中，才能够适应时代的发展并实现其战略目标。

3. 社会公众层面的建议

（1）主动增强环保意识。现阶段我国民众还存在环境保护观念意识薄弱，对相关环境法律法规等知之甚少等问题。环境规制作为解决企业环境污染问题的有效手段之一，同样需要民众的广泛参与和支持，这就需要使民众主动增强环保意识，认识到"保护环境，人人有责"。在环境规制的约束下，成功的产品或服务环境属性的差异化能够促进企业绩效的提高，而其成功与否则取决于消费者对产品环境属性的认同度。如果消费者的环境意识薄弱，那么他们就不会注意到产品或服务的环境属性，较低的认同度使企业也不会着力进行技术创新以改变其环境属性，环境规制通过技术创新来提高企业绩效的目标也就不会实现。如果消费者的环境意识较强，环境属性就成为选择产品或服务时的重要影响因素，企业会积极进行环境属性的技术研发和创新，消费者也能够认同环境性能各异的产品，从而使企业从中获取创新补偿和巨额利润。由此可见，民众环保意识的增强能够直接支持企业进行环境管理，并有效实现经济绩效的提升。在具体的实施措施上，政府应鼓励环境保护团体的建立和发展，利用公共媒体对环境保护观念进行广泛宣传，使人人具备可持续发展的意识。

（2）积极参与社会监督。环境治理与经济发展目标的实现需要政府、企业、公众及相关多方利益相关者的相互合作。公众积极参与社会监督，从短期来看，能够对企业的行为起到一定的约束作用；从长期来看，则能够促使企业进行环保技术创新，使企业在生产的各个环节注意保护环境，并逐渐向生产清洁产品转变。在公众环保意识不断增强的过程中，其参与能力不断提高，公众监督的效应也会越来越广，发挥极大的作用。当然，相关信息披露机制作为监督的基础，政府部门应予以完善，使公众能够及时了解有关的环境问题。

由此可见，社会公众主动增强环保意识并积极参与社会监督，是企业实现环境治理和绩效提升的主要保证。公众环保意识的强弱决定了市场绿色消费，即具体产品或服务环境属性需求的程度，当社会公众将环保意识内化为个人责任时，在其具体消费过程中进行产品选择时就会无意识地偏向既有利于环境保护，又有利于企业经济效益的选择，进而形成一贯的绿色消费观念。另外，公众环保意识的增强和参与监督能力的提高能够对企业行为起到一定的约束作用，有助于企业逐渐注重环保问题并形成环境管理的模式，为企业塑造良好的社会形象奠定基础。

第五章　环境规制对企业绩效的影响
——基于资源视角

资源基础理论认为，企业竞争优势来自内部的资源，是由企业内部战略性异质资源决定的。该理论最初是由 Rumelt（1984）、Wernerfelt（1984）和 Barney（1986）建立的。自 20 世纪 20 年代中期以来，它经历了漫长的发展历程，到 90 年代末期成为战略管理领域的主导理论（Barney and Clark，2007），并经历了资源观、能力观、知识观的发展演化，得到了广大学者及公司经理人员的高度重视和认可，已成为研究企业竞争优势来源的主要工具。

Barney（1986）认为，竞争优势之所以能持久，是因为公司拥有异质性以及不可移动性的资源，该观点与 Penrose（1959）"企业竞争优势是来自该企业所特有的异质性资源而非其他企业相近的同质性资源"的观点十分相似。竞争优势是构建在企业所拥有的异质性资源上的，企业竞争地位的差别要归结为企业所拥有资源形态的差别。资源基础理论拓宽了企业战略理论的研究范围，在理论分析中把企业投入的内涵拓宽到除劳动力和资本之外的企业能力、组织过程以及信息和知识在内的所有企业资源（黄旭、陈林林，2005）。

本章利用资源基础理论，结合我国环境规制现状，基于企业内部资源的微观视角，从资源的种类、数量（如资源冗余及其分类）、特性（如柔性、异质性等）等方面入手，探讨企业内部资源对环境规制影响企业绩效的调节作用，为企业更好地适应环境规制提高绩效提供理论依据，也为企业加强资源管理、构建核心能力、应对环境规制提供实践路径。

一、理论分析与研究假设

(一) 环境规制与企业绩效

环境规制与企业绩效之间的关系，一直是中外学者们关注的一个热点话题。目前环境规制对企业绩效的影响主要是三种观点：最早是传统观点，新古典经济学家认为，厂商对于环境保护的压力，需要付出一种额外的私人成本（Wally N. and White H., 1994），企业的污染治理成本和资金投入将会随着环境规制强度的提升而不断增加，带来的这种"挤出效应"，会导致企业生产率的下降，最终致使企业的整体绩效降低（颉茂华、果婕欣和王瑾，2016）；其次是波特假设，认为适当的环境规制可以刺激企业创新以及提高企业的生产效率，从而获得的这种收益弥补了企业遵守环境规制时投入的部分或全部的成本，甚至将会给企业带来净收益，这可能会为企业带来一种绝对优势（Porter, VLinde, 1995）；最后是不确定性观点，该观点认为环境规制与企业绩效之间有着许多不定因素，并且在实施过程中的时机选择等都存在差异性，这将致使环境规制与企业绩效之间的影响具有一定的不确定性（Barbera, McConnell, 1990）。

我国经过改革开放以来的发展，现在正处在经济转型的关键时期。高速的发展带来经济繁荣的同时，"带走了"环境、"弄丢了"环境。目前我国遗留下来的环境问题，正是以前粗犷式经济发展的代价。面对严重的生态环境问题，我国政府不断完善行政手段和市场力量来强化环境规制。一方面利用政府行政手段，完善相关法律法规，制定环保目标和标准要求企业遵守，继续推行"总量控制、责任分解"的环境治理总体政策；另一方面则借助市场力量，通过市场信号引导企业的排污行为，利用工具激励排污者降低排污水平。

随着我国环境规制的强化，企业面临的环境规制压力增大，部分企业会被动调整内部的经营行为，使其符合环境法规的要求，并尽可能降低成本；也有企业在产品或流程设计中开始考虑环境的影响因素，以期通过领先于环境规制的要求，有效率地使用资源来获得竞争优势；更有企业将环境因素融入企业活动的各个方面,实施可持续发展战略,通过保持环境的可持续性来获得长期的经济增长,实现可持续经营,这既满足了利益相关者的需求,也有利于树立良好的企业形象。企业这些经营策略或战略的改变,可能会获得超成本的回报。基于此提出假设1:

H1:环境规制正向影响企业绩效,即环境规制强度越大,企业绩效越好。

(二)企业资源在环境规制与企业绩效之间的调节作用

资源基础观认为,企业是由资源构成的,资源是一个企业的最基本的组成部分,是企业可持续优势和竞争优势的来源,资源在企业发展过程中起着不可替代的作用(Barney,1991)。我国上市公司目前存在着过度融资和过度投资现象,注重外部融资,试图通过寻找新的低成本资金来提高绩效,并没有侧重于企业内部的资源利用和资源管理。这样可能的后果就是企业投入了很多资金,但并没有获得预想的收益。其实在应对外部环境变化时,企业首先应从内部寻找发展的动力,而不是一味地从外部寻求帮助。外部性理论认为,企业和环境是具有外部性的,环境的变化这一外部性因素将会影响到企业内部资源的配置,从而影响企业绩效(Pigou A.,2001)。环境规制相当于企业外部环境变化的一个事件,环境规制与企业绩效之间,一般需要通过企业内部相关的关系、管理者的重视程度、资源及资源管理等方式间接影响着企业绩效。在环境规制的作用下,可能会促进"企业资源的绿色化",从而创造出更好的企业绩效。因此,要从企业内部资源的种类、数量以及特性三个维度来考虑环境规制对企业绩效的影响。

1. 资源的种类

关于资源的种类,很多学者都给出了自己的划分。例如,将企业资源分为固定资产、蓝图和文化(Wernerfelt,1989);或者更细致地划分为七类,即财务、物化、创新、技术、商誉、人力、组织资源(Hitt,1995)。基于我国上市公司的现状,本章将资源分成一般资源和创新资源两类:一般资源是指企业日常经营活动中运用的资源,例如财务资源、物质资源等,这些资源是每个企业经营运转过程中所必需的;创新资源是指企业的异质性资源,可以促进企业创新发展,例如技术专利、管理资源等。我国上市公司有着连续盈利的要求,而创新资源既是公司持续盈利的活力所在,同时也是企业应对未知变化的一个突破口,它会为企业提供新的思路和方向。在严格的环境规制要求下,创新和研发的投入会更好地支

持重污染企业发展环境友好型产品,这有利于环境保护和资源节约,势必对企业绩效产生更好的促进作用。提出假设2:

H2:无论是一般资源还是创新资源,均会正向调节环境规制与企业绩效之间的关系,其中创新资源的影响作用更为显著。

2. 资源的数量

企业所拥有资源的数量与企业的绩效也息息相关。适当的资源量可以维持企业的正常经营与发展,过少的资源会使企业陷入困境,过度的冗余又会降低企业经营的效率(Baker T. and Nelson R. E., 2005)。Cyert 和 March 在1963年明确提出了"冗余资源"这一概念,对于企业超过正常生产经营所需的资源,称为冗余资源。在我国激烈的市场竞争环境下,尽快地掌握资源的高效分配能力是有重要意义的,它为企业在竞争中提供思考和获利的时间。本章借用Sharfman等(1988)的研究,按照冗余资源流动性的高低将冗余资源分为沉淀性和非沉淀性冗余资源。非沉淀性冗余资源流动性和灵活性均较高,包括现金、现金等价物等;沉淀性冗余资源流动性和灵活性较低,包括支付给员工的较高报酬、管理费用、销售费用、加工中或已加工的产品等(Sharfman et al., 1988)。资源的冗余看似是企业的一种负担,但在外界环境变化时,冗余资源就会起到改变困境局面的作用(Hrebiniak and Joyce, 1985)。非沉淀性冗余资源流动性和灵活性较高,在应对各类一般的环境变化时能够做出反应;但在企业面对特定的变化时,如严格的环境规制、金融危机等,流动性较低的沉淀性冗余资源更像是事先准备好的"蓄水池",其会在企业应对特定环境变化的过程中发挥出更大的作用(李晓翔、刘春林,2010)。研究认为,环境规制压力对我国上市公司的资源提出了特定的要求,相比于非沉淀性冗余资源而言,沉淀性冗余资源会起到更有效的应对作用。提出假设3:

H3:与非沉淀性冗余资源相比,沉淀性冗余资源对正向调节环境规制与企业绩效之间的关系作用更加显著。

3. 资源的特性

企业所拥有的资源,都有其本身的特性。Matthew(2002)认为,资源柔性在适应企业外界环境变化时,起到了缓冲器的作用,尤其对于具有非常高不确定性的行业而言。资源柔性越大,企业就越有能力去应付可能出现的种种不确定性因素。目前,环境规制的压力会给上市公司带来更多的不确定性,资源柔性能使得企业更快更容易抓住市场机会，从而发展壮大自己。在遇到外部环境变化时，企业资源的柔性起到了一个缓冲的作用，柔性越高，它的转换成本就会越低，并且其使用范围也会越广，从而能够帮助企业迅速地走出困境。所以，从资源柔性角度考虑，本章认为资源柔性会正向调节环境规制与企业绩效之间的关系。提出假设4：

H4：资源柔性会正向调节环境规制与企业绩效之间的关系。

二、研究设计

（一）数据收集与样本选取

本章以重污染行业上市公司为研究对象，重污染企业的界定是根据2010年环保部公布的《上市公司环境信息披露指南》中的规定，将火电、钢铁、水泥、电解铝、煤炭、冶金、化工、石化、建材、造纸、酿造、制药、发酵、纺织、制革和采矿业16类行业为重污染行业。同时对2003年与2008年的重污染行业标准进行整理，整合重污染行业的分类代码如表5-1所示。

表5-1 重污染行业分类代码

标准发布时间	行业名称
2003年	冶金、化工、石化、煤炭、火电、建材、造纸、酿造、制药、发酵、纺织、制革、采矿业
2008年	火电、钢铁、水泥、电解铝、煤炭、冶金、建材、采矿业、化工、石化、制药、轻工（酿造、造纸、发酵、制糖、植物油加工）、纺织、制革
2010年	火电、钢铁、水泥、电解铝、煤炭、冶金、化工、石化、建材、造纸、酿造、制药、发酵、纺织、制革和采矿业
整合后代码	B06、D07、B08、B09、C13、C14、C15、C17、C19、C22、C25、C26、C27、C28、C29、C30、C31、C32、D44、D45

根据以上对重污染行业的界定，选取2009~2015年重污染上市公司共1035家，然后进行数据剔除：①剔除了ST、SST等样本公司；②由于西藏自治区的部分"工业三废"数据存在缺失，这造成无法计算它的环境管制强度，故剔除了西

藏的上市公司；③剔除某些数据缺失的样本。考虑到异常值对回归结果的影响，对部分数据进行了 Winsorize 处理，最终获得 2771 个样本数据。

数据来源于以下途径：①从 Wind 数据库和上市公司年报中获得各公司相关财务指标数据；②环境规制的“工业三废”数据从国家统计局、历年的《中国统计年鉴》和《中国环境统计年鉴》中获取。

（二）变量设定

被解释变量是企业绩效，选取企业即资产收益率（ROA）测量，这是研究者们采用比较多的测量企业绩效的变量。

解释变量是环境规制与企业资源：环境规制以地区为测量单位，为了保证环境规制指标的可靠度，以工业废水排放量、工业二氧化硫排放量、工业烟（粉）尘排放量三者的综合指数进行测度。资源从三个角度考虑：①资源种类，一般资源选用企业的资产周转率，创新资源选取研发支出比；②资源数量，使用管理费用与销售收入之间的比值作为沉淀性冗余资源的测量指标，选取速动比率作为非沉淀性冗余资源测量指标；③资源柔性，采用公司自由现金与资产总额的比率做测度。

控制变量选取了企业规模、资产负债率及企业上市年限等。具体变量的度量方法及理论依据如表 5-2 所示。

表 5-2　相关变量设定

变量类别		变量名称	度量方法	理论依据
被解释变量	企业绩效	资产收益率（ROA）	净利润/资产总额	颉茂华等（2014）
解释变量	环境规制	三废指标综合（ER）	各地区的工业废水排放量、工业二氧化硫排放量、工业烟（粉）尘排放量三者的综合指数	郭际、张扎根（2015）
	一般资源	资产周转率（Turnover）	营业收入/资产总额	舒燕、邱鸿钟（2014）
	创新资源	研发比率（RD）	研发费用/营业收入	陈收等（2015）
	沉淀性冗余资源	销售费用率（SI）	销售费用/营业收入	李晓翔、刘春林（2011）
	非沉淀性冗余资源	速动比率（Quick）	速动资产/流动负债	Herold 等（2006）；李晓翔、刘春林（2011）

续表

变量类别	变量名称		度量方法	理论依据
解释变量	资源柔性	自由现金与总资产的比率（Cash）	自由现金/资产总额	邹海亮等（2016）
控制变量	上市年限	上市年限（Age）	上市公司成立的年限	
	公司规模	公司规模（Size）	总资产的对数	
	资产负债率	资产负债率（Dar）	负债总额/资产总额	

（三）模型构建

由于环境规制的数据只能计算到 2015 年，整理出 2009~2015 年重污染上市公司的相关数据，基于理论分析与研究假设，构建出以下模型：

以环境规制为解释变量构建出模型（1）：

$$\mathrm{ROA}_{i,t} = \alpha_0 + \alpha_1 \mathrm{ER}_{i,t} + \sum \mathrm{Controls} + \varepsilon$$

在资源种类中，以一般资源与创新资源同环境规制的交叉项为解释变量，构建出模型（2）：

$$\mathrm{ROA}_{i,t} = \alpha_0 + \alpha_1 \mathrm{ER}_{i,t} + \alpha_2 \mathrm{Turnover} \times \mathrm{ER}_{i,t} + \alpha_3 \mathrm{RD} \times \mathrm{ER}_{i,t} + \sum \mathrm{Controls} + \varepsilon$$

在资源数量分组中，以冗余资源同环境规制的交叉项为解释变量，构建出模型（3）：

$$\mathrm{ROA}_{i,t} = \alpha_0 + \alpha_1 \mathrm{ER}_{i,t} + \alpha_2 \mathrm{SI} \times \mathrm{ER}_{i,t} + \alpha_3 \mathrm{Quick} \times \mathrm{ER}_{i,t} + \sum \mathrm{Controls} + \varepsilon$$

在资源特性分组中，以资源柔性同环境规制的交叉项为解释变量，构建出模型（4）：

$$\mathrm{ROA}_{i,t} = \alpha_0 + \alpha_1 \mathrm{ER}_{i,t} + \alpha_2 \mathrm{Cash} \times \mathrm{ER}_{i,t} + \sum \mathrm{Controls} + \varepsilon$$

式中，$\mathrm{ROA}_{i,t}$ 表示第 t 期的资产报酬率；$\mathrm{ER}_{i,t}$ 表示第 t 期环境规制的强度；Controls 表示控制变量；α_0、α_1、α_2、α_3 为相关变量的系数值，ε 为残差。同时在每组回归时，将其他资源均作为控制变量加入模型中加以控制。

三、实证结果与分析

（一）描述性统计

由表 5-3 的描述性统计可知，资产收益率的均值为 0.0639，标准差为 0.0847，最大值和最小值分别为 0.3326 和 -0.2538，说明同处重污染行业的不同企业之间的企业绩效存在显著差异；环境规制综合指数的均值为 1.7922，标准差为 2.4030，最大值和最小值分别为 12.0537 和 0.2787，由于选取的是各个地区的"三废"指标，所以公司所在地差异导致环境规制的数据也存在显著差异。

表 5-3 变量的描述性统计

变量	观测值	均值	标准差	最小值	最大值
ROA	2771	0.0639	0.0847	-0.2538	0.3326
ER	2771	1.7922	2.4030	0.2787	12.0537
Turnover	2771	0.7183	0.4389	0.0662	2.7119
RD	2771	0.0220	0.0210	0.0000	0.1518
SI	2771	0.0897	0.1136	0.0006	0.5195
Quick	2771	1.5776	2.2619	0.1200	14.3214
Cash	2771	0.1189	0.2989	-0.5000	1.5926
Size	2771	22.0791	1.4362	14.7710	28.5065
Dar	2771	0.4739	0.2319	0.0532	1.2400
Age	2771	18.4450	4.2145	7.0000	56.0000

（二）相关性统计分析

从表 5-4 中的相关系数可以得出，各解释变量均与被解释变量企业绩效之间在 10% 的水平上显著相关。

表 5-4　变量之间的相关性

	ROA	ER	Turnover	RD	SI	Quick	Cash
ROA	1.0000						
ER	0.1214*	1.0000					
Turnover	0.2437*	0.0988*	1.0000				
RD	0.1070*	0.0399	−0.2501*	1.0000			
SI	0.2760*	0.0077	−0.1254*	0.2148*	1.0000		
Quick	0.2301*	0.0293	−0.1122*	0.3919*	0.2488*	1.0000	
Cash	0.0878*	0.0252	−0.1048*	0.1537*	0.1051*	0.0679*	1.0000

（三）回归分析

本章采用非平衡面板数据进行回归分析，模型（1）~模型（4）的回归结果如表 5-5 所示。从模型（1）可以看出，环境规制对企业绩效的影响效果并不显著，假设 1 没有得到验证。虽然样本企业均为我国重污染上市公司，但每家公司应对环境规制的策略不同，或每个地区环境规制实施强度不一，导致环境规制对企业绩效的影响存在不确定性，环境规制对企业绩效的正向影响不显著。

表 5-5　回归结果统计

	模型（1）	模型（2）	模型（3）	模型（4）
	ROA	ROA	ROA	ROA
Size	0.017*** (7.036)	0.0176*** (6.49)	0.017*** (6.260)	0.016*** (6.295)
Dar	−0.184*** (−13.791)	−0.154*** (−7.815)	−0.149*** (−7.522)	−0.146*** (−7.192)
Age	0.001** (2.155)	0.000 (0.522)	0.0000 (0.514)	0.000 (0.232)
ER	0.001 (0.869)	−0.010*** (−4.108)	−0.006*** (−3.841)	−0.001 (−1.247)
Turnover_ER		0.011*** (3.445)		
RD_ER		0.076*** (2.636)		
SI_ER			0.055*** (3.525)	

续表

	模型（1）ROA	模型（2）ROA	模型（3）ROA	模型（4）ROA
Quick_ER			0.001 (1.426)	
Cash_ER				0.008*** (4.054)
Turnover			0.0674*** (8.255)	0.0652*** (8.526)
RD			0.041 (0.329)	0.0211 (0.174)
SI		0.147*** (4.580)		0.158*** (5.676)
Quick		−0.001 (−0.742)		−0.000 (−0.028)
Cash		0.015* (1.661)	0.020** (2.327)	
常数项	14.936*** (8.723)	19.265*** (9.925)	15.457*** (7.727)	15.822*** (8.055)
年度	控制	控制	控制	控制
N	2771	2771	2771	2771
R^2	0.1949	0.2070	0.2843	0.2766

注：***$P<0.01$，**$P<0.05$，*$P<0.1$。

在模型（2）中，一般资源对环境规制与企业绩效的关系呈现显著的正向影响（系数 0.011，$P<0.01$），创新资源对环境规制与企业绩效的关系也呈现显著的正向影响（系数 0.076，$P<0.01$），并且影响效果比一般资源更显著，则假设 2 得到了支持。在模型（3）中，在非沉淀冗余资源的调节作用下，环境规制对企业绩效的影响作用并不显著，但在沉淀性冗余资源的调节作用下，环境规制对企业绩效有正向调节作用（系数 0.055，$P<0.01$），假设 3 得到了验证。这说明了我国上市公司的重污染行业企业，在应对环境规制的压力时，流动性较弱的沉淀性冗余资源的潜力被激发，适时地转化成发展的动力，促进企业绩效的增长；在模型（4）中，资源柔性对环境规制与企业绩效的关系呈现显著的正向影响（系数 0.008，$P<0.01$），假设 4 得到了验证。

针对以上实证结果，对于模型（2）~模型（4），将全部样本数据按企业性质进行分组回归,讨论不同企业产权性质下资源对环境规制及企业绩效的影响情况,得到的回归结果如表5-6所示。对模型（2）的分组讨论中,对国有上市公司而言,无论是一般资源还是创新资源,均会正向调节环境规制与企业绩效之间的关系,其中创新资源的影响作用更为显著,而非国有上市公司中,一般资源正向调节着环境规制与企业绩效之间的关系,创新资源的影响作用不显著。说明国有上市公司面对环境规制时,加强了技术创新,采取了积极主动的治理措施,并提高了企业绩效；非国有上市公司在环境研发、技术创新方面略显不足,更多采取被动治理措施。在模型（3）的分组讨论中,无论是国有上市公司还是非国有上市公司,与非沉淀性冗余资源相比,沉淀性冗余资源对环境规制与企业绩效关系的正向调节作用更加显著。虽然非沉淀性冗余资源提高了企业对环境变化的适应能力,但沉淀性冗余资源可以直接用于企业环保研发投资,能较快响应环境创新的需求,直接满足生产力的需要,提高企业竞争力。模型（4）的分组讨论中,与非国有上市公司相比,国有上市公司的资源柔性对环境规制与企业绩效关系的调节作用更为显著。这表明国有上市公司能够更好地应对环境规制,更愿意并且有能力开展环境技术创新；非国有上市公司由于受到资源约束,无法将资源过多地投入到环境研发和技术创新上。

表5-6 不同企业性质下的回归结果统计

企业性质	模型（2）		模型（3）		模型（4）	
	国有	非国有	国有	非国有	国有	非国有
Size	0.015*** (4.965)	0.027*** (6.239)	0.015*** (4.623)	0.026*** (6.021)	0.015*** (4.836)	0.026*** (6.249)
Dar	−0.156*** (−7.556)	−0.128*** (−3.810)	−0.160*** (−8.057)	−0.119*** (−3.300)	−0.151*** (−7.241)	−0.115*** (−3.203)
Age	0.001 (0.759)	0.000 (0.381)	0.001 (0.816)	−0.000 (−0.167)	0.000 (0.501)	0.000 (0.023)
ER	−0.006*** (−2.740)	−0.022*** (−2.683)	−0.003** (−2.257)	−0.011*** (−3.021)	−0.000 (−0.268)	−0.001 (−0.458)
Turnover_ER	0.008** (2.568)	0.022** (2.270)				
RD_ER	0.063*** (2.855)	0.051 (0.638)				
SI_ER			0.036*** (2.390)	0.074*** (3.415)		

续表

企业性质	模型（2）		模型（3）		模型（4）	
	国有	非国有	国有	非国有	国有	非国有
Quick_ER			0.001*** (3.133)	0.001 (0.967)		
Cash_ER					0.006** (2.432)	0.008 (1.360)
Turnover			0.054*** (6.167)	0.094*** (7.410)	0.053*** (6.477)	0.091*** (7.397)
RD			0.166 (1.149)	−0.092 (−0.483)	0.184 (1.335)	−0.131 (−0.701)
SI	0.169*** (3.585)	0.135*** (3.857)			0.203*** (4.379)	0.133*** (4.852)
Quick	0.001 (0.571)	−0.000 (−0.156)			0.001 (0.595)	0.001 (0.723)
Cash	0.028 (1.421)	0.006 (0.654)	0.032 (1.617)	0.012 (1.413)		
常数项	24.477*** (9.490)	15.374*** (5.044)	21.389*** (8.549)	11.057*** (3.738)	22.027*** (8.926)	11.383*** (3.912)
年度	控制	控制	控制	控制	控制	控制
N	1241	1530	1241	1530	1241	1530
R²	0.2672	0.2027	0.3438	0.2857	0.3253	0.2829

注：***$P<0.01$，**$P<0.05$，*$P<0.1$。

（四）稳健性检验

为了保证实证结果的稳健性，用净资产收益率（ROE）和税前利润率（ROIC）替代资产收益率（ROA），得到表5-7的稳健性检验结果。可以看出，回归结果没有发生实质性的变化。

表5-7 稳健性检验统计

	模型（1）		模型（2）		模型（3）		模型（4）	
	ROE	ROIC	ROE	ROIC	ROE	RIOC	ROE	ROIC
Size	0.016*** (3.783)	0.025*** (6.962)	0.025*** (5.621)	0.027*** (6.700)	0.023*** (4.866)	0.026*** (6.421)	0.023*** (4.929)	0.025*** (6.532)
Dar	−0.225*** (−7.681)	−0.331*** (−16.516)	−0.302*** (−6.890)	−0.285*** (−9.403)	−0.283*** (−7.451)	−0.283*** (−9.365)	−0.294*** (−6.662)	−0.273*** (−8.791)

续表

	模型（1）		模型（2）		模型（3）		模型（4）	
	ROE	ROIC	ROE	ROIC	ROE	RIOC	ROE	ROIC
Age	0.002** (2.129)	0.002** (1.990)	0.000 (0.334)	0.000 (0.228)	0.001 (0.669)	0.000 (0.286)	0.000 (0.170)	0.000 (0.005)
ER	0.005 (2.634)	0.002 (1.212)	−0.011** (−2.556)	−0.015*** (−4.025)	−0.004 (−1.593)	−0.009*** (−3.809)	0.000 (0.110)	−0.002 (−0.988)
Turnover_ER			0.014*** (2.903)	0.017*** (3.485)				
RD_ER			0.093** (2.211)	0.109** (2.486)				
SI_ER					0.065*** (3.028)	0.087*** (3.563)		
Quick_ER					−0.000 (−0.344)	0.000* (1.665)		
Cash_ER							0.011*** (3.585)	0.011*** (3.714)
Turnover					0.091*** (6.637)	0.100*** (8.038)	0.088*** (6.736)	0.097*** (8.377)
RD					−0.001 (−0.003)	0.073 (0.387)	0.004 (0.018)	0.032 (0.174)
SI			0.191*** (4.838)	0.239*** (4.856)			0.220*** (6.092)	0.255*** (5.97)
Quick			−0.006*** (−2.986)	−0.000 (−0.184)			−0.005** (−2.362)	0.001 (0.562)
Cash			0.029* (1.842)	0.020 (1.515)	0.042*** (2.659)	0.028** (2.124)		
常数项	27.729*** (8.291)	22.566*** (8.792)	34.092*** (9.049)	29.039*** (10.019)	27.904*** (7.417)	23.436*** (7.840)	28.986*** (7.763)	23.932*** (8.129)
年度	控制	控制	控制	控制	控制	控制	控制	控制
N	2771	2771	2771	2771	2771	2771	2771	2771
R^2	0.0674	0.2205	0.1124	0.2287	0.1522	0.2983	0.1525	0.2922

注：***$P<0.01$，**$P<0.05$，*$P<0.1$。

四、结论与建议

立足于企业内部资源的微观角度,探讨环境规制对企业绩效的影响。通过理论分析和研究假设,对我国重污染上市公司企业2009~2015年的数据进行实证分析,得出以下结论:当前环境规制对企业绩效的正向影响不显著,资源在两者之间起调节作用。一般资源和创新资源对环境规制与企业绩效的关系呈现显著的正向影响,而且创新资源的影响程度更高;与非沉淀性冗余资源相比,沉淀性冗余资源正向调节环境规制与企业绩效之间的关系作用更加显著;资源柔性对环境规制与企业绩效的关系呈现显著的正向影响,并且在不同的企业中,资源对环境规制与企业绩效之间关系的调节作用存在差异。

为此,我国应进一步完善环境规制政策,强化环保执法,让企业真正感受到规制的压力,并将压力积极转化为绿色创新的动力,进而提高企业绩效;企业应加强内部资源管理,不断培育创新资源,保留适当资源冗余,保持资源柔性,以应对环境规制压力,促进企业更好地发展。

第六章 环境规制对企业绩效的影响
——基于内部管理视角

现有文献一般以指标量化为基础,运用面板数据探讨环境规制对企业绩效的影响,会得到"环境规制会提升或降低企业绩效"的结论。环境规制会提高企业成本或促进创新,这是客观存在的影响因素。研究环境规制如何影响企业成本或促进创新进而影响企业绩效更具有意义。本章在第四章探讨环境规制对企业绩效直接影响的基础上,从企业内部管理视角关注环境规制影响企业绩效的内在机理,研究环境规制、企业管理行为、企业绩效三者之间的关系,重点研究环境规制导致企业管理行为改变的动因以及影响企业绩效的关键因素。

环境规制如何影响企业绩效,其内在机理如何,其中一个关键问题涉及环境规制和企业管理之间的联系。规制后企业是否进行管理变革以及变革力度的大小是企业综合权衡预期绩效的结果,企业通过结合内外部因素分析规制效应来进行战略决策与选择,从中可以分析导致企业管理行为改变的动因以及影响企业绩效的关键因素。研究表明,管理层致力于环保事业是靠一种强大的内部政治力量,它势必反映管理者的理想、价值观甚至生活方式,而这些因素会直接影响企业的环保投入力度(Fineman,1997)。Berrone 和 Gomez-Mejia(2009)研究表明,将环境规制重要性的管理认知作为一个竞争机会与积极的企业环保责任相关。因此,考虑到公众环保意识的增强,越来越多的管理者认为环保策略是企业竞争优势的来源。鉴于环境规制对企业环境管理的影响,有必要研究在环境规制下企业环境管理对绩效影响的桥梁作用,明确环境规制影响企业绩效的路径。现有研究只是强调部分变量间的关系。例如,Triebswetter 和 Wackerbauer(2008)研究分析了环境规制和竞争优势之间的关系,Blacconiere 和 Northcut(1997)分析了环境规制和财务绩效之间的关系,Galdeano-Gómez 等探讨了环境管理和竞争优势之间的关系,另外,Lindell 和 Karagozoglu(2001)还研究分析了环境管理和财务绩效之间的关系。然而，这些研究没有考虑将所有的这些变量置于一个模型中进行研究。

本章研究环境规制对积极性环境管理的影响、管理感知在环境规制和环境管理间的间接作用、竞争优势在积极性环境管理和企业财务绩效之间的作用，探讨环境规制、环境管理、竞争力和财务绩效之间的关系，并将这些变量置于一个框架模型中进行分析。研究不仅明确了环境规制与企业绩效的关系，还阐明了环境管理在环境规制和竞争力之间的桥梁作用，有利于公司制定和实施有效的环境战略。

一、环境规制影响企业绩效的过程分析

鉴于环境规制的外部性，其对企业绩效的影响是通过管理活动及其管理过程来实施的。管理的四项基本管理职能主要表现为：计划、组织、领导和控制。从决策视角看，计划职能与决策的制定关联度较大，组织、领导、控制职能与决策的实施关联度较大。因此，管理活动可进一步归纳成两个管理阶段：决策制定阶段和决策实施阶段，从决策制定到决策实施正好完成一个管理过程。

在决策制定阶段，环境规制对企业绩效的影响，首先是影响管理者的管理认知。管理认知是企业对信息和竞争机会的把握与解读，管理者个人关于环境是机会还是威胁的判断对企业战略选择具有非常重要的作用（Nadkarni and Barr, 2008）。Sharma 和 Vredenburg（1998）认为企业的管理行为是由管理者的认知决定的，若公司管理者认知环境问题对公司发展更有益，是一个机遇，则公司会制定绿色战略并实施；如果管理者认知环境问题是威胁，则企业只遵守相应的环境法规，环境战略的目的仅仅是应付法规。Nadkarni 和 Barr（2008）认为，管理者将环境因素视为机会还是威胁会影响企业的战略决策。因此，企业选择什么类型的环境战略，主要取决于企业高层管理者对环境问题视为机遇还是威胁的解读，取决于高层管理者对环境战略与企业绩效关系的判断。如果企业高层管理者认识到环境因素能够给企业带来竞争优势，则企业将倾向于选择绿色环境战略。因此，企业在应对环境规制制定相应决策时，主要取决于两个方面的考虑：①环规制的类型以及企业自身的资源能力。不同的规制工具在与企业内部资源、能力结合过程中会产生不同的结果，会具有不同的规制效应，管理层会综合企业内外部的因素进行权衡，确定适应规制的方式和策略。②组织目标和预期的结果。组织目标是组织在自身业务职能活动、行为导向、社会效应、价值体现等方面预期的指向及实现程度的综合表述，其对内体现组织的追求和价值，对外体现组织追求和价值的行动纲领和具体要求（葛建华、王利平，2011），其实现最终取决于组织经营的实际结果。企业在环境规制下会综合考虑企业目标和预期经营结果，选择能实现企业目标的环境战略。

在决策实施阶段，环境规制问题纳入企业竞争战略，企业会结合自身资源和能力采取不同的竞争战略，如成本领先战略或差异化战略，这些竞争战略必将在具体的职能战略，如研发、供应链管理、生产制造以及服务营销中予以体现和实施。积极的管理认知可以推动企业生产经营活动的绿色化，促使管理者实施绿色管理，与绿色管理正相关。绿色管理是企业在整个产品生命周期中降低对环境负面影响的所有努力。通过重视消费者需求的变化，与关注环保的消费者建立紧密联系，并将消费者的环保偏好转为企业的商业机会，促使企业实现资源配置，协调各职能战略，进行绿色技术改造，开发环保产品、技术以及绿色业务，以满足消费者的需求。

同时，环境规制特别是市场激励型规制和自愿型规制通过推动企业战略转型、调整企业组织结构、改变企业投资方向来促进企业绿色管理。第一，环境规制推动企业绿色战略的形成。市场激励型规制是借助于市场信号引导企业的排污行为，企业在一定程度上可以根据自身特点选择排污或治污方式，有选择和采取行动的自由；自愿型环境规制是建立在企业自愿参与实施的基础上的，更多强调的是企业的主动性和主导作用。在遵循和实施环境规制过程中，企业会积极应对环境问题，将其纳入企业战略之中，立足绿色市场，应用绿色科技，开发绿色产品，利用环境管理能力获得竞争优势。第二，环境规制会促使企业调整组织结构来实现绿色管理。为适应市场激励型规制和自愿型规制的要求，企业会设立专门的绿色管理机构负责环境事宜，如收集绿色信息，分析绿色市场需求，制定绿色发展计划，进行绿色认证，建立绿色管理文化，塑造企业绿色形象，为绿色生产经营进行组织准备。第三，市场激励型规制和自愿型规制能够影响企业环保投资，推动技术创新。在环境标志、ISO 14000等规制工具影响下，企业会主动将资金投入到环境保护中，增加环保投资，主动治理经营活动对环境造成的污染，推动技术创新，积极生产绿色产品，以满足消费者的绿色需求。Ambec 和 Barla（2007）通过对污染型企业的研究，得出环境规制能够促进企业创新，进而发现环境规制与技术创新的正相关关系。学者颉茂华等（2014）对我国 2003~2013 年上市重污染企业实证研究得出，环境规制对重污染企业的研发支出、技术创新等都起到了促进作用。为此环境规制能够促进企业绿色管理行为。

尽管学术界对企业绿色管理与企业绩效之间的关系存在着诸多争议，但随着社会对绿色商品需求的加强，企业实施绿色管理能够满足相关者的绿色需求，对企业绩效起正向影响。第一，实施绿色管理不仅可以提高企业的财务绩效，而且可以获得环境绩效。实施绿色管理，企业可以降低企业生产经营过程中的物质资源消耗，减少环境污染的治理成本，高效利用能源资源，可以提高企业的财务绩效；绿色管理可以促进生产经营管理全方位的绿色化，企业整体和长远的经济利益就会得到保障，企业因此可以获得生态与经济双效益。众多学者支持绿色管理可以提高企业绩效这一观点，Berry 和 Rondinelli（1998）认为实施绿色战略可以改善产品质量，扩大市场占有率，弥补实施绿色管理投入的成本；Clemens（2011）运用战略选择理论也得出实施积极的环境战略可以使企业获得财务和环境上的双效益。第二，企业绿色管理可以保持企业竞争力。随着环境标志和 ISO 14000 认证的实行，消费拥有环境标志和 ISO 14000 认证的产品逐渐成为一种潮流。企业由此抓住消费者，与供应商一起开发绿色产品及服务，保持企业的长期战略地位，形成竞争优势，保持企业竞争力。第三，实施绿色管理可以满足相关法律法规要求，获得合规性效益，并可能产生创新效益。实施绿色管理的企业污染排放一般在政府规定的标准之下，避免了污染超标处罚费用。众多学者的研究还证明了环保投资的增加会实现"创新补偿效应"，弥补甚至超过之前投入的成本，进而提高企业绩效。Thomas Broberg（2013）在对造纸行业进行研究分析后认为，企业增加对污染的预防支出和治理支出能够提高企业的绩效；Hamschmidt 和 Dyllick（2001）的实证研究发现，为了通过 ISO 14000 认证，企业会提高环保投资力度，加大技术创新力度，积极生产绿色产品，通过增加产品销售额和扩大市场占有率，对企业绩效起到积极的影响。

二、研究假设及理论模型

环境规制是指以环境保护为目的而制定实施的各项政策与措施的总和,依据政策工具的强制程度可将其分为三类:命令控制型环境规制、市场激励型环境规制和自愿型环境规制。环境规制作为一种有效的作用机制,能够使企业将其生产活动对自然环境的影响内部化。环境规制压力迫使管理者在制定战略过程中考虑环境因素。然而,Cañón-de-Francia 等(2007)认为,遵循环境规制需要企业采取适应过程,这不仅需要企业花费高昂的代价,同时也会改变他们的生产系统和方法进而会影响到企业的竞争力和未来的利润。因此,在试图解释管理者的环境态度和环境企业行为时,了解管理层怎样将环境规制与企业相联系是一个很重要的过程。Stone 等(2004)证实,高层管理人员越重视环境问题,他们就会尽更大的努力来应对这些问题。

Sharma 和 Nguan(1999)经研究表明,一个管理者对因违规所受的罚款和惩罚的反应程度可能取决于其将监管压力视为企业的威胁还是机会。根据威胁—反对论,如果将违反环境规制受到的罚款和惩罚视为威胁,管理层可能会抵抗和反对,从而限制创新和结构调整;反之,如果环境规制被视为企业的机会,管理层可能创造性地解决问题,识别并采用创新技术,加强与利益相关者的合作关系。Berrone 和 Gomez-Mejia(2009)经研究表明,将环境规制作为一个竞争机会的管理感知会关联到对环境义务承担的积极性。然而,管理层如果将环境规制与末端处理技术相联系,他们将视其为对企业的威胁。原因是这些技术相对比较便宜,而且可以从公开市场上获取,因此很容易被竞争对手模仿和利用。由此可以推断,环境规制对管理层决策的影响程度与不同规制倡导的不同环境实践类型相关。

研究还表明,命令控制型环境规制通过制定强制性的污染控制指标,迫使企业意识到环境问题的重要性,被迫遵循规制要求来实施绿色生产,虽然对企业的激励效果不明显并且阻碍企业技术创新,但是其改善环境的效果非常明显(Sharma,2001),特别是在我国史上最严厉的《环境保护法》实施的大背景下,企业会被迫实施绿色技术创新,增加新的工艺设备,采纳末端治理技术,最终达到政府的排污标准。市场激励型环境规制采用积极主动的技术，诸如引进新技术、将现有技术应用于新领域以及学习新的知识、利用新材料改进现有的产品等鼓励企业创新，使企业更具灵活性。自愿型环境规制是建立在企业自愿参与的基础上，可能源于企业的成本节约、效率提高，也可能源于企业外在市场压力等因素，但它能使企业在环境治理过程中发挥更主动的作用，会主动披露污染治理情况。针对以上观点提出假设 1 和假设 2：

H1：环境规制的实施，对企业环境管理感知，（作为竞争机会）会产生正面影响。

H2：环境规制有利于企业积极加强环境管理，与积极的环境管理正相关。

上述假设可以细化为以下六个假设，即 H1a、H1b、H1c 以及 H2a、H2b、H2c，分别探讨命令控制型环境规制、市场激励型环境规制、自愿型环境规制的实施，对企业环境管理感知，（作为竞争机会）会产生正面影响，同时与积极的环境管理正相关。

Sharma 等（2007）认为，对不同环境规制特点的管理感知，会影响到管理者制定环境策略的积极程度。当管理者将环境规制作为企业发展的一个机会、持积极态度时，企业会积极引入清洁技术，更大程度上地减少污染甚至在生产过程中完全消除污染；同时，企业会将大量的资源投入到诸如绿色产品的生产、绿色生产工艺的引入、员工技能的培训、正式的管理制度和程序的完善等多个领域，另外企业还要重构企业环境战略。

Cabugueira（2004）则探讨了环境规制影响公司竞争力的传导机制，认为规制压力迫使公司管理层将环境因素纳入公司战略中，环境管理是帮助公司适应环境规制的重要工具，公司是否实施积极环境管理的关键在于管理层对环境规制重要性识别的管理感知。因此管理层如何理解环境规制对公司的影响是非常重要的步骤，高层管理者越重视环境问题，则公司对环境问题的投入就越大，管理感知将影响企业的环境管理。这些引出另外一个假设 3：

H3：管理者越将环境规制视为一个竞争机会，就越有可能实施积极的环境管理。

环保是企业未来竞争优势的重要来源。企业将环境成本内化的战略不仅是企业适应社会环境保护现状的要求，更是企业在以实际行动履行其社会责任。环境管理形成企业的竞争优势主要是通过降低产品成本或提高产品差异化来实现的。

成本优势通常是利用改进生产流程来增加效率、减少投入和降低废物处置成本的。Christmann（2000）的研究表明，在积极的环境管理技术上，企业的创新水平越高，从环境战略中获取的成本竞争优势越大。差异化优势通常源于部分客户对产品的认知，即认为这种产品更有价值。因此它通常取决于产品特点和市场需求的满足，也取决于他们的产品和服务适应市场环境特点的能力。Galdeano-Gómez 等（2008）也认为，积极的环境管理有利于降低产品成本和提高产品差异化，进而提高公司财务绩效。根据上述研究，我们提出假设 4：

H4a：企业积极的环境管理和成本竞争优势之间存在正相关关系。

H4b：企业积极的环境管理和差异化竞争优势之间存在正相关关系。

Lindell 和 Karagozoglu（2001）认为，尽管有许多其他相关变量，源于积极环境管理的任何竞争优势的最终结果，将很有可能提高财务绩效。环境绩效的提高，使得企业通过降低成本，在客户中获得很高的声誉以及增加企业在国际市场上的竞争力来提高自身的竞争优势，从而对企业整体的财务绩效产生积极的影响。Russo 和 Fouts（1997）基于企业资源基础理论建立模型证实了这一观点。他们验证了提高环境绩效会增强竞争优势，进而导致财务利益增强这一想法。因此，还可以提出如下假设 5：

H5a：成本竞争优势对企业财务绩效具有积极的影响。

H5b：差异化竞争优势对企业财务绩效具有积极的影响。

H5c：企业积极的环境管理对企业财务绩效具有积极的影响。

基于以上分析，提出环境规制对企业绩效影响的理论模型和假设，如图 6-1 所示。

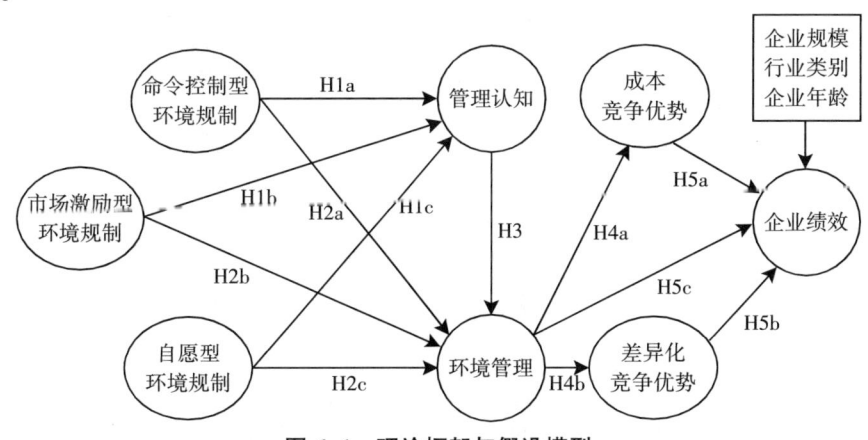

图 6-1　理论框架与假设模型

三、研究方法

（一）问卷设计

为了达到研究目标，我们首先确定调查问卷（具体见附录3）。在理论框架中，外生潜变量为环境规制，内生潜变量为管理认知、环境管理、成本领先优势、差异化优势以及财务绩效。问卷设计参考了国内外相关研究成果，特别是López-Gamero、José F. Molina-Azorín 和 Enrique Claver-Cortés（2010）的研究成果，并对多家企业进行深度访谈，根据研究目的对显变量进行选择（见表6-1）。

表6-1 环境规制对企业绩效影响的潜变量和显变量

潜变量名称	潜变量种类	显变量数目	显变量来源	显变量说明
命令控制型环境规制	外生	3	López-Gamero 等（2010） Dean 和 Brown（1995）	环境标准的严格；产品、技术标准的严厉程度；惩罚力度强化等
市场激励型环境规制	外生	3	杨洪刚（2009） López-Gamero 等（2010）	排污抵押金的缴纳、污染治理的激励、环保政策的选择等
自愿型环境规制	外生	3	López-Gamero 等（2010） 张三峰、卜茂亮（2011）	环境认证、发布环保信息、环保论证会等
管理认知	内生	3	Bansal（2003） González-Benito（2005） Stone 等（2004）	环保是企业的机遇，可以提高公众形象、不会阻碍企业发展等
环境管理	内生	4	Christmann（2000） Orsato（2006） 张嫚（2010） 沈晓悦（2004） 唐国平、李龙会（2013） 赵红（2007）	制定环保战略、使用环保材料、降低能耗等
成本领先优势	内生	3	Hart（1995） Fraj-Andrés 等（2008） 石盛林、陈圻（2010）	安全成本、规制成本、生产成本的减低等
差异化优势	内生	3	López-Gamero 等（2010） Molina-Azorín 等（2009） 石盛林、陈圻（2010） 刘文辉（2007） 马中东、陈莹（2010）	差异化产品、产品品质、品牌形象、信誉等
财务绩效	内生	4	López-Gamero 等（2010） Testa 等（2011）	总资产周转、销售收入、流动性、收益率等

根据表 6-1 确定调查问卷，问卷共包括两部分内容：第一部分为调查对象的基本情况，包括企业成立的时间、所属行业、所有制类型、年均销售额等；第二部分为调查环境规制与企业内部管理和财务绩效的实际情况，主要包括政府对环境污染治理的激励力度、税收优惠、绿色信贷、对环保的态度、环境战略、调整组织结构、治污资金投入、环保研发、环保技术使用等共计26个题项。每个题项采用李克特分制评分标准进行测量，即 "1. 非常不同意""2. 较不同意""3. 不同意""4. 不确定""5. 同意""6. 较同意""7. 非常同意"。

（二）研究样本

我们主要对湖北、山西、陕西、云南、贵州、辽宁等省规模以上重污染企业进行重点访谈和问卷调查。这些公司主要包括火电、钢铁、水泥、电解铝、煤炭、冶金、化工、石化、建材、造纸、酿造、制药、发酵、纺织、制革和采矿业16类行业，均属于国家规定的重污染企业，受同一规制、相同媒体的关注、积极人员的监视、社区的关注以及消费者偏好改变等影响，有利于在同一规制环境下来研究企业的内部决策和管理。通过实地调研、重点访谈、电子邮件等方式共发放问卷420份，回收问卷298份，回收率为70.95%，其中有效问卷173份，有效回收率为58.05%。

（三）计量方法的选择

由于环境规制工具对企业绩效的影响是一种因果关系的假设检验，其中既包含了多种可观测的显变量，也包含大量无法直接观测的潜变量，这种情况下的假设检验是传统统计方法如普通回归、Logistic 回归等模型无法完成的，而结构方程模型（Structural Equation Modeling，SEM）就成为本章实证研究的最佳选择。20世纪80年代以来，SEM的迅速发展弥补了传统统计方法的不足，成为建立、估计和检验假设的重要工具。这种方法不仅可以处理显变量间的相互因果，还能利用因子分析方式构建多个"潜变量"，并讨论潜变量之间或者潜变量和显变量之间的复杂关系。显然，SEM为高度抽象并难以测量的变量提供了进行计量的可能。

四、数据分析

（一）描述性统计

样本的描述性统计结果（见表6-2）显示，本次被调查企业覆盖环保部公布的16类重污染行业且调查中65.3%的企业存续年限为5~20年；近三年年均销售额为人民币1000万元以上的企业占样本数的85.6%；被调查对象87.9%为企业部门或单位领导，能够对问卷做出更加客观准确的回答。总体上调查收回的样本具有良好的代表性。

表6-2 描述性统计分析（N=173）

特征属性	分类标准	样本数	百分比（%）
企业存续年限	0＜年限≤3	10	5.8
	3＜年限≤5	35	20.2
	5＜年限≤10	80	46.2
	10＜年限≤20	33	19.1
	20＜年限≤50	11	6.4
	50＜年限≤100	4	2.3
企业所属行业	火电	5	2.9
	钢铁	15	8.7
	水泥	12	6.9
	电解铝	8	4.6
	煤炭	4	2.3
	冶金	21	12.1
	化工	14	8.1
	石化	4	2.3
	建材	6	3.5
	造纸	7	4.0
	酿造	2	1.2

续表

特征属性	分类标准	样本数	百分比（%）
企业所属行业	制药	8	4.6
	发酵	31	17.9
	纺织	11	6.4
	制革	16	9.2
	采矿业	9	5.2
近三年年均销售额（人民币：万元）	不超过100	3	1.7
	100＜金额≤500	7	4.0
	500＜金额≤1000	15	8.7
	1000＜金额≤5000	70	40.5
	5000＜金额≤10000	34	19.7
	10000＜金额≤100000	31	17.9
	100000以上	13	7.5
被调查对象职位	一般员工	21	12.1
	部门或单位领导	152	87.9

（二）信度与效度分析

使用 Cronbach's α 系数来评价问卷的信度。由表 6-3 和表 6-4 可知，所有构念的 Cronbach's α 值介于 0.732~0.919，均大于 0.7，量表具有较佳的信度。CR 值介于 0.749~0.922；AVE 的取值范围为 0.503~0.749，均高于 0.500 的最低标准；同时所有变量 AVE 值的平方根都大于变量间的相关系数。由上述各项指标可以推断所有构念具有较高的内部一致性和稳定性。另外，由于本章所使用的问卷项目全部来自过去的文献，很多学者曾使用这些量表测量相关变量，所以问卷具有较好的内容效度。

表 6-3　问卷信度与聚合效度分析

研究构念	均值	Cronbach's α	CR	AVE
命令控制型规制	5.71	0.738	0.749	0.503
市场激励型规制	5.02	0.733	0.771	0.530
自愿型规制	5.08	0.773	0.791	0.561

续表

研究构念	均值	Cronbach's α	CR	AVE
管理认知	5.70	0.858	0.862	0.675
环境管理	5.53	0.732	0.805	0.509
成本竞争优势	5.36	0.789	0.809	0.589
差异化竞争优势	5.20	0.867	0.869	0.690
企业绩效	4.90	0.919	0.922	0.749

表6-4 各变量AVE的平方根及相关系数矩阵

变量	命令控制型规制	市场激励型规制	自愿型规制	管理认知	环境管理	成本竞争优势	差异化竞争优势	企业绩效
命令控制型规制	0.709							
市场激励型规制	0.468**	0.728						
自愿型规制	0.337**	0.365**	0.749					
管理认知	0.421**	0.518**	0.560**	0.822				
环境管理	0.475**	0.485**	0.524**	0.675**	0.713			
成本竞争优势	0.363**	0.489**	0.584**	0.626**	0.674**	0.767		
差异化竞争优势	0.302**	0.367**	0.546**	0.496**	0.571**	0.689**	0.831	
企业绩效	0.191*	0.316**	0.516**	0.311**	0.481**	0.668**	0.671**	0.865

注：** 为在0.01水平（双侧）上显著相关，* 为在0.05水平（双侧）上显著相关；对角线为AVE的平方根值，其他数据为相关系数矩阵。

（三）模型拟合及结果

采用最为普遍的极大似然法（Maximum Likelihood Method）进行模型运算，在AMOS 17.0中进行数据的输入与输出，得到模型主要的拟合指标以及各变量间的路径系数，如表6-5和表6-6所示。

表6-5 主要的拟合指数

拟合度指标	χ^2	χ^2/df	GFI	IFI	CFI	RMSEA
计算结果	516.525	1.800	0.819	0.912	0.911	0.068

表 6-6 各变量之间的路径系数及统计性检验

路径	标准化系数	S.E.	C.R.	P	检验结果
管理认知←命令控制型环境规制	0.418	0.119	4.246	***	支持
管理认知←市场激励型环境规制	0.393	0.075	4.333	***	支持
管理认知←自愿型环境规制	0.332	0.063	3.967	***	支持
环境管理←命令控制型环境规制	−0.015	0.077	−0.192	0.848	不支持
环境管理←市场激励型环境规制	0.230	0.055	2.782	**	支持
环境管理←自愿型环境规制	0.337	0.049	4.164	***	支持
环境管理←管理认知	0.609	0.094	5.235	***	支持
成本竞争优势←环境管理	0.880	0.129	6.165	***	支持
差异化竞争优势←环境管理	0.712	0.127	6.677	***	支持
企业绩效←环境管理	−0.628	0.481	−2.178	*	不支持
企业绩效←成本竞争优势	0.894	0.518	3.186	**	支持
企业绩效←差异化竞争优势	0.548	0.157	4.886	***	支持

注：***$P<0.001$，**$P<0.01$，*$P<0.05$，下同。

由表 6-5 可知：χ^2/df 为 1.800，小于 3；IFI、CFI 均大于 0.9，GFI 为 0.819，大于 0.8，达到了可以接受的水平；RMSEA 为 0.068，小于 0.08，以上指标均满足评价标准，因此该模型整体的拟合效果较好。最终带路径系数的模型如图 6-2 所示。

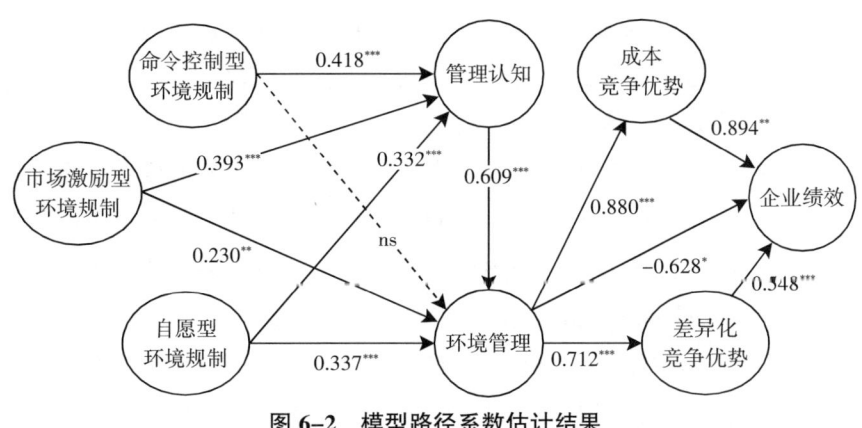

图 6-2 模型路径系数估计结果

（四）假设检验与讨论

（1）环境规制对管理认知产生显著的正向影响，不同类型的环境规制影响程度不同。命令控制型环境规制、市场激励型环境规制和自愿型环境规制的路径系数分别为 0.418、0.393、0.332（P 值均小于 0.001）。这表明，三类环境规制工具均直接影响到企业管理层对环境保护的认识，企业管理层均认为对环境问题做出积极的响应是对企业有利的，环境规制的实施会显著激励管理层对生态环境的保护意识。规制越严厉，对管理认知的影响就越大，其中命令控制型规制的影响作用最大。因此 H1a、H1b、H1c 成立。

（2）命令控制型环境规制与积极的环境管理不存在正向影响关系。这表明，命令控制型规制并不会直接促使企业实施积极的环境管理，它们之间没有直接的影响关系。因此 H2a 不成立。但是市场激励型环境规制、自愿型环境规制对企业积极的环境管理产生显著的正向影响，路径系数分别为 0.230 和 0.338（P 值均小于 0.001），即表明市场激励型环境规制和自愿型环境规制均会促使企业加大积极性环境管理的实施力度，其中自愿型规制的影响更大。H2b、H2c 是成立的。

（3）管理认知与积极的环境管理显著正相关。这表明企业管理层对环境保护的认识直接影响到企业环境方面的管理，即管理层的承诺是投身于积极性环境管理的一个重要的激励因素，因为管理者的环保价值观、信仰和行为促使企业绿色文化的形成，将环境因素贯穿于整个组织。当企业管理层意识到环境保护是企业长远发展的机遇，他们会加强企业环境方面的管理和投资；当他们认为环境保护会抑制企业的发展或者不将其作为企业应当履行的一项社会责任时，企业不会在改善环境方面加大投资。因此，这一结论验证了 H3 的成立。

（4）积极的环境管理对成本竞争优势和差异化竞争优势均显著正相关，路径系数分别为 0.880、0.712（P 值均小于 0.001）。结果表明，大部分企业通过提高生产效率、减少投入及废弃物的处置费用等措施实施成本领先战略来取得竞争优势；也有企业通过对环境治理的投资在客户中获得了强大的声誉，使企业的产品、服务或形象因实施环境保护与竞争对手产生差异，进而使企业在行业中占据有利位置。这一结论验证了 H4a、H4b 的成立，但也可以看出，更多企业主要是依靠成本领先战略来获得竞争优势的。

（5）成本竞争优势和差异化竞争优势对企业绩效均有积极影响。路径系数分别为 0.894、0.548（P 均小于 0.001），结果表明，源于积极环境管理的任何竞争优势的最终结果都会改善财务绩效，因此 H5a、H5b 均成立。但是环境管理与企业绩效负相关，路径系数为–0.625（P＜0.05），H5c 不成立。这一结果表明，企业单纯地加大环保投入、实施环保措施会直接降低企业绩效，环境管理一定要与企业竞争战略结合起来，通过降低产品或服务成本，或提高产品或服务质量、树立市场品牌形象，才能获得较高的财务绩效。

（五）环境规制影响企业绩效的关键因素

通过上述实证发现，管理认知、环境管理、成本竞争优势、差异化竞争优势均是环境规制影响企业绩效的关键驱动因素，环境规制的实施基本是通过这四个关键因素逐步对被规制企业产生影响，最终作用于企业的绩效。

（1）管理认知正向调节环境规制与企业绩效之间的关系。管理认知是被规制企业的首要感知因素，因为只有当企业的管理者认识到环境规制的本质以及规制对本企业能够带来怎样的影响，企业才能针对该类政策制定相应的发展战略，环境问题才能从根源上得到解决。即如果企业管理层能够意识到环境保护是企业的一项社会责任或者实施环境保护能够有利于企业未来向更好的方向发展，则该企业将会积极地响应政府号召，那么在制定企业发展战略、部署企业发展任务时会将环保作为一个重要的影响因素；反之，企业如果没有意识到环境规制的积极作用，只是消极地应对规制则难以从根本上解决环境问题。以往文献一致认为，环境规制是企业进行生态创新活动的重要驱动力（Cai and Zhou，2014）。但本章则呈现了新的观点，驱动力不是环境规制本身，管理层如何理解环境规制才是关键。因此，企业高层管理人员应正确理解环境规制，特别是环境规制所带来的环境风险和成本效益意识，更加重视行业中的环境问题，在环境问题上找到更多商机，通过提出生态创新活动等环境解决方案，更快速、积极地应对环境问题。

（2）环境管理是环境规制影响企业绩效的重要驱动因素。上述实证研究表明，企业各项环境行为的实施，很明显会直接降低企业绩效；但是如果企业通过加强环境管理使其获得成本和差异化方面的竞争优势，则最终会提高企业绩效。该研究结论有明显的价值，单纯的污染治理不但不会增加企业价值，反而会减少、毁损企业价值，如末端治理需要投入昂贵的设备费用、惊人的维护开支和处理费用，同时治理过程本身也要消耗资源和能源。只有把环境管理行为与企业竞争战略联系起来，实施综合性、面向源头污染预防的战略，既能以低成本或差异化优势满足消费者的需求，获取竞争优势，又能在产品生命周期内减少对环境造成的影响，真正实现共赢。

（3）成本竞争优势是环境规制影响企业绩效的关键驱动因素。企业作为一个理性经济人，其目标是在生存的基础上尽可能最大化地实现剩余收益。通常企业会通过扩大自身产品的市场份额、降低本企业的生产成本两个途径来实现利润最大化。当企业面对政府及公众方面的环境压力时，其首先会考虑实施措施改善环境问题是否能对企业市场份额的提高或成本降低方面有利。因此，作为盈利组织的企业在实施环境保护行为的同时，会努力通过技术创新等途径来最大化地降低本企业的生产成本。

（4）差异化竞争优势是环境规制影响企业绩效的关键驱动因素。生存是企业发展的前提，面对公众对环境问题的越加关注，逃避社会责任将难以在市场竞争中生存，因此企业不得不将环境成本内在化而采取环保行为。与此同时，采取环境保护行为能为企业树立良好的市场形象以及区别于同行业产品的绿色产品来获取差异化方面的竞争优势。

五、结论与建议

本章应用 SEM 研究了环境规制对企业绩效的影响路径，通过提出假设并建立理论模型，结合重污染企业样本问卷调查证实所提出的有关假设。研究结果显示，模型有较好的拟合度，除 H2a 和 H5c 不成立外，其他假设均得到了验证，并形成了以下研究结论：①环境规制对企业管理者的管理认知产生显著的正向影响；规制越严厉，对管理认知的影响就越大，其中命令控制型规制的影响作用最大。②市场激励型环境规制、自愿型环境规制会对企业实施积极的环境管理产生显著的正向影响，而命令控制型环境规制与积极的环境管理不存在正向影响关系。③管理认知与积极的环境管理显著正相关。④积极的环境管理要通过成本竞争优势和差异化竞争优势对企业绩效产生积极影响，而环境管理本身与企业绩效呈负相关。

本章研究的创新主要体现在，通过阐述环境规制、环境管理及企业绩效之间的关系，并将它们置于一个框架中进行研究，丰富了这方面的研究；通过实证研究，运用结构方程模型来发现支撑这类假说的证据，明确了环境规制对积极的环境管理、企业竞争力以及财务绩效的影响。该研究厘清了企业在当前环境规制背景下的管理过程和价值创造，有利于引导企业走上可持续发展的道路。

根据实证结果，提出如下对策建议，具体措施如下：

（1）制定切实合理的环境规制政策体系。由实证分析可知，不同类型的环境规制政策对企业的作用方式、作用程度不同。环境规制政策的合理与否关系到我国的环境质量、人民的健康生活水平与经济发展水平。在环境规制制定和实施的过程中，政府应当考虑不同行业企业的规模、资金技术水平等问题，实现环保与经济双丰收。因此，政府的环境规制政策应当采用更加灵活的规制工具，针对不同行业、不同规模的企业采用不同的环保标准，激励企业进行环境管理。

（2）加大环保的扶持力度。企业作为盈利性组织，收益大于成本是其实施环保的前提，而环境保护势必会加大企业的成本。因此，技术创新势必成为打破这一制约企业发展问题的关键。由于企业负担重，应对环境规制的污染治理和清洁生产技术研发投入不足，技术创新遇到资金方面的障碍。环境保护不仅需要企业的努力，更加需要政府的支持和引导。为此政府应当加强环保的扶持力度，尤其是资金方面的扶持，帮助解决企业技术创新的难题。

（3）提高企业管理层的环境管理认知。企业管理层应当加强环境保护的意识，在实现利润最大化的同时应当将承担起社会责任、可持续发展作为己任，在追求经济目标的同时兼顾环境目标。环保作为企业的一种社会责任，只有当企业管理层承担社会责任的意识提高了，才能促使企业从战略上转变经营理念，将环境问题纳入其经营战略中。因此，提高管理层的环境管理认知是促使企业进行环境保护的关键环节。

（4）强化企业环境管理。积极的环境管理是企业成本竞争优势和差异化竞争优势的源泉。虽然单纯地进行环境管理无疑会加大企业的负担，但是企业通过加强环境管理、进行企业绿色创新来改善生产和管理流程，在降低企业成本的同时为企业带来差别化效应，无形之中会增加企业的市场份额；同时，享受环保所带来的收益是企业进行环保的驱动力。因此强化环境管理是企业应对环境规制的发展之道。

（5）利用技术创新降低企业产品成本，增强企业成本竞争优势。成本竞争优势通常利用技术创新改进生产流程来增加效率、减少投入和废物处置成本。企业应当加大自主创新，充分利用技术创新所带来的补偿效应，减少规制对企业的消极影响。因此，通过降低企业产品成本获取更大的市场份额是企业提高自身效益的重要途径。

（6）实施绿色生产，提高企业差异化竞争优势。在经济全球化的今天，许多国家对进口产品要求绿色认证，我国产品正面临着"绿色贸易壁垒"的严峻挑战；不仅国外市场对绿色产品非常重视，我国公民的社会环保意识也逐步增强。企业要想立足于国内乃至国际市场，应该更加积极主动地推进绿色生产，提升企业产品的市场竞争力，实现经济和环境的双丰收。

第七章　环境规制对企业绩效的影响
——基于 ESCP 视角

第五章和第六章重点从企业内部资源及管理视角分别探讨了环境规制对企业绩效的影响过程和关键要素。但研究表明，市场结构、产权结构以及公司治理结构对环境规制目标的实现起到了举足轻重的作用，这些结构因素会影响企业的管理行为（管理知觉、决策行为、战略选择、环境管理等方面），进而影响到企业绩效。运用制度经济学和产业经济学的基本理论，本章拟借助于 SCP 模型构建一个拓展的"环境规制—结构—行为—绩效"（ESCP）模型来研究环境规制对企业绩效的作用机理，寻求环境规制与企业绩效之间的有效联结，寻找到可实现经济与环境目标相协调的微观作用机理。

SCP 模型是由 Joe S. Bain 和 Scherer 等于 20 世纪 30 年代建立的。该模型提供了一个既能深入具体环节、又有系统逻辑体系的市场结构—市场行为—市场绩效的产业分析框架。其基本含义是，市场结构决定企业在市场中的行为，而企业行为又决定市场运行在各个方面的经济绩效。SCP 模型的提出，推动了产业组织理论的发展，并对后来其他学派的发展也产生了重大影响。之后，经济学家们对 SCP 模式进行修正，形成了市场结构、市场行为和市场绩效相互作用关系的新产业组织理论。尽管也有学者对 SCP 分析框架提出质疑和批评，但他们并没有否定 SCP 范式，而是在原有范式的基础上对其进行了补充和完善，拓展了该范式应用的广度和深度。

从 SCP 视角总结已有研究，可以发现，目前相关研究多数是选取了 SCP 模型中的一个层面，甚至是一个层面中的某个变量作为研究对象，具有一定的片面性，缺乏环境规制对市场结构、市场行为和绩效的系统分析。针对以上不足，已有学者（如张成）尝试以 SCP 模型探讨了中国环境规制相关问题。同时，近年来计量理论和方法的完善，也弥补了 SCP 模型过分注重理论分析的缺陷，如环境规制对企业绩效的影响机理以及影响评价的实证研究，可借助结构方程模型加以解决。

在梳理近年来的相关成果基础上，从环境规制、市场结构、公司治理特性以及管理层认知和管理实践四个层面探讨了企业环境行为的驱动力，构建了环境规制对企业绩效影响的 ESCP 框架体系，并通过实证研究分析了该体系的完整性，为后续研究提供了思路和参考。

一、环境规制对企业绩效影响的 ESCP 框架

（一）企业环境行为驱动力的层次分析

环境规制对企业绩效的影响，是借助传导因素经过一系列的传递过程来实现的。分析企业环境行为的驱动力是研究环境规制影响企业绩效的逻辑起点。基于不同的维度，学者们对企业的环境驱动力进行了分类。Moon-Rugman 和 Verbeke（1998）指出，企业开展环境管理有三大动机：遵守监管规定、制度驱动、利润及业绩驱动。Bansal 和 Roth（2000）等认为，企业对环境做出反应的驱动力主要来自法律法规的要求、利益相关者的压力、经济利益的诱使以及管理者关于环境的个人价值观念。王宜虎、陈雯（2007）将企业环境压力分为政府环境压力、市场环境压力和社会环境压力三类。综合现有研究，学者们大多依据企业边界将环境驱动力划分为外部驱动力和内部驱动力。

内外部企业环境驱动力的划分，体现了不同环境驱动力的作用方向，但没有区分其作用层次。为研究环境规制对企业绩效的影响机理，应该依据约束企业环境行为的作用维度，将企业环境行为的驱动力划分为四个层次：

第一个层次主要体现在政府正式的环境规制和监管、源于环境恶化以及资源紧张所产生的利益相关者的压力以及绿色消费对企业环境创新的引领上。其中，政府的环境规制对企业环境行为产生最直接和最有力的影响；对于大多数企业而言，首先应考虑遵守相关环境法规，避免惩罚，其次企业才会考虑满足客户需求和超越规则。同时，利益相关者压力以及绿色消费的引领也会进一步强化环境规

制力度。这些因素会从企业外部直接对产品的供给或需求发生作用，进而对企业环境战略和环境行为产生影响。

第二个层次体现在第一层次对市场结构的冲击上，是第一个层次的延续和发展。市场结构是指"市场的组织结构，即市场的各构成要素及其组织方式或结合方式，就是对竞争的性质和市场定价具有战略性影响的市场的那些组织特征，如卖方集中度、买方集中度和市场的进入退出条件等"（张成，2013）。第一层次中的环境规制通过提高环境标准、对无法满足规制要求的企业进行"关停并转"，从外部影响行业的市场集中度；同时，企业上下游产业链上的绿色需求也会对企业的环境行为产生挤压或拉动作用，使环境友好型企业进一步壮大，产业结构和消费结构得到调整。

第三个层次的环境驱动力来自于公司内部治理，主要体现在企业环境决策权的归属和分配上。尽管处在同一行业内的企业受到的规制相同，但不同企业对环境规制的反应并不相同，这主要是因为环境规制对不同企业决策主体的经济利益产生了不同程度的影响，使企业的环境敏感性出现差异，导致企业采取了不同的环境战略。公司内部治理主要是通过战略制定，重大决策的参与、监督以及会计责任等主要方式促进管理层履行环保责任，对企业环境行为实施间接影响。与公司治理相关，甚至直接决定治理结构的融资结构（包括产权结构、所有制结构）则间接影响着企业的环境战略，导致企业环境行为存在差异。

第四个层次也来自于企业内部，确切地说来自于企业内部的管理层认知和管理实践，主要体现在环境管理的认知和实施上。环境战略将公司治理与企业管理实践结合起来，管理者的管理认知、环境管理政策和措施、员工意识及学习能力以及企业内部经验和传统等会直接影响企业环境行为，企业会根据自身的资源、能力以及对内外驱动力的判断来选择或逃避政府管制、进行污染跨地区转移甚至通过游说以图放松环境政策的企业行为，或加强技术创新、管理创新来进一步降低排污量，提高环境治理水平，这都会导致企业绩效存在差异。

以上四个层次的环境驱动力对企业环境行为的影响，遵循着由外到内的影响过程，即环境规制通过影响市场结构和企业战略进而影响企业环境行为。从驱动强度看，与外部驱动力相比，内部驱动力如企业高级管理层对环境管理的态度及战略取向等，可能是企业进行环境战略选择的直接驱动力。尽管制度理论对企业环境行为的解释侧重于组织外部压力和社会期望，并认为外部驱动力促使企业与企业之间在组织形式或商业模式方面呈现趋同（DiMaggio and Powell，1983），但事实上外部因素并不必然导致企业环境行为的趋同。常见的情况是，在相同的规制条件下，企业选择了不同的环境战略和环境行为。作为动态、演进的组织，企业会根据其各自资源和能力的不同可能会对外部压力产生不同的反应，因此，内部环境驱动力是对外部环境驱动力的适应和预期，要受到市场的检验。适应行业发展趋势、立足于自身资源和能力的环境战略将成为企业新的竞争优势。

（二）环境规制对企业绩效影响的 ESCP 研究框架构成

基于以上思路，结合内外环境驱动力的作用层次，利用已有的 SCP 模型，构建了环境规制影响企业绩效的 ESCP 研究框架，以供有志于这方面研究的学者参考（见图 7-1）。该模型认为，随着生态环境约束强化，环境资源的稀缺性凸显，在社会公众的压力以及绿色消费的拉动下，环境规制日趋严厉，影响着企业的市场竞争结构和内部决策。企业外部的市场结构、企业内部的产权结构、公司治理结构等特性会对环境规制目标的实现起到举足轻重的作用，这些结构因素会影响企业的管理政策和管理行为（管理知觉、决策行为、战略选择、环境管理等方面），进而影响到企业绩效。通过 SCP 模型，从短期（结构不变）和长期（结构发生变化）两个角度分析不同的环境规制方式对重污染企业的管理行为以及企业绩效的关系，深入挖掘结构因素、企业行为在环境规制影响企业绩效中扮演的重要角色，提炼环境规制、结构因素、企业行为和企业绩效之间的关系链条，探索企业在当前环境规制下的管理过程和价值创造，揭示环境规制政策对企业绩效的影响机理。在此基础上，可进一步分析企业绩效的提高对环境行为强化的作用，形成双向的研究框架（见图 7-1）。研究有利于引导企业走上可持续发展的道路，为我国企业适应规制提高绩效提供理论和实践依据。

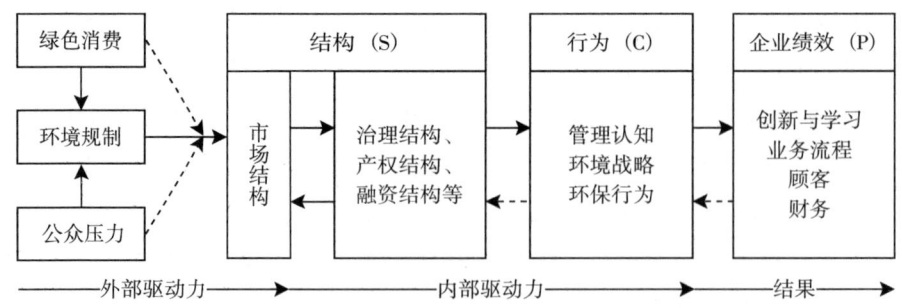

图 7-1　基于 SCP 的环境规制对企业绩效的影响机制研究框架

首先，运用 SCP 框架，系统分析"环境规制如何通过影响企业管理行为，进一步影响企业绩效"的传导机理，建立环境规制与企业绩效管理间的内在联结，将两者纳入同一体系，从微观层面探讨环境规制对企业行为产生影响的作用因素和作用机理，以及环境规制下企业行为对企业绩效的影响，为提高企业绩效提供基础理论依据。

其次，基于实践，以现行环境规制下的企业管理行为、管理过程以及企业绩效为研究对象，结合企业自身特点，关注规制后企业如何有针对性地适应环境变化、改变企业管理行为，总结我国企业在环境规制下的管理行为特征，归纳出企业在环境规制下的价值创造过程和管理原则，力图从本源上找到其中的内在机理，为企业环境管理战略的制定提供依据。

再次，从公司视角出发，综合运用传统假设、波特假设和"资源观"理论，强调资源、能力的重要性，运用平衡计分卡原理从企业的学习与创新、业务流程、顾客、财务四个方面来界定企业绩效，从多个维度来评价环境规制对企业的影响。

最后，研究有利于为政府制定相关政策提供参考依据。环境规制政策及方式应充分发挥强化和激励企业环保投资行为的作用，立足于企业微观层面探讨环境规制与企业绩效"双赢"的机理，明确当前规制政策的优缺点，评价我国环境规制政策的有效性，为宏观层面环境政策的制定提供微观证据，进而推进我国环境规制政策优化。

二、基于 ESCP 视角的环境规制影响企业绩效的内在机理

分析环境规制对企业绩效影响的内在机理，可以按照先局部再整体、先单向后双向的研究思路进行，并反映企业环境行为分析框架的逻辑层次。

（一）环境规制对市场结构的影响

环境规制的趋严、公众压力和绿色消费会增加企业的遵循成本，这一方面会

提高新企业的进入壁垒，另一方面也会迫使部分无法满足规制要求的企业退出市场，从而提高企业的最佳有效规模，让存留下来的企业规模进一步提升，实现市场集中度的相对提高。Pashigian（1984）的经验研究发现环境法不仅会降低被规制企业的数量，也会给企业增添负担，并且小企业的负担要远远大于大企业的负担；在环境规制下，小企业将更难与大企业竞争。Dean 和 Brown（1995）验证了环境规制会对新进入企业产生壁垒效应，而被规制的老企业则能从中获益。近年来我国学者张成、于同申（2012）研究了环境规制对产业集中度的影响，认为加强环境规制有利于在促进企业节能减排的同时，优化资源配置，提升产业集中度。马海良等（2012）也认为环境规制通过设置绿色进入壁垒，提高市场集中度，导致产业结构发生改变，对企业绩效产生影响。

（二）不同结构下企业环境行为的差异分析

不同市场结构的企业，其环境行为存在着差异；即使同处相同的市场结构，不同产权、不同规模甚至不同地理位置的企业对环境成本上升带来的压力的消化能力是不一样的。大量研究注意到环境规制对不同类型企业的环境行为有不同的影响。唐国平、李会龙（2013）发现股权制衡度、管理层持股比例分别与公司环保投资规模呈显著的负相关关系；公司环保投资行为具有显著的产权差异特征，即国有公司比民营公司投入了更大规模的环保资金；重污染行业企业比非重污染行业企业投入更大规模的环保资金。Hayami（1984）、Welch 和 Mori（2002）认为，企业的规模是企业改善环境行为的一个决定性因素，企业规模同企业环境行为正相关；企业规模越大，采取更多的清洁生产工艺的可能性也越大。

Gottsman 和 Kessler（1998）研究了企业财务状况与环境行为主动性之间的关系，认为好的经济绩效对企业采取主动环境行为有正面影响。另外，也有学者（Downing，1982；Waldman，2008）研究了企业成员尤其是企业领导人与管理层的环保意识、学习和认知过程、管理经验等对企业环境行为的影响。许松涛、万红艳（2011）认为，环境规制限制了中央国企高污染投资项目的融资，有助于推动产业扩张、整合产业资源。关劲峤等（2005）对太湖流域印染企业环境行为影响因素进行选择，结果表明私营合资企业环保投入水平高于国有集体企业，中型企业环保投入高于小型企业。

（三）不同环境行为与企业绩效的关系分析

企业环境行为是企业面对来自政府、公众、市场的环境压力，而采取的宏观战略和制度变革、内部具体生产的调整等措施和手段的总称（Klassen and Mclaughlin，1996）。这些来自政府、公众和市场的环境驱动力对企业有着不同的作用规律，它们以非平衡方式对企业产生作用，从而使企业对环境污染行为做出积极或消极的反应。但无论企业采用何种应对模式，均应立足产品属性特征，在实施绿色差异化或者专业化之间进行抉择，这些抉择又会相应地带来生产成本的变化，影响着企业绩效的变化。尽管加强环境规制有利于环境改善和长期利益，但在企业具体实施过程中，仍存在着突出企业利益、注重短期绩效的现象。大部分的理论观点和证据仍认为，我国企业环境管理的主要动机是遵循监管规定，环境管理的经济效应并不显著。此外，企业中严重的代理问题，进一步强化了企业的短期绩效，尤其是在国有企业中，因为管理层为了"履行职责"，需要尽可能地完成短期业绩指标以及单单遵守监管规定。对短期业绩的重视、仅仅遵守监管规定的心态、正式制度的不完备，加上环境意识的缺乏，使得企业更易于追求短期利润最大化，从而缺乏制定长期的环境管理战略的动力。因此，研究企业环境管理和企业绩效之间的关系需要从更长远和更广阔的视角入手。

（四）从整体上研究环境规制与企业绩效之间的关系

从经济学的角度看，实施环境规制的实质是要把企业负外部性内部化，由此产生以下问题，环境规制的强化会对企业绩效产生何种影响？企业绩效提高后是否会进一步加强环境行为，导致规制强化？两者是否可以"双赢"？对这些问题的回答不仅对评价现有环境规制政策的有效性具有重要意义，而且为政府制定相关产业政策提供参考依据。从目前的研究成果看，环境规制对企业绩效产生何种影响、如何产生影响、产生多大的影响尚无定论。这既受制于研究理论的约束，也受研究方法的制约。正如 Simpson 和 Bradford（1996）所指出的，环境规制的影响取决于被规制行业的具体特点，行业不同，影响也不同，而且理论上也不太可能精确估计这种影响。在实证研究中，环境规制、企业绩效的具体指标选择和模型设计存在着多样性，对研究结论产生了明显的影响。另外，不同规制形式对绩效的影响也不同。因此，研究环境规制与企业绩效的关系，不能单纯地将两者联系起来进行实证研究,而是应该在明确环境规制与企业绩效相互作用的内在机理基础上,将外部环境驱动力和内部环境驱动力结合起来,运用适当的定量方法进行整体研究。

三、研究假设

随着环境问题的日益突出,许多学者开始关注环境规制对市场结构的影响,逐步将环境规制作为影响市场结构的重要因素进行研究。针对污染比较严重的行业,政府通过制定和实施环境规制政策,一方面通过严格的标准如"关停并转"来实现行业内部的产业结构优化,优化资源配置,提高产业集中度,另一方面通过较高的环境标准来提高行业的进入门槛,通过提高行业进入壁垒来实现产业结构的优化。张成、于同申(2012)研究了环境规制对产业集中度的影响,认为加强环境规制有利于在促进企业节能减排的同时,优化资源配置,提升产业集中度。许松涛、万红艳(2011)认为,环境规制限制了中央国企高污染投资项目的融资,有助于推动产业扩张,整合产业资源。梅国平、龚海林(2013)研究认为,严格的环境规制有利于促进产业结构的转变。因此,提出**假设1:环境规制对市场结构具有显著的正向影响。**同时,借鉴Francesco Testa的分类方法将环境规制分为命令控制型环境规制、市场激励型环境规制和自愿型环境规制三类。由于这三类规制实施方式和强制程度的不同,使它们对市场结构的影响程度可能也存在着差别。因此,可将假设1进一步细化。

H1a:命令控制型环境规制对市场结构具有显著的正向影响。

H1b:市场激励型环境规制对市场结构具有显著的正向影响。

H1c:自愿型环境规制对市场结构具有显著的正向影响。

环境规制对企业行为的影响主要表现在企业的环保投资和环境管理决策两个方面,在生产过程中,企业必须主动或被动地遵循环境规制政策,通过增加治污支出或者改进生产技术以达到环境规制标准。此外,针对来自政府和社会的不同环境规制,企业也会表现出不同的环境管理方式。张嫚(2010)指出,受企业追逐利益的本能影响,当环境规制政策影响到企业的成本或收益时,企业会根据政策对企业影响的好坏通过各种途径来规避或者推动相关政策的实施。马中东、陈莹（2010）研究了环境规制约束下企业环境战略的选择，认为不同企业所面对的内外部因素的差异使得环境规制对企业成本和差异化的影响程度不同，进而会影响企业环境战略的选择和竞争力。因此，针对环境规制与企业行为的关系提出**假设 2：环境规制对企业环境行为具有显著正向影响**。同时，从环境规制类型上来看，在命令控制型环境规制下，企业受政府强制力的限制，必须要采取相应的手段以达到环境规制所要求的标准，但达到这一标准后，企业就没有了进一步减少污染排放的动力，一定程度上限制了企业的减排积极性和治污技术的革新；在市场激励型环境规制下，企业的环境保护行为更多地会与企业的经济利益相联系，受利益的驱使，企业会更加积极主动地进行治污技术和产品生产工艺的革新，以达到提高经济效益的目的；在自愿型环境规制下，企业从之前的被动接受者变成了主动实施者，在追求利益的同时，企业更多的是承担着环境保护的社会责任，为了维护和提高企业的社会形象，企业有着主动遵守自愿型环境规制的动机。因此，在假设 2 的基础上，针对三类环境规制进一步细化假设：

H2a：*命令控制型环境规制对企业行为具有显著的正向影响。*

H2b：*市场激励型环境规制对企业行为具有显著的正向影响。*

H2c：*自愿型环境规制对企业行为具有显著的正向影响。*

对于环境规制对企业绩效会产生何种影响，目前学术界存在着三种不同的观点，传统假说认为企业的环境目标与经营目标之间是相互制约的关系，一个目标的实现必定会阻碍另一个目标的实现，也就是说环境规制政策会增加企业的治污投入，增加企业的生产成本从而降低企业的经济效益。"波特假说"则认为环境规制会给企业带来"创新优势"和"先动优势"，企业在遵循环境规制政策过程中通过治污技术和生产技术革新所带来的收益可以弥补治污支出，有助于提高企业的经济效益。与前两种观点不同，"不确定性假说"认为由于行业属性、内外部环境等因素的存在，使得环境规制对企业绩效的影响具有不确定性。结合我国重污染企业实际，环境规制的强化会刺激企业进行环保技术的研发和生产技术的革新，提高企业的劳动生产率，从而提高企业的市场竞争力和经济效益。秦颖、武春友、徐光（2004）通过研究发现，企业重视环境问题的程度与企业绩效之间呈正相关关系。针对环境规制与企业绩效的关系提出**假设 3：环境规制对企业绩效具有显著正向影响**。同时，不同规制对绩效的影响也不同，针对三种不同的环境规制类型分别提出如下假设：

H3a：命令控制型环境规制对企业绩效具有显著的正向影响。

H3b：市场激励型环境规制对企业绩效具有显著的正向影响。

H3c：自愿型环境规制对企业绩效具有显著的正向影响。

SCP分析框架认为，市场结构、企业行为和企业绩效之间存在着因果联系，企业市场行为受到企业所在市场结构的影响，企业绩效是企业所选择的市场行为的直接反应；作为市场结构和企业绩效的连接点，企业行为在受到市场结构影响的同时也决定着企业的绩效。孔刘柳和王勇（2005）通过对我国钢铁行业的结构、行为和绩效进行分析发现，产品差别化低、市场集中度低以及较弱的进出壁垒使得我国钢铁价格一直随着国内外能源的供求关系和国家政策的变化而变化，没有单个或几家企业能够形成垄断价格来获取垄断利润。秦颖等（2004）以金属制造业为研究对象，发现企业行为的改善与环境绩效的改善存在着很强的正相关性，与某些企业行为联系是很直接的，降低废物排放行为对降低公司对环境影响有着直接的效果。Hayami（1984）、Welch和Mori（2002）也认为企业的规模是企业改善环境行为的一个决定性因素，企业规模同企业环境行为正相关；企业规模越大，采取更多的清洁生产工艺的可能性也越大。Gottsman和Kessler（1998）研究了企业财务状况与环境行为主动性之间的关系，认为好的经济绩效对企业采取主动环境行为有正面影响。在生产经营过程中，企业会根据市场结构和环境规制的变化而做出不同的投资和战略决策，作为SCP分析框架中连接市场结构与企业绩效的中间环节，企业行为是针对市场结构和其他一些因素影响的反应，而企业绩效则是这一反应所带来的结果。因此，针对市场结构、企业行为、企业绩效之间的关系提出以下假设4和假设5：

H4：市场结构对企业的环保行为具有显著的正向影响。

H5：企业的环保行为会对企业绩效产生显著的正向影响。

基于以上分析，提出环境规制对企业绩效影响的理论模型和假设（见图7-2）。

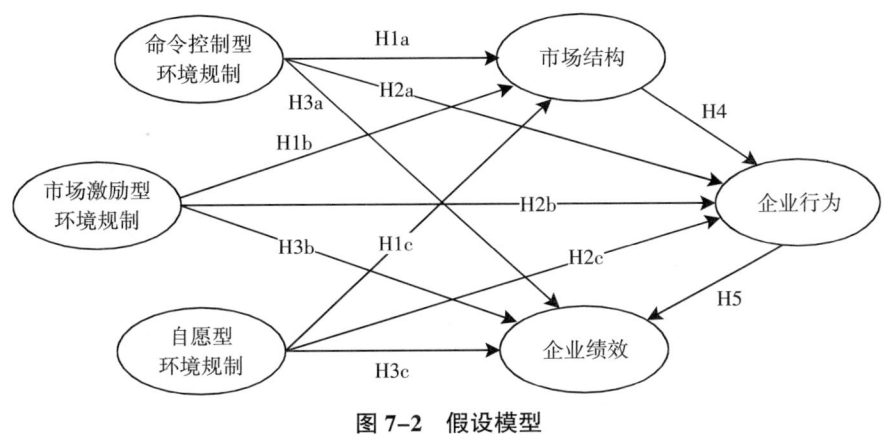

图 7-2 假设模型

四、研究设计

(一) 问卷设计

为了达到研究目标,我们首先确定了调查问卷(具体见附录 3)。问卷设计参考了国内外相关研究成果,特别是 López-Gamero、José F. Molina-Azorín 和 Enrique Claver-Cortés (2010) 的研究成果,并对多家企业进行深度访谈,根据研究目的对变量进行选择(见表 7-1)。

表 7-1 环境规制对企业绩效影响的变量说明

变量名称	变量数目	变量来源	变量说明
命令控制型环境规制	3	López-Gamero 等 (2010) Dean 和 Brown (1995)	环境标准的严格;产品、技术标准的严厉程度;惩罚力度强化等
市场激励型环境规制	3	杨洪刚 (2009) López-Gamero 等 (2010)	排污抵押金的缴纳、污染治理的激励、环保政策的选择等
自愿型环境规制	3	López-Gamero 等 (2010) 张三峰、卜茂亮 (2011)	环境认证、发布环保信息、环保论证会等
市场结构	3	Bain (1968) 孔刘柳、王勇 (2005)	行业集中度、进出壁垒、产品差异化等
企业行为	3	Bain (1968) 孙剑 (2012)	环保性原材料、环保技术、可重复利用包装等
财务绩效	3	López-Gamero 等 (2010) Testa 等 (2011)	总资产周转、销售收入、流动性等

根据表 7-1 确定了调查问卷，问卷共包括两部分内容，第一部分为调查对象的基本情况，包括企业成立的时间、所属行业、所有制类型、年均销售额等；第二部分为调查环境规制、市场结构、企业内部管理和财务绩效的实际情况，主要包括政府对环境污染治理的激励力度、税收优惠、绿色信贷、行业集中度、环境战略、组织结构调整、治污资金投入、环保研发、财务绩效等共计 18 个题项。每个题项采用李克特七分制评分标准进行测量，即"1. 非常不同意""2. 较不同意""3. 不同意""4. 不确定""5. 同意""6. 较同意""7. 非常同意"。

（二）研究样本

我们借助前期问卷调查资料，这些公司主要包括火电、钢铁、水泥、电解铝、煤炭、冶金、化工、石化、建材、造纸、酿造、制药、发酵、纺织、制革和采矿业 16 类行业，均属于国家规定的重污染企业，受同一规制所规制、相同媒体的关注、积极人员的监视、社区的关注以及消费者偏好改变等影响，有利于在同一环境规制下来研究企业的内部决策和管理。通过实地调研、重点访谈、电子邮件等方式共发放问卷 420 份，回收问卷 298 份，回收率为 70.95%，其中有效问卷 186 份，有效回收率为 62.4%。

（三）计量方法的选择

根据前文提出的研究假设，在实证研究中需要检验各个不同变量之间的影响关系，所采用的研究方法需要能够同时检验多个变量之间的因果关系。因此，选择结构方程作为研究方法，其优点在于在分析变量之间的因果关系时，传统分析方法只能对各个变量逐一进行回归分析，而结构方程能够同时计算各个变量之间的影响关系。此外，通过结构方程研究方法构建模型时可以设立自变量与因变量之间的误差项，从而最大限度地降低测量误差实证结果的影响。因此，本章选取结构方程作为研究方法。在分析工具的选取上，利用 SPSS 19.0 对收集到的数据进行了整理和筛选以及信度和效度分析检验。进行结构方程模型分析时则采用了 Amos 17.0 软件。

五、实证结果与分析

（一）描述性分析

从行业分布上来看，在收回的186份有效问卷中建材类企业有45家，占总体样本的24.2%；铸造类企业有43家，占23.1%；化工类企业有20家，占10.8%；钢铁类企业有19家，占10.2%；水泥类企业有16家，占8.6%；石化类企业有11家，占5.9%；采矿类企业有9家，占4.8%；制药类企业有8家，占4.3%；煤炭类企业有6家，占3.2%；火电类企业有3家，占1.6%；酿造类企业和纺织企业各2家，占1.1%；电解铝类企业和造纸类企业各有1家，占比均为0.5%。

从所有制类型上来看，国有企业有20家，占有效样本总数的10.8%；集体企业有3家，占1.6%；私营企业有60家，占32.3%；有限责任公司有82家，占44.1%；股份合作制企业有3家，占样本总数的1.6%；股份有限公司有15家，占8.1%；其他所有制企业有3家，占1.6%。

从企业规模上来看，近三年年均销售额在100万元以下的企业有3家，占有效样本的1.6%；100万~500万元的企业有10家，占5.4%；500万~1000万元的企业有16家，占8.6%；1000万~5000万元的企业有76家，占40.9%；5000万~1亿元的企业有34家，占18.3%；1亿~10亿元的企业有33家，占17.7%；1亿元以上的企业有14家，占7.5%。

（二）信度与效度分析结果

信度指的是对同一研究对象在不同时间或者以不同的检测形式进行测量时，所得到的结果的一致程度。选择Cronbach's α值作为信度检验标准。一般地，当Cronbach α≥0.70时为高信度；0.35<Cronbach α<0.70时属于尚可；当Cronbach α<0.35时为低信度。在此标准下，使用SPSS 19.0分析了总体量表和各个潜变量的Cronbach's α系数，从表7-2和表7-3中可以看出，总量表的Cronbach's α

系数达到了 0.908，各个潜变量的 Cronbach's α 系数也均在 0.70 以上，说明这份问卷的可信度很高。

表 7-2 总量表信度分析的克朗巴哈系数

Cronbach's α	项数
0.908	18

表 7-3 变量分析的克朗巴哈系数

潜变量	Cronbach's α	项数
命令控制型环境规制	0.701	3
市场激励型环境规制	0.733	3
自愿型环境规制	0.768	3
市场结构	0.778	3
企业行为	0.881	3
企业绩效	0.894	3

效度是指测量所得到的结果与研究对象想要反映的内容的一致程度，如果测量结果与内容越吻合，则说明测量效度越高；反之，则效度越低。学术界通常使用内容效度、准则效度和结构效度对量表进行效度检验。由于所使用的问卷项目全部来自过去的文献，很多学者都曾使用这些量表测量相关变量，所以问卷具有较好的内容效度。而从后面的模型评价结果中看出模型具有较好的拟合优度，并且模型非标准化系数以及变量之间的相关系数具有较强的显著性，因此模型的结构效度较好。

（三）对 SCP 模型的验证

首先探讨在不受环境规制影响下重污染企业所在市场结构、企业行为和企业绩效之间的关系，以验证 SCP 模型的存在性。由于受样本规模的限制，不对控制变量（企业规模、行业类别、企业年龄）加以考虑。运行结果如表 7-4 所示，可以看出"企业行为<---市场结构"和"企业绩效<---企业行为"两条路径的临界比率值均大于 1.96，且 p 值小于 0.05，说明市场结构与企业行为以及企业行为与企业绩效之间的影响具有显著性。模型的拟合指数如表 7-5 所示，从拟合结果上来看，主要拟合度指标均在可接受范围内，模型整体拟合效果较好，即 SCP 分

析框架是成立的。

表 7-4　SCP 模型各变量间的路径系数及统计性检验

	Estimate	S.E.	C.R.	P
企业行为<---市场结构	0.433	0.080	5.441	***
企业绩效<---企业行为	0.790	0.114	6.918	***

表 7-5　模型拟合指数及结果

拟合指数	CMIN/DF	GFI	AGFI	TLI	CFI	RMSEA
输出结果	2.024	0.943	0.897	0.958	0.971	0.074

（四）引入环境规制后的假设验证

基于前文所构建的环境规制、市场结构、企业行为和企业绩效之间作用机制的模型，来验证所提出的研究假设。由于受样本规模的限制，不再对控制变量（企业规模、行业类别、企业年龄）加以考虑。导入数据后运行软件对初始模型进行运算，以验证研究假设和模型的拟合度，相关计算结果如表 7-6 和图 7-3 所示。表 7-6 为未标准化回归系数和相应显著性检验结果。从运行结果中可以看

表 7-6　模型各变量间的路径系数及统计性检验

	Estimate	S.E.	C.R.	P	检验结果
市场结构<---命令控制型	0.215	0.089	2.427	*	支持
市场结构<---市场激励型	0.416	0.096	4.314	***	支持
市场结构<---自愿型	0.162	0.062	2.602	**	支持
企业行为<---命令控制型	0.283	0.082	3.451	***	支持
企业行为<---市场激励型	0.561	0.103	5.469	***	支持
企业行为<---自愿型	0.417	0.068	6.092	***	支持
企业行为<---市场结构	-0.107	0.103	-1.04	0.299	不支持
企业绩效<---命令控制型	0.011	0.166	0.068	0.946	不支持
企业绩效<---市场激励型	0.521	0.256	2.034	*	支持
企业绩效<---自愿型	0.458	0.199	2.305	*	支持
企业绩效<---企业行为	0.065	0.413	0.158	0.874	不支持

注：$***P<0.001$，$**P<0.01$，$*P<0.05$。

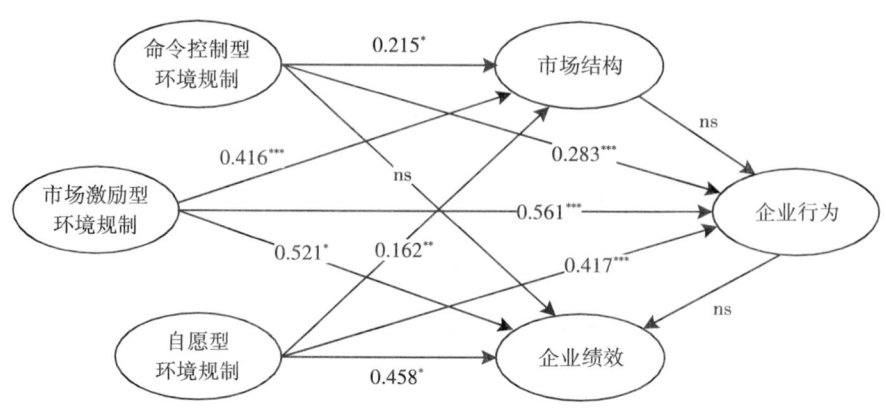

图 7-3　模型路径系数估计结果

出，除"企业绩效<---命令控制型""企业行为<---市场结构""企业绩效<---企业行为"三条路径的临界比率值小于 1.96，P 值大于 0.05 外，其余路径的临界比率值均大于 1.96，且 P 值小于 0.05。说明命令控制型环境规制与企业绩效、市场结构与企业行为以及企业行为与企业绩效之间的影响并不显著，其他路径之间的影响具有显著性。

模型的拟合指数如表 7-7 所示，从运行结果上来看，自由度与卡方值之比为 1.905，接近 2；拟合优度指数为 0.862，调整的拟合优度指标为 0.809，均大于 0.8；TLI 为 0.905，大于 0.9；比较拟合指数为 0.923，大于 0.9；近似误差的均方根为 0.075，小于 0.08。拟合度指标均在可接受范围内，模型整体拟合效果较好。

表 7-7　模型拟合指数结果

拟合指数	CMIN/DF	GFI	AGFI	TLI	CFI	RMSEA
输出结果	1.905	0.862	0.809	0.905	0.923	0.075

对比表 7-4 与表 7-6 中 S-C-P 的关系，可以看到两者之间的差异，一方面可能是由于 SCP 分析框架完全基于市场自发行为的结果，而加入环境规制变量这一政府调控手段后，可能对其原有的影响关系产生影响；另一方面可能是由于我国目前的环境规制不够完善，对重污染企业的规制力度不够，规制的影响作用并没有沿着 S-C-P 的方向在各部分之间有效地传导，这导致在环境规制的作用下，重污染企业所在的市场结构、企业行为和企业绩效之间的作用关系不再显著。

(五) 假设结果与讨论

通过研究，形成以下结论：

（1）命令控制型环境规制对市场结构和企业行为能够产生显著的正向影响，H1a 和 H2a 成立；对企业绩效的影响不显著，H3a 不成立。究其原因，一方面，命令控制型环境规制政策是针对整个行业提出的政策性标准，行业内所有企业都必须达到和遵守，因此企业基本上是被动遵守这一规制政策，做出的反应大体上相同，只要排污和技术达到这一标准即可，并不会给企业绩效带来积极影响。另一方面，命令控制型环境规制政策大多由政府颁布和实施，其内容多是排污量的限制和强制性的技术标准，这些政策的实施更多地影响到行业的进出壁垒和行业集中度以及企业的生产经营行为，并不会直接作用于企业绩效，因此命令控制型环境规制政策对企业绩效的影响并不显著。

（2）市场激励型环境规制政策对市场结构、企业行为和企业绩效能够起到显著的正向影响，H1b、H2b、H3b 成立，说明多以排污费实施的市场激励型环境规制政策能够促使行业进出壁垒和行业集中度发生改变，影响到企业的环保行为并直接影响到企业绩效。

（3）自愿型环境规制政策对市场结构、企业行为和企业绩效能够起到显著的正向影响，H1c、H2c、H3c 成立，说明自愿型环境规制政策能够直接影响到企业的环保行为和企业绩效，并改变行业结构。

（4）市场结构对企业环保行为的影响不显著，H4 不成立。究其原因，一方面，可能是因为企业的环保行为更多受环境规制政策和市场需求等一些因素的影响，市场结构目前对企业行为的影响多是对企业的定价行为、经营方式和管理方式产生影响，对企业的环保行为产生的影响并不明显；另一方面，可能是由于我国目前的环境规制还不够完善，针对重污染企业的规制强度还不够，这使得环境规制虽然能够对市场结构产生影响，但不足以使企业环保行为随市场结构的变化而发生改变。因此，市场结构对企业行为的影响变得不显著。

（5）企业行为对企业绩效的影响不显著，H5 不成立。一方面，可能是由于我国企业缺乏行之有效的环境行为和环境监督检查机制，企业并没有真正有效地实施环保措施，这使得企业的环保行为没有对企业绩效产生影响；另一方面，可能是由于规制强度不够，尽管受环境规制影响，企业的环保行为会随之发生改变，但由于规制强度不够，企业环保行为的改变可能不足以对企业绩效产生影响，因此，企业环保行为对企业绩效的影响变得不显著。

六、相关建议

从实证结果中可以看出，目前我国环境规制政策在引导企业环境保护行为上起到了一定的效果，但从程度上来看还远远不够，我国的环境规制还需要进一步加强。对此本章提出以下建议：

第一，政府应注重环境规制的方式。环境规制能否起到其应有的效果不仅与环境规制强度有关，还取决于环境规制方式。针对不同行业和不同地区，灵活运用排污费、排污标准、绿色消费以及补贴机制等多种规制手段，给予企业更多的自由，让企业更加积极主动地寻找经济有效的方法来实现环境保护。

第二，针对重污染行业，进一步提高行业准入标准和环境规制强度，从而提高行业的集中度，减少因行业分散而造成的生产过剩等资源浪费以及在过度生产过程中的环境污染。

第三，企业需提高环保意识，增加环保投入。从研究结论中可以看出，我国企业还没有真正认识到环境保护的重要性，更多的是把环境保护挂在口头，并没有实施积极自主的环境保护措施以及环保投资行为。企业应积极实现生产技术和治污技术的革新和进步，通过革新技术在达到环境规制要求的同时也能提高自身的生产效率并形成绿色生产的核心能力，从而提高自身在行业中的竞争力。

第四，增强社会公众的环保意识，引导消费者认可并选择绿色环保产品。当今市场为买方市场，企业的生产经营决策更多地取决于市场需求。当市场对产品环保要求提高时，企业也会随之改进技术来满足市场需求，在提高自身竞争力的同时达到环境保护的目的。另外，通过舆论的压力使企业认识到自身环境保护的社会责任，促使企业积极主动地增加环保投入，参与环境保护。

第八章 结论与展望

一、本书主要结论

针对我国日趋严厉的环境规制，本书从企业微观视角出发，利用管理学、经济学、环境生态学理论，以重污染企业为例，重点研究环境规制对企业绩效的影响过程、关键因素以及作用机理。在系统梳理相关文献基础上，结合我国现行环境政策，本书界定了环境规制的内涵、类型、规制的特征，通过问卷和访谈，分析了我国企业在环境规制下的管理行为。在此基础上，采取层层深化的研究步骤，设计了"环境规制—企业绩效""环境规制—企业资源—企业绩效""环境规制—企业管理—企业绩效"以及"环境规制—市场结构—企业管理—企业绩效"四种模型，并开发和利用相关量表对指标进行测量，在湖北、辽宁、陕西、山西、云南等省开展问卷调查并获得了相关数据，通过统计分析和结构方程建模对所提假设及模型分别进行了验证，识别了环境规制影响企业绩效的过程、关键因素、作用机理等。主要研究结论如下所述：

（1）环境规制对企业绩效影响的研究已成为理论界和实务界关注的热点，现有研究已开始从企业微观层面运用实证方法来探讨环境规制对企业绩效的影响机理，取得了不少有价值的成果。但总体来说，该领域的研究仍处于不断发展阶段。一是研究视角分散，没有形成逻辑严密的统一的研究框架；二是现有研究很少考虑到企业异质性问题。因此，从理论上揭示环境规制影响企业绩效的内在机理，从实证中探明环境规制对企业绩效的影响过程和影响因素，明确企业在规制下的价值创造，既可为国家制定相关政策提供微观理论基础，又可为企业完善管理、提高绩效、获得经济和环保双丰收提供了实际指导。

（2）目前我国已经建立了完整的环保法律法规体系，形成了较为有效的环保运行机制。但政府环境保护不等于环境规制，环境规制是以环保为目标、个人和组织为规制对象、各种有形的法律、规定、协议等为存在形式的一种约束性力量，包含三种规制工具，即命令控制型环境规制、以市场为基础的激励型环境规制和自愿型环境规制，目前我国越来越注重规制主体的协调性，强调多部门的联合行动。但也存在以命令控制为主，市场激励力度不够；规制机构缺乏独立性，对规制者的监督机制不健全；规制过程缺乏公开性、透明性和公众参与性等问题。

（3）我国多数企业尤其是重污染企业应对环境问题仍处于被动的反应阶段，未能实施主动型的环境战略。运用扎根理论的质性研究方法，本书选取了涵盖东、中、西及东北四个区域的 30 家重污染企业为样本，对重污染企业主动型环境战略的驱动因素进行分析，发现竞争优势是企业实施主动型环境战略的内涵驱动力；政府政策和绿色需求是企业实施主动型环境战略的外部情景变量，是主动型环境战略的强制驱动力；企业环保理念和组织资源是企业实施主动型环境战略的内部情景变量，是主动型环境战略的引发驱动力。

（4）通过对 170 份问卷进行分析，本书发现目前企业实施主动型环境战略的主要障碍包括生产工艺改造成本高，设备的维护成本高，缺乏必要的资金、专业知识及技术，环保意识差等内部因素以及政府对企业环境保护的激励力度不够。企业实施环境战略的决策动因则是由于法律法规的约束及要求，企业自身具有环保的意愿，拥有相应的资源、技术和专业能力，追求政策收益等；持续动因则是为了充分享受到国家的环保优惠政策，推动产品创新或技术创新获得绿色竞争优势以及推动行业绿色管理。

（5）以我国火电、钢铁、煤炭等重污染企业为调查对象，探讨其环境行为及其影响因素，研究发现，能够对重污染企业环境行为产生影响的因素分别是环境规制、市场结构、企业管理认知、企业治理结构和企业财务状况这五个方面，而企业存续时间、企业规模以及市场与公众压力这三个影响因素对企业环境行为的影响不明显。

（6）在"环境规制—企业绩效"的模型实证中，将环境规制细化为命令控制型环境规制、市场激励型环境规制和自愿型环境规制，企业绩效依据平衡计分卡理论细化为财务、顾客、内部流程、学习与成长四个方面，设计指标进行量化，通过层次回归的方法实证发现，命令控制型环境规制对企业绩效无显著的影响，市场激励型环境规制和自愿型环境规制对企业绩效均有显著的正向影响，并且自愿型的影响力要强于市场激励型。

（7）在"环境规制—企业资源—企业绩效"模型中，通过实证研究发现，环境规制对企业绩效的影响并不显著；资源在其中发挥重要作用。一般资源和创新资源对环境规制与企业绩效的关系呈现显著的正向影响，而且创新资源的影响程度更高；与非沉淀性冗余资源相比，沉淀性冗余资源正向调节环境规制与企业绩效之间的关系作用更加显著；资源柔性对环境规制与企业绩效的关系呈现显著的正向影响，并且在不同的企业中，资源对环境规制与企业绩效之间关系的调节作用存在差异。

（8）在"环境规制—企业管理—企业绩效"模型实证中，环境规制对管理认知产生显著的正向影响，不同类型的环境规制的影响程度不同。规制越严厉，对管理认知的影响就越大，其中命令控制型规制的影响作用最大。在对积极的环境管理影响方面，市场激励型环境规制、自愿型环境规制对企业积极的环境管理产生显著的正向影响，命令控制型环境规制与积极的环境管理不存在正向影响关系，可见积极的环境管理属于企业的自愿行为，规制的选择性和激励性越大，企业应对的积极性就越高。同时，管理认知与积极的环境管理显著正相关，当企业管理层意识到环境保护是企业长远发展的机遇，他们会加强企业环境方面的管理和投资；积极的环境管理对成本竞争优势和差异化竞争优势均显著正相关，目前更多企业主要是依靠成本领先战略来获得竞争优势的。成本竞争优势和差异化竞争优势对企业绩效均有积极影响，但是环境管理与企业绩效负相关，这表明，企业单纯地加大环保投入、实施环保措施会直接降低企业绩效，环境管理一定要与企业竞争战略结合起来，通过降低产品或服务成本，提高产品或服务质量、树立市场品牌形象，才能获得较高的财务绩效。

（9）通过"环境规制—企业管理—企业绩效"模型，本书提炼出了环境规制影响企业绩效的过程：在决策制定阶段，环境规制对企业绩效的影响，首先是影响管理者的管理感知。管理者在综合考虑环境规制的类型、企业自身的资源能力、组织目标和预期的结果基础上，确定企业的竞争战略（是采取绿色战略或维持战略）。在决策实施阶段，将环境问题纳入绿色竞争战略，积极的管理认知能够促使管理者实施绿色管理，推动企业战略转型、调整企业组织结构、改变企业投资方向来促进企业绿色管理，对企业绩效起正向影响。其中，管理认知、环境管理、成本竞争优势、差异化竞争优势均是环境规制影响企业绩效的关键驱动因素，环境规制的实施，基本是通过这四个关键因素逐步对被规制企业产生影响，最终作用于企业的绩效。

（10）结合前期研究结果，本书利用SCP模型，从环境规制、市场结构、公司治理特性以及管理层认知和管理实践四个层面探讨了企业环境行为的驱动力，构建了环境规制对企业绩效影响的ESCP框架体系，探讨了环境规制影响企业绩效的内在机理，为"环境规制—市场结构—企业管理—企业绩效"模型的提出以及其后的实证研究提供了思路和参考。

（11）在"环境规制—市场结构—企业管理—企业绩效"模型实证研究中，首先探讨在不受环境规制影响下重污染企业所在市场结构、企业行为和企业绩效之间的关系，验证了SCP模型的存在。接着将规制工具引入模型，得出三种环境规制工具均对市场结构和企业行为能够产生显著的正向影响，市场结构对企业环保行为的影响不显著，企业环保行为对企业绩效的影响不显著。究其原因，一方面，可能是由于SCP模型完全是基于市场自发行为的结果，而加入环境规制变量这一政府调控手段后，可能对其原有的影响关系产生影响；另一方面，可能是由于我国目前的环境规制不够完善，对重污染企业的规制力度不够，规制的影响作用并没有沿着S–C–P的方向在各部分之间有效地传导，这导致在环境规制的作用下，重污染企业所在的市场结构、企业行为和企业绩效之间的作用关系不再显著。

二、对策与建议

基于以上研究结论，本书从国家和企业两方面提出相应对策和建议：

从国家层面看，应进一步完善环境规制体系，强化市场激励型环境规制和自愿型环境规制；加强环境保护执法力度，确保政策的有效实施；引导企业遵循环境规制，形成鼓励绿色创新的良好氛围。

(1) 构建多元化的环境规制体系，强化环境规制的激励力度。环境规制体系通常是由针对不同环境问题设计的政策组成的体系。目前我国环境规制政策以命令控制型规制为主、以市场激励型规制和自愿型规制为辅，在这种规制体系下，环境改善效果显著，但对企业经济绩效影响不显著或呈现负向影响，对企业技术创新的激励程度较低，在具体的实施过程中易受到企业的消极对待和抵制。为此我国应逐步改革命令控制型规制方式，适度增加市场激励型规制和自愿型规制方式，实现规制方式的多元化以及各类规制方式之间的相互协调，将企业经济绩效纳入规制的政策效应考虑范畴，借助市场机制和社会机制，引导企业排污行为，激励企业降低排污水平，为企业采用适宜的污染控制技术提供了较强的刺激。

(2) 明确环境保护职责，压缩企业环保谈判空间。法规不严格，企业就有违法的余地，政府就有卸责的心理；而执法不严、有法不依，则会纵容企业寻找环保空隙，地方政府则会包庇违法企业，阻挠环保执法。因此，应进一步明确环境监督部门的法律地位，赋予环保部门更强有力的执法权；将环境治理的绩效纳入地方政绩考核当中，对治污不力的领导者予以严惩。通过向地方政府决策者、环保部门主要负责人问责，增大他们的履职压力，进一步明确官员对环境保护的责任；通过严格执法，提高企业违法成本，倒逼企业遵守环保法规，自觉成为生态文明的践行者。进一步提高重污染行业准入标准，从而提高行业集中度，减少因行业分散而造成的生产过剩、资源浪费以及环境污染等问题。

(3) 引导企业遵循环境规制，形成鼓励绿色创新的良好氛围。进一步提高环境保护、污染防治和生态治理的财政投入，提高财政资金的使用效益，积极帮助企业引入环保技术和管理经验，规范绿色市场，引导企业进行技术创新、产业升级，发展循环经济和低碳经济。进一步引导企业提高环保意识，改变环境管理模式，将传统的末端治理模式逐步转变为源头治理模式，并分别对源头、过程和结果进行监控和管理。同时，采取激励相容的政策措施，指导企业环境管理制度的建设和优化，鼓励企业进行技术创新及加强环境管理。

从企业层面看，企业应主动转变环境管理理念，实施绿色发展战略；提高环境管理认知，加强技术创新；不断培育创新资源，加强环境管理，获取持续竞争优势。

(1) 主动转变环境管理理念，实施绿色发展战略。从实证结果看，环境规制与企业绩效"双赢"的关键点在于政府规制体系的完善和企业环境战略的转型。

考虑到目前生态环境困境,环境规制将日趋严格和规范,在经济社会中的作用不可或缺。企业应顺应时代要求,以积极自愿的态度应对环境规制,树立长期发展思想,主动学习并遵守环境规制,承担相应的社会责任,并将生态环境因素纳入到企业战略决策中,积极构建和实施主动型环境战略,使企业立足绿色市场,应用绿色科技,开发绿色产品,利用环境管理能力来获得竞争优势。

（2）提高环境管理认知,加强技术创新。从本质上看,管理认知能力实质上是一种概念技能,是指综观全局、认清为什么要做某事的能力,也就是洞察企业与环境相互影响之复杂性的能力。只有当企业管理者认识到环境规制的本质以及规制对本企业能够带来的影响,企业才能针对该类规制制定相应的发展战略,环境问题才能从根源上得到解决。因此,企业解决环境问题,首先要解决企业管理者的管理认知问题。只有企业高层管理人员正确理解环境规制,特别是环境规制所带来的环境风险和成本效益意识,才能在环境问题上找到更多商机,才能利用技术创新来提高资源使用效率,降低或减少投入和环境处置成本,充分发挥创新所带来的补偿效应,减少规制对企业的消极影响。

（3）立足自身资源和能力,不断培育创新资源。由于企业自身资源和能力的不同,企业在面对环境规制约束时采用了不同的应对措施。如前所述,有能力接受较高环境保护标准的企业,已把提高环境质量作为提升竞争力的一种重要方式。因此企业自身的资源和能力是企业应对环境规制、制定环境战略的基础。企业应在最大限度地利用政府的相关优惠扶持政策的同时,加强内部资源管理,加大技术、工艺、流程等方面的投入,不断培育创新资源,保持资源柔性,推行清洁生产并持续优化管理模式,提高资源利用率,逐步实现降低生产成本、提高企业绩效的目标,最终提高企业的总体竞争力。

（4）加强企业环境管理水平,提高企业竞争优势。单纯的环境管理无疑会加大企业负担,企业的环境管理活动必须与企业竞争优势相结合,实现生产技术和治污技术的协调发展、同步提升。通过革新技术,使企业的生产运营在达到环境规制要求的同时也能提高企业的生产效率,形成绿色生产的核心能力,实现环境成本内在化和经济活动生态化,获取持续竞争优势,达到经济绩效和环境绩效的"双赢"局面。

三、不足与展望

受益于现有文献的启发，针对中国资源耗竭、环境污染和生态破坏以及环境规制不断强化的现状，本书结合我国重污染企业的实地调研情况，分析了在环境规制下我国企业的管理现状，构建了环境规制影响企业绩效的四种模型，设计了各要素的测量量表，通过数理统计方法验证了相关假设，得到了一些较有意义的结论。然而，囿于所研究问题的复杂性以及项目组的能力局限，仍存在一些不足之处，希望在今后的研究中进一步完善。

（1）本书尝试利用 SCP 模型构建 ESCP 分析框架，拟将环境规制对企业绩效的影响研究融入产业经济学视角，但目前仅做了初步的探索性工作，有些问题尚不深入。例如，ESCP 模型分析拟从短期（结构不变）和长期（结构发生变化）两个角度分析不同的环境规制方式对企业的管理行为以及企业绩效的关系，但囿于数据和能力，本书仅考虑了当前市场结构下的影响，同时对公司治理结构、融资结构等因素的影响未深入研究。希望在后续研究中，进一步完善 ESCP 模型，分情况考虑各种结构对企业管理行为的影响，并进行相应的实证研究，提高模型的科学性和可行性。

（2）在研究设计中，拟考虑企业的异质性问题，以弥补"传统假设"和"波特假设"的同质性假设基础。尽管本书也考虑到了在不同规制下企业管理者会根据自身拥有的资源和能力而拥有不同的"管理感知"，进而采取不同的策略，也结合我国重污染上市公司单独探讨了资源在环境规制对企业绩效的影响过程中的作用，但研究毕竟没有将企业资源、资源管理直接纳入研究体系，影响了研究结论的可信度。

（3）环境规制对企业绩效的影响是动态演化的过程，出于研究的需要，本书简化了管理过程，从中仅抽取几个关键要素，运用结构方程建模分析其作用机理。由于数据的可得性，本书仅采取了截面数据，难以反映环境规制对企业绩效的影响过程。如能结合时间序列回归法，分阶段进行研究和总结，则本书得出的结论会更有说服力。

(4)变量测量和样本范围还需要进一步完善。尽管本书在量表设计上充分借鉴了国内外学者的研究成果,信度和效度较好,但主观评价方法难免会受到评价者的情感和经验的影响,从而可能影响研究结果的准确性。在后续研究中,希望能增加更多的客观题项,使结论更具有可靠性和可重复性。同时在样本范围上,大部分集中在湖北省、陕西省和云南省,有一定局限性;此外,样本数量难以分组进行验证性的模型分析。

在未来的研究方向上,可以从以下几方面进行拓展:①继续完善环境规制对企业绩效的作用机理,关注不同结构(如公司治理结构、融资结构)在环境规制对企业绩效的影响过程中的作用,并引入时间序列进行纵向研究,探究环境规制对企业绩效影响的动态过程。②研究企业资源、资源管理在企业生态创新战略中的作用,明确其作用机理。③进一步探究环境规制影响企业绩效的关键因素,完善相关测度指标,形成更系统更全面的测度指标体系。④进一步紧密结合我国企业实际,深入企业内部,了解企业经营管理状况和现实需求,使研究具有现实基础。

附录1　企业主动型环境战略的驱动因素调研提纲

主动型环境战略的界定：企业自愿、积极地应对环境压力，采取主动型措施管理环境问题，以通过环境战略的实施构建竞争力，在提高经济绩效的同时实现生态可持续发展。包含以下要素：

一是将环境保护的理念纳入企业经营管理活动，从经营管理的各个环节控制资源和减少污染。

二是超越政府环境规制，进一步采取自愿性环境行为。

三是以实现经济与生态可持续发展为目的。

访谈提纲：

（1）贵公司目前的环境战略是什么？

（2）当前在环境管理方面遇到的主要问题是什么？

（3）企业目前的环境战略给企业带来的绩效情况？（如环境、社会、经济等绩效，包括对企业内部营运情况的改变等。）

（4）贵公司进行环境战略选择时的主要目的？动机？缘由？（例如国际环境、法律法规、市场需求、供应商需求、税务、竞争压力、公众及社会团体压力、降低成本、创新需求、改善企业形象、企业绿色理念、企业资源、技术、管理水平、领导者的意愿等。）

（5）企业进行主动型环境战略考虑的主要外部因素是什么？

（6）企业进行主动型环境战略考虑的主要内部因素是什么？

（7）企业为顺应规制采取了哪些措施？

附录2　企业实施主动型环境战略的动因与阻力研究调查问卷

问卷编号：
尊敬的先生/女士：

　　您好！希望您抽出宝贵的几分钟时间来阅读和回答本调查问卷。这是昆明理工大学管理与经济学院用于学术研究的问卷，目的在于探究**企业实施主动型环境战略的动因与阻力**。主动型环境战略是指企业为减弱对自然环境的负面影响，积极应对、主动管理环境问题而形成的企业战略。请您根据企业的实际情况填写问卷，您的答案对本次研究非常重要。衷心感谢您的支持和合作！谢谢！

　　本问卷无须署名，您填写的所有信息仅限于本课题学术研究范畴，不涉及其他目的，我们保证您所填的信息将完全保密。

第一部分：基本情况

1. 公司详细名称（仅用于统计企业数量）
2. 公司成立时间（请在对应选项上打"√"或标为黄色）

   A. 0~3 年　　　B. 3~5 年　　　C. 5~10 年　　　D. 10~20 年
   E. 20~50 年　　F. 50 年以上

3. 贵公司属于以下哪个行业？（请在对应选项上打"√"或标为黄色）

   A. 火电　　　B. 钢铁　　　C. 水泥　　　D. 电解铝
   E. 煤炭　　　F. 冶金　　　G. 化工　　　H. 石化
   I. 造纸　　　J. 酿造　　　K. 制药　　　L. 发酵
   M. 纺织　　　N. 制革　　　O. 采矿　　　P. 建材

4. 企业所有制类型：（请在对应选项上打"√"或标为黄色）

   A. 国有企业　　B. 集体企业　　C. 私营企业　　D. 个体经营

E. 有限责任公司　　F. 股份合作制　　　G. 企业股份有限公司　　H. 其他

5. 企业近三年的年均销售额：（请在对应选项上打"√"或标为黄色）

A. 100 万元以下　　　　　　　　　B. 100 万~500 万元

C. 500 万~1000 万元　　　　　　　D. 1000 万~5000 万元

E. 5000 万~1 亿元　　　　　　　　F. 1 亿~10 亿元　　　　　　G. 10 亿元以上

6. 您在企业中的职位是：（请在对应选项上打"√"或标为黄色）

A. 一般职员　　　　　　　　　　　B. 部门或单位领导

第二部分：量表填写

一、你认为企业实施主动型环境战略需要克服的最大阻力是什么？（以下选项最多选择四个，并在相应的数字上打"√"或标为黄色）

1. 环保政策的设计和制定不够合理

2. 环保相关的法律法规监管或执行不严，违法成本低

3. 政府对企业环境保护的激励力度不够

4. 没有足够的时间主动管理环境问题

5. 没有足够的人力资源主动管理环境问题

6. 没有足够的资金主动管理环境问题

7. 没有及时获取或积累足够的环保相关的信息

8. 缺少向标杆企业学习的机会

9. 缺乏相关专业知识及技术

10. 很难找到可替代的环保材料或成分（或其成本过高）

11. 生产工艺的改造成本高

12. 环保设备维护成本高

13. 很难找到可替代的生产程序（或其不成熟）

14. 具体管理过程中缺乏相关有效的工具或方法（如缺乏环保业绩的评价体系等）

15. 管理层环保意识差

16. 员工环保意识差

17. 公众绿色消费意识差

18. 主要合作供应商缺乏合作环保意愿

19. 环境改进后的绿色产品或服务不被客户认可

20. 改善环保业绩后并未获得显著的绿色声誉

21. 经济收益（尤其是短期收益）不明显

22. 不知道

23. 其他原因（请列出）：＿＿＿＿＿＿＿＿

二、你认为推动企业做出主动型环境战略决策的主要动因是什么？（以下选项最多选择三个，并在相应的数字上打"√"或标为黄色）

1. 法律法规的约束及要求（避免处罚成本）

2. 追求政策收益（如环保优惠政策、政府扶植、绿色信贷等）

3. 股东的环保压力

4. 管理层自发的环保意愿

5. 员工个人绿色价值观推进

6. 具备技术优势或创新能力优势

7. 具备时间、人力、资金等资源

8. 公众绿色消费意识增强

9. 客户的绿色消费需求加大

10. 供应链厂商的环境保护要求增多

11. 改善企业形象需要（避免较高的负面成本）

12. 追求成本优势

13. 追求形象优势和品牌优势（即绿色声誉）

14. 重构行业竞争规则

15. 不知道

16. 其他原因（请列出）：＿＿＿＿＿＿＿＿

三、你认为企业在实施主动型环境战略过程中，激励其持续实施并不断改进的主要动因是什么？（以下选项最多选择三个，并在相应的数字上打"√"或标为黄色）

1. 充分享受到国家各方面的环保优惠政策

2. 来自个人意愿的绿色价值观不断推进

3. 基于公司文化的绿色价值观已经形成

4. 增强员工满意度

5. 营销部门的要求

6. 消费者绿色需求

7. 主要合作供应商的要求

8. 推动了产品创新或技术能力创新

9. 可持续产品或服务提供了竞争优势

10. 形象优势或品牌优势带来新的经济增长点

11. 希望占据绿色供应链的主导地位

12. 希望处于未来法律要求的前沿,推动行业绿色管理

13. 其他重要的动力

再次感谢贵企业和您对项目的帮助。

课题组

2014 年 4 月

附录3　环境规制对企业绩效影响的关键因素调查问卷

问卷编号：

尊敬的先生/女士：

　　您好！希望您抽出宝贵的几分钟时间来阅读和回答本调查问卷。这是昆明理工大学管理与经济学院用于学术研究的问卷，目的在于探究**环境规制的实施对企业绩效影响的相关影响因素及其机理研究**。请您根据企业的实际情况填写问卷，您的答案对本次研究非常重要。**衷心感谢您的支持和合作！谢谢！**

　　本问卷无须署名，您填写的所有信息仅限于本课题学术研究范畴，不涉及其他目的，我们保证您所填的信息将完全保密。

第一部分：基本情况

1. 公司详细名称：
2. 公司成立时间：

　　A. 0~3 年　　B. 3~5 年　　C. 5~10 年　　D. 10~20 年

　　E. 20~50 年　　F. 50~100 年

3. 贵公司属于以下哪个行业？

　　A. 火电　　B. 钢铁　　C. 水泥　　D. 电解铝

　　E. 煤炭　　F. 冶金　　G. 化工　　H. 石化

　　I. 造纸　　G. 酿造　　K. 制药　　L. 发酵

　　M. 纺织　　N. 制革　　O. 采矿　　P. 建材

4. 企业所有制类型：

　　A. 国有企业　　B. 集体企业　　C. 私营企业　　D. 个体经营

　　E. 有限责任公司　　F. 股份合作制企业　　G. 股份有限公司　　H. 其他

5. 企业近三年的年均销售额：

A. 100 万元以下　　　　　B. 100 万~500 万元

C. 500 万~1000 万元　　　D.1000 万~5000 万元

E. 5000 万~1 亿元　　　　F. 1 亿~10 亿元　　　　G. 10 亿元以上

6. 您在企业中的职位是：

A. 一般职员　　　　　　　B. 部门或单位领导

第二部分：量表填写（单选）

填表说明：请您根据贵单位实际情况或您的真实感受来回答下列问题，每题请选择唯一的感受（请不要根据自己的期望回答），并在相应的数字选项上打"√"即可，其中"1"代表"非常不同意"，"2"代表"较不同意"，"3"代表"不同意"，"4"代表"不确定"，"5"代表"同意"，"6"代表"较同意"，"7"代表"非常同意"。

因素	问卷选项	非常不同意	较不同意	不同意	不确定	同意	较同意	非常同意
命令控制型环境规制	1. 近三年国家环保政策标准越来越严格。	1	2	3	4	5	6	7
	2. 近三年，环境监督部门对本企业施加的压力越来越大。	1	2	3	4	5	6	7
	3. 国家对企业的新产品和新技术建立了更为严格的标准。	1	2	3	4	5	6	7
	4. 严格的排污、减污标准，对企业竞争力产生了消极的影响，因为它增加了本企业的成本。	1	2	3	4	5	6	7
	5. 违反规制标准，企业将会受到更加严厉的惩罚。	1	2	3	4	5	6	7
市场激励型环境规制	6. 多种环保政策的实施，使企业在一定程度上获得选择和采取行动的自由。	1	2	3	4	5	6	7
	7. 政府对企业进行环境污染治理的激励力度加大。	1	2	3	4	5	6	7
	8. 近三年，企业在进行环境治理时，获得了政府补贴或税收优惠等福利。	1	2	3	4	5	6	7
	9. 企业要缴纳一定的排污保证金。	1	2	3	4	5	6	7
	10. 近三年，绿色信贷对本企业的影响越来越明显。	1	2	3	4	5	6	7

续表

因素	问卷选项	非常不同意————→非常同意						
		非常不同意	较不同意	不同意	不确定	同意	较同意	非常同意
自愿型环境规制	11. 本企业自愿采用清洁生产技术，遵循行业环境标准。	1	2	3	4	5	6	7
	12. 本企业的环境管理标准已经通过了ISO 14000认证。	1	2	3	4	5	6	7
	13. 近三年，本企业能够及时、准确的对外发布环境信息。	1	2	3	4	5	6	7
	14. 我们企业定期举行环境论证会、听证会或采取其他形式，征求有关单位、专家和公众对环境影响评价报告书的意见。	1	2	3	4	5	6	7
社会环保意识	15. 近三年，公众的环境保护意识非常强烈。	1	2	3	4	5	6	7
	16. 顾客在购物时非常注重产品是否是绿色产品。	1	2	3	4	5	6	7
	17. 本企业的上下游企业及竞争企业非常重视环境保护，并且倾向于绿色产品。	1	2	3	4	5	6	7
	18. 投资者倾向于将资金投入环境信息披露充分的企业。	1	2	3	4	5	6	7
	19. 媒体非常关注企业环境保护，对企业不良环保行为会曝光。	1	2	3	4	5	6	7
管理认知	20. 环保是一项企业应尽的社会责任。	1	2	3	4	5	6	7
	21. 环保对企业而言是一个机遇。	1	2	3	4	5	6	7
	22. 环保可以提高企业的公众形象，进而有利于企业发展。	1	2	3	4	5	6	7
	23. 环保虽然提高企业成本，但不会阻碍企业发展壮大。	1	2	3	4	5	6	7
环境管理	24. 制定发展战略时，企业将环境问题作为重点考虑因素。	1	2	3	4	5	6	7
	25. 企业会定期向员工传达环保政策和企业的环保策略。	1	2	3	4	5	6	7
	26. 企业会调整组织结构以促进环境保护。	1	2	3	4	5	6	7
	27. 企业会定期考察供应商的环保记录。	1	2	3	4	5	6	7
	28. 企业会定期修订环保管理办法，公布详细的环境报告。	1	2	3	4	5	6	7

附录 3　环境规制对企业绩效影响的关键因素调查问卷

续表

因素	问卷选项	非常不同意	较不同意	不同意	不确定	同意	较同意	非常同意
环保投资	29. 企业投资于治污设备和治污技术方面的资金持续增加。	1	2	3	4	5	6	7
	30. 近三年企业环保方面的运营费用（包括监控、审计、缴纳规费、罚款等）明显增加。	1	2	3	4	5	6	7
	31. 为减少环保政策对企业的不利影响，近三年企业加大了横纵向并购。	1	2	3	4	5	6	7
	32. 本企业不断增加环保产品的研发投资。	1	2	3	4	5	6	7
环保行为	33. 企业优先使用环保性原材料。	1	2	3	4	5	6	7
	34. 选择环保技术或替代生产技术。	1	2	3	4	5	6	7
	35. 企业倾向于消耗可再生能源或降低能源消耗。	1	2	3	4	5	6	7
	36. 支持产品回收利用。	1	2	3	4	5	6	7
	37. 使用简单（或可重复使用）的包装。	1	2	3	4	5	6	7
治理结构（仅股份有限公司填写）	38. 本企业股权高度集中。	1	2	3	4	5	6	7
	39. 本企业第一大股东持股比例相对于2~5大股东持股比例的优势不明显。	1	2	3	4	5	6	7
	40. 相对于同行业企业，本企业董事会规模较大。	1	2	3	4	5	6	7
	41. 相对于同行业企业，本企业独立董事人数较多。	1	2	3	4	5	6	7
	42. 本企业管理层持股比例高于同行业其他企业。	1	2	3	4	5	6	7
市场结构	43. 企业所在行业存在着明显的行业集中现象。	1	2	3	4	5	6	7
	44. 企业所在行业的进入壁垒提高。	1	2	3	4	5	6	7
	45. 企业所在行业的产品存在着明显差异。	1	2	3	4	5	6	7
	46. 环境政策改变了行业内的资源配置状况。	1	2	3	4	5	6	7
成本竞争优势	47. 通过生产更加环保的绿色产品，降低企业的安全成本。	1	2	3	4	5	6	7
	48. 积极主动地采取环保技术和设备，降低服从规制的成本（如污染罚款和赔偿等）。	1	2	3	4	5	6	7

续表

因素		问卷选项	非常不同意	较不同意	不同意	不确定	同意	较同意	非常同意
	成本竞争优势	49. 通过改进技术及生产设备，降低了相关生产成本。	1	2	3	4	5	6	7
		50. 近三年，本企业的顾客群体明显扩大。	1	2	3	4	5	6	7
	差异化竞争优势	51. 在同行业企业中，本企业能够提供差异化的产品或服务。	1	2	3	4	5	6	7
		52. 本企业产品的功能或品质比同行业企业占据市场优势。	1	2	3	4	5	6	7
		53. 近三年，企业形成了个性鲜明的品牌形象。	1	2	3	4	5	6	7
		54. 近三年，企业在社会上获得了更大的信誉。	1	2	3	4	5	6	7
企业绩效指标	财务	55. 近三年，企业的销售收入已经明显超过主要竞争对手。	1	2	3	4	5	6	7
		56. 近三年，企业总资产周转率明显提高。	1	2	3	4	5	6	7
		57. 近三年，与同行业企业相比，本企业保持较好的流动性。	1	2	3	4	5	6	7
		58. 近三年，企业的净资产收益率明显提高。	1	2	3	4	5	6	7
	顾客	59. 近三年，我们企业的市场份额明显提高。	1	2	3	4	5	6	7
		60. 近三年，我们企业明显快速地占领了新市场。	1	2	3	4	5	6	7
		61. 近三年，企业顾客的忠诚度较往年明显提升。	1	2	3	4	5	6	7
		62. 近三年，本企业顾客的满意度明显提高。	1	2	3	4	5	6	7
	内部流程	63. 近三年，本企业在研发支出上明显加大了投入。	1	2	3	4	5	6	7
		64. 近三年，本企业比主要竞争对手更快地推出了新产品/服务。	1	2	3	4	5	6	7
		65. 企业部门组织间的管理沟通非常流畅。	1	2	3	4	5	6	7
		66. 近三年，本企业处理客户订单的效率明显提高。	1	2	3	4	5	6	7
		67. 近三年，本企业产品的退货率明显降低。	1	2	3	4	5	6	7
		68. 近三年，本企业加大了售后产品人力和物力上的投入。	1	2	3	4	5	6	7

附录3 环境规制对企业绩效影响的关键因素调查问卷

续表

因素		问卷选项	非常不同意	较不同意	不同意	不确定	同意	较同意	非常同意
企业绩效指标	学习与成长	69. 近三年，企业对员工进行业务培训次数明显增加。	1	2	3	4	5	6	7
		70. 近三年，企业员工的工作效率明显高于竞争对手企业员工。	1	2	3	4	5	6	7
		71. 近三年，本企业员工的忠诚度明显提高，离职率降低。	1	2	3	4	5	6	7
		72. 员工在工作中提出建议的数量明显提高。	1	2	3	4	5	6	7
		73. 员工建议采纳后企业效益得到提高。	1	2	3	4	5	6	7
		74. 员工建议采纳后获得了较好的奖励。	1	2	3	4	5	6	7

补充：

环境规制强度	环境监督检查部门对企业的检查频次（次/年）	2次以下	2~4次	4~6次	6~8次	8~10次	10~12次	12次以上
		1	2	3	4	5	6	7

再次感谢您对项目的帮助。

课题组

2014年7月

附录4　专题研究

环境规制下企业环境战略转型的过程机制研究
——基于动态能力视角*

胡元林　杨雁坤

生态环境的不断恶化和公众环保意识的逐步提高，使环境规制作为约束企业行为的外部力量，其作用得到日益强化。尽管大多数企业已经意识到绿色化的重要性，但逐利本性使其环境行为仍处于消极应对的阶段，未使环境绩效得到有效改善。Porter 和 Linde（1995）提出：在环境规制约束下，企业环境管理行为能够使其获得"创新优势"和"先动优势"，进而提高企业绩效，但其基本前提是企业必须积极进行环境管理和创新。Aragon-Correa 和 Sharma（2003）也提出企业应该采用主动型环境战略来确保竞争优势的可持续性，即只有企业采取主动型环境战略才有可能带来相应的经济效益或提高其竞争力（胡美琴，2008；马中东、陈莹，2010）。可见，主动型环境战略的实施才是企业持续发展的基础，促进企业环境战略进行转型是获得环境保护和企业绩效"双赢"的关键。当前关于企业环境战略的研究主要集中在采取积极环境战略的驱动力、执行积极环境战略对企业绩效和竞争优势的影响等方面（杨德锋、杨建华，2009），对于企业环境战略从被动型向主动型升级的过程、促进机制需要进行更为深入的探究。

"波特假说"是基于动态分析的框架提出的，即恰当设计的环境规制激发了

---

* 本文发表于《科技管理研究》2015 年第 3 期。有改动。

企业的创新活动，提高了企业的创新能力从而获得了竞争优势。随着环境规制主体、规制手段以及规制强度的变化，企业现存的知识和能力会因为"路径依赖"等原因趋于过时，企业的核心能力会呈现"刚性"，优势也会逐渐消失。动态能力作为改变能力的能力，通过不断调整、深化、重构企业能力，能使企业动态地适应规制的变化，对于促进企业环境战略的转型和获取持续优势显得尤为重要。

本文从动态能力视角出发，通过探讨环境规制下企业环境战略转型的过程，揭示环境规制、企业动态能力影响企业环境战略转型的机理，为企业环境战略的制定提供理论依据，为相关政策的制定提供可能的思路。

一、相关概念界定

1. 环境规制及其特征

环境规制是以环境保护为目的、个体或组织为对象、有形制度或无形意识为存在形式的一种约束性力量，包括显性规制和隐性规制，显性环境规制又分为命令控制型环境规制、以市场为基础的激励型环境规制和自愿型环境规制；隐性环境规制指内在于个体的、无形的环保思想、环保观念、环保意识、环保态度和环保认知等（赵玉民等，2009）。

20世纪70年代以前，规制主要来源于政府和社会。社会公众感受到生态环境的压力，通过向政府施压，政府通过强制性的行政管制以及环境保护宣传等方式来约束企业行为，规制的主要形态是隐性环境规制和命令控制型环境规制，规制方式比较单一。到了20世纪七八十年代，在市场经济的推行下，为了克服命令控制型环境规制高成本、低效率、低激励的弊端，以市场为基础的激励型环境规制产生了，并成为命令控制型环境规制的有效补充。同时，公众的环保意识提高以及顾客对产品或服务的环境要求也在逐步加强，隐性环境规制的强度也有了明显增加。20世纪90年代以来，人们探索创新出了信息披露、参与机制、环境标志等自愿型环境规制，环境教育的普及和环保工作的有力实施也使社会公众的环保意识水平进一步提高，有更多的利益相关者借助自己的环保需求以及消费选择的力量来规制企业的环境行为，并且基于较强的环保意识逐步建立起来的环保非政府组织（Environmental Non-Government Organizations，ENGO）也使企业面临更大的规制压力。可见，随着环境形势的日益严峻，环境规制的内涵也随之逐步演化以满足实践的需要。

从环境规制的演进史可以发现：环境规制主体由起初的立法行政部门逐步扩展到政府部门、企业、行业协会、社区或其他主体等构成的复杂群体，规制手段也发展成为法律、法规，办法、协议和无形的环保意识、环保态度等相辅相成的综合体。目前由于环境污染的多因性、跨界性、时滞性、复杂性、破坏性，进一步让人们认识到，解决环境问题，需要多方共同努力，并结合我国的具体国情，不断探索新的规制工具，加大规制的约束强度。今后环境规制将呈现出规制主体多元化、规制手段综合化以及规制强度加大化等特征。

2. 企业动态能力及其维度

动态能力是在动态环境下产生的，企业整合、建立和重构内外部能力以适应快速变化环境的能力，由感知机会与威胁及创造机会的能力、抓住机会的能力、管理威胁及重构的能力组成（Teece et al., 1997）。之后，学者们对动态能力的具体内涵从不同的维度进行了划分。Wang 和 Ahmed（2007）认为，适应能力、吸收能力和创新能力三个方面的抽象能力构成了企业的动态能力。侯嘉政（2008）在研究已有文献的基础上提取动态能力包括市场导向之感应能力、组织学习之吸收能力、社会网络之关系能力、沟通协调之整合能力四方面；吴雷宇（2010）提出从整合能力、学习能力、重构能力三个维度研究动态能力；邓少军等（2011）则认为，战略转型背景下动态能力由环境洞察能力、学习吸收能力、转型更新能力和整合重构能力构成；刘刚（2013）从感知能力、学习能力、协调整合能力、创新变革能力四个维度定义了动态能力。

借鉴以上研究成果，结合环境规制下企业的具体实践，本文将企业动态能力划分为环境感知能力、学习吸收能力、创新转型能力和协调整合能力四方面，能够系统、全面地表征环境规制背景下的企业能力。其中，环境感知能力是指企业对环境规制变化的敏感程度，具体表现为企业准确及时地感知以及识别规制带来的机会和威胁的能力；学习吸收能力是指企业对知识进行更新和消化，以产生新知识的能力；创新变革能力是指技术以及组织惯例的创新和变革，从而使企业获得持续的竞争力；协调整合能力是指协调与各利益相关者之间的关系，对资源和能力进行整合和重组，并将其转化为价值的能力。

3. 企业环境战略及其转型

环境战略是企业旨在减弱对自然环境的负面影响，围绕自然环境问题而形成的企业战略（杨德锋、杨建华，2009）。Sharma（2000）则将环境战略定义为"企业管理商业与自然环境界面的模式，是企业为减弱对环境的负面影响而遵守环境规制以及自愿采取应对措施而产生的一系列行动结果"。本文中的环境战略是指企业在综合考虑外部环境和内部条件的基础上，为应对和管理环境问题采取的行为导向模式，是联系企业环境压力和行为的关键节点。

国内外学者从不同角度对环境战略进行了分类，其中具有代表性的有 Sharma 和 Vredenburg（1999）提出的反应型环境战略和前瞻型环境战略，之后经 Henriques 和 Sadoraky（1999）的拓展，环境战略被分为反应型战略、防御型战略、适应型战略和前瞻型战略。Hart（1995）认为企业依次经历末端治理、污染预防、产品监控和可持续发展的不同环境战略阶段，且各阶段在资源和能力积累以及演化的前提下能够实现层次从低到高的发展。从企业环境管理的角度来看，一部分企业迫于规制压力采取消极回避、被动反应的行为模式，另外一部分企业则是积极应对、主动管理以通过环境战略提高经济绩效或构建竞争力。本文依据企业行为的主导模式将环境战略分为主动型环境战略和被动型环境战略。

环境战略转型作为企业战略变革的重要部分，是指环境战略从较低层次向较高层次的发展，即从被动型环境战略向主动型环境战略的转型。企业环境行为是在内外部因素影响下的一个动态变化的过程，其环境战略也相应在连续发生着演化，并最终实现从被动反应向主动管理的发展。在环境规制发展变化的背景下，原有的战略体系与新环境不相适应，并且不适应的程度逐渐加剧，这就需要企业彻底打破旧的环境战略主导模式，即被动型环境战略模式，继而进行大幅度的突破创新，形成新的环境战略逻辑与框架，即主动型环境战略模式，并最终通过有效执行增加经济效益或提高竞争力。

二、企业环境战略转型的过程机制研究

1. 环境规制诱发企业实施环境战略转型

企业战略将外部环境分析视为战略决策过程的重要一环，而环境规制本身也与环境战略密切相关。环境规制作为外部驱动力影响着企业的环境行为，而战略作为适应外部环境的行为导向模式，其选择必然在一定程度上依附于环境规制。可见，环境规制的主体、手段以及强度的变化是企业环境战略转型的主要外部诱因。

Steadman（1995）等认为企业实施绿色战略是为了努力满足利益相关者的期望。利益相关者施加的压力越大，企业越倾向于采取积极的环境管理（Murillo-Luna，Gares-Ayerbe and Rivera-Torres，2008）。随着环保意识的提高，顾客、股东、社区等利益相关者会越来越关注企业的环境管理，相应有越来越多的企业为满足利益相关者的需要实施主动型绿色战略。同时，政策优惠、政府扶持以及自愿参与机制等会让企业得到"额外"的收益，从而调动了企业实施主动绿色管理的主观愿望。另外，规制强度的加大迫使企业进行环境战略转型。Winter 和 May（2001）提出，企业为获取更大的管制弹性、避免将来面对更为严格的管制措施，会选择主动型绿色战略。Clemens 和 Douglas（2006）认为，外部制度压力如规则或法律是企业采取自愿的绿色行为的重要驱动力；同时，环境规制的强度变化会对环境战略转型的必要性和迫切性产生影响。当规制环境出现重大变化，企业认识到现有的环境战略的方向或线路与其不相适应，为避免规制对企业的生存和发展造成威胁，企业需要立即对其战略做出重大调整。

2. 环境规制促进企业更新提升动态能力

环境规制的变化同时对企业动态能力的形成和发展起着催化作用。因为环境规制的变化使外部环境和企业现有能力不相匹配，这时，企业的动态能力会调整、整合和重构企业内外部能力以适应快速变化的规制环境。

随着环境规制整体约束力的不断加大，首先要求企业能够准确及时地感知到规制的变动，如公众环保意识的增强使绿色消费行为得到推广，这就要求企业不

断提高感知能力，使其对环境变化保持足够的敏感性。在感知到变化所带来的机会或威胁后，企业需要通过外部学习和内部吸收融合来获取绿色产品或服务的相关知识，构建绿色生产流程能力等以适应环境的变化，这个过程的实现会使企业的学习吸收能力相应得到发展和深化。在学习现有知识和能力的基础上，企业结合自身积极进行创新转型，形成绿色生产方法、绿色商业模式，生产和提供绿色产品或服务等，才能够真正将规制变化转化为竞争优势的来源。最后，企业必须把资源和能力进行整合，降低企业成本或实现产品差异化，并且协调与各利益相关者的关系，建立广泛和牢固的绿色战略联盟，获得绿色声誉并创造商业价值。这个环节的成败关键在于企业的协调整合能力。从以上分析可见，环境规制对企业动态能力的促进作用，是通过企业从认知、反应到行动的层层传导，逐步实现动态能力的进化和提升。

在环境规制促进动态能力进化的过程中，组织学习发挥着重要的中介作用。Teece 等（1997）认为动态能力的形成和维持主要依靠组织学习的积累。Prieto 和 Easterby-Smith（2006）认为企业应合理利用组织学习来创造、运用新信息和新知识，提升动态能力。企业面对规制压力的增加，开始收集、处理、吸收以及转换与规制变化有关的信息，这与组织学习的内涵相吻合，并且在组织学习过程中，善于学习和向创新的个体获取新的知识，通过组织内部的知识传播机制转化为组织共有的知识，并最终成为提高动态能力的支持力量。组织学习作为一种组织能力，是企业经营理念、组织文化与竞争环境等长期融合作用的结果，具有较强的路径依赖性，所以对于不同的企业，组织学习能力的高低会影响规制提升动态能力的效率和程度。重视组织学习的企业往往具有很强学习力的"精英"，他们会引导企业进行组织学习，增强动态能力，继而对企业资源、能力、结构等方面实施适时变革等活动。可见，组织学习架起了过去动态能力与将来动态能力之间的桥梁，实现了动态背景下外部规制环境与内部动态能力的匹配。

3. 企业动态能力推进环境战略的转型

企业动态能力的形成，为企业环境战略的转型提供了坚实的基础，成为获取持续竞争优势的来源。在企业从被动型环境战略向主动型环境战略的转型中，动态能力对企业环境战略转型的影响主要表现在以下三方面：一是对转型时机的及时准确把握，二是转型战略支撑体系的构建，三是具体转型路径的形成。

（1）动态能力影响企业环境战略转型时机的及时、准确把握。只有企业具备较强的环境感知能力,才能够及时识别变化中的机会或威胁,从而及时准确地把握战略转型的时机。在一定程度上,战略的转型源于对规制变化的感知,如 Buysse 和 Verbeke(2003)、Murillo-Luna(2008)、Sharma 和 Henriques(2005)的研究表明,管理者所感知到的利益相关者压力影响企业的环境战略选择(杨德锋、杨建华,2010)。Sharma、Pablo 和 Vredenburg(1999)认为企业对环境反应得越早,越有可能把环境问题理解成机会。可见,主动型环境战略的时机选择是否恰当有赖于企业的环境感知能力的高低。例如,近期涌现出大量活跃的环保组织,环境感知能力较强的企业能够迅速感知到这一特殊利益团体的环保诉求和期望,及时明确开展战略应对的时机。

(2)动态能力促进企业环境战略转型支撑体系的构建。企业环境战略转型是企业以认知为基础做出战略反应并进而重建战略的过程,这个过程必然要求有相应的能力予以支撑。动态能力的提升和更新过程则为支撑体系的构建过程。借助于学习吸收能力来获取新的信息和知识,通过创新变革能力的提升推动运营流程或经营管理的变革,来获取绿色竞争优势,并建立绿色战略联盟,依托协调整合能力对现有以及新获取的资源和能力进行有效整合以巩固转型后的发展。动态能力为整个过程提供了支撑,其中,学习吸收能力是基础,创新变革能力和协调整合能力是关键。"街头滑板"平民电动汽车作为环保新兴产业成功的案例很好地支持了这一观点。创立者德国人凯普克首先通过调查了解消费者对电动汽车的具体需求,并不断关注电动汽车革命者特斯拉的前沿技术,在持续的学习和吸收过程中将市场定位于针对城市短途交通的"平民电动汽车"。之后,为降低电动汽车的制造成本,凯普克创新变革了传统汽车的生产组织模式,实现了零部件供应商、整车厂商以及汽车经销商整个供应链体系的扁平化和一体化。最后,凯普克通过成立实验中心来负责这些扁平化、分散化的组织之间的协调沟通,以实现从模块到整车的整合。

(3)动态能力决定企业环境战略转型具体路径的形成。企业进行环境战略转型通常涉及转型路径的选择、调整、改进甚至重塑,动态能力则是具体转型路径形成的决定性要素。Aragon-Correa 和 Sharma(2003)从动态能力的角度认为,主动型环境战略依赖于具体的、可辨识的运作过程,包括复杂的持续创新、利益相关者管理和组织学习等内容。动态能力作为企业竞争优势的来源,其培育过程就是竞争优势的获取过程,而成本优势和差异化是竞争力形成依赖的主要路径,因此动态能力决定企业环境战略转型采取成本优势或差异化策略。企业基于感知到的环境规制的机会或威胁，学习和吸收新的知识，转变心智模式和战略理念，进而调整商业运作模式。创新变革能力较强的企业比较容易通过环境技术创新使科研投入充分转化为效率的提高和成本的降低，即企业动态能力发展遵循"环境感知能力—学习吸收能力—创新变革能力—协调整合能力"的轨迹，主要采用成本优势策略来实现环境战略的成功转型；协调整合能力较强的企业能够与各利益相关者建立有效的绿色战略联盟，及时捕捉不同利益团体的不同诉求，使产品和服务的环境性能得到市场的认可，从而实现"绿色"的差异化优势，即借助动态能力"环境感知能力—学习吸收能力—协调整合能力—创新变革能力"的演化实现环境战略的转型。

基于上述认识，我们构建了企业动态能力影响环境战略转型的关系模型（见图 1）。

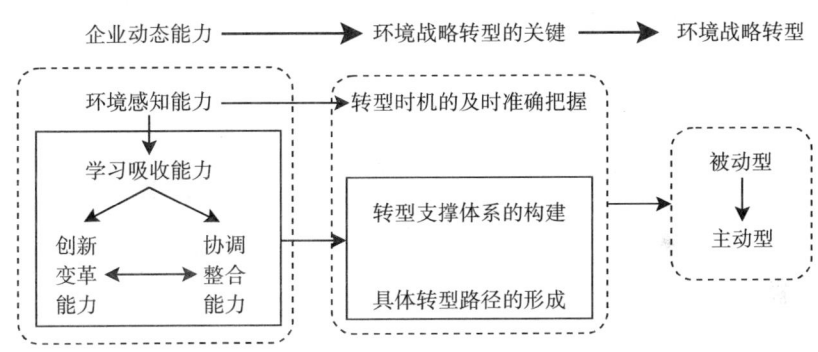

图 1　企业动态能力与环境战略转型关系模型

综上所述，动态能力实质上是通过影响对转型时机的及时准确把握，促进适应转型战略的支持体系的构建以及决定具体转型路径的形成等机制来系统支撑环境战略的转型。在推进企业环境战略转型时，环境感知能力是企业及时准确把握转型时机的关键，学习吸收能力是企业构建转型支撑体系和形成具体转型路径的基础，创新变革能力和协调整合能力是企业转型支撑体系的核心构成以及具体转型路径形成的决定性要素。

4. 企业环境战略转型的过程机制

企业应综合考虑外部环境和内部条件来确定环境战略转型。企业动态能力适应外部规制变化的过程实际上就是环境战略转型中内、外影响因子的互动和耦合过程，外部环境规制的发展和内部动态能力的演进共同促成了企业由被动型环境战略向主动型环境战略的转型。战略的形成实质是寻求外部环境与企业内部资源与能力匹配的最佳方案。借助于环境感知能力，企业通过环境扫描与分析能够把握总体规制发展趋势、竞争格局以及利益相关者需求的动态变化，及时感知外部环境中的机会与威胁，把握转型的恰当时机。同时，依托学习吸收能力的提高对自身资源与能力进行准确评估，不断追求与动态环境相匹配的动态能力来支持环境战略的转型，最终通过找到创新缺口确定战略转型的正确路径，协调整合相关资源和能力成功实现环境战略的转型。在这个过程中，环境规制的变化是环境战略转型的前因，而动态能力的改进提高了战略转型的可能性、效率以及成功率，作为内部驱动力引导了环境战略的转型。

基于以上分析，外部环境规制的发展促使企业通过组织学习提高企业内部的动态能力，同时其作为环境战略转型的直接外因，与动态能力的提升这一内因互动演进，共同作用于环境战略的选择过程，最终实现环境战略的转型。具体的企业环境战略转型的过程机制如下（见图2）。

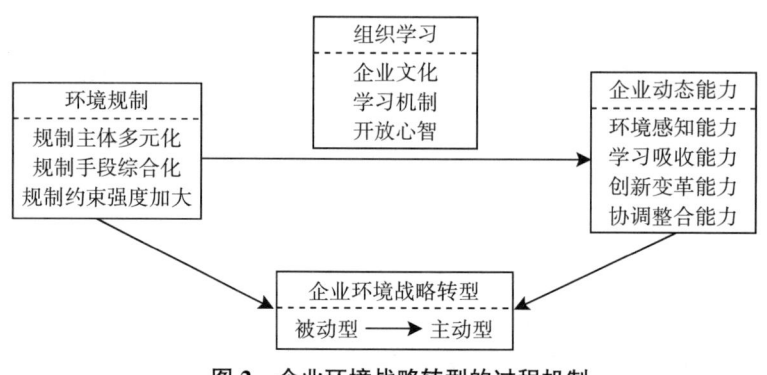

图 2　企业环境战略转型的过程机制

三、结论与启示

本文基于动态能力理论，分析研究了环境规制、企业动态能力以及企业环境战略转型三者之间的相互作用，构建出环境规制下企业环境战略转型的过程机制，并在此机制中凸显了企业动态能力作为内部驱动力的关键作用。本文认为：

(1) 环境规制的变化对环境战略的转型有直接和间接的外部驱动作用，环境战略作为企业适应内外部规制环境的行为导向模式的选择，必然受到外部不断变化的环境规制的直接影响。同时，逐步强化的环境规制会通过组织学习的传导作用，推动企业动态能力的进化，为企业环境战略实现转型提供内部原动力。

(2) 在环境规制的不断强化过程中，企业动态能力成为实现环境战略转型的重要作用力。企业动态能力，包括环境感知能力、学习吸收能力、创新变革能力和协调整合能力，通过影响环境战略转型的关键环节（即转型时机的及时准确把握，转型支撑体系的构建和具体转型路径的形成），有效地推进环境战略的转型。

本文分析了企业环境战略转型的过程机制，揭示了企业环境战略在内外因素共同作用下的演变路径，为环境规制决策者的政策制定提供了微观依据，为企业实现环境保护和经营绩效的"双赢"提供了思路和启示：

(1) 强化外部驱动，积极引导环境战略转型。环境规制的变化直接诱发环境战略的转型，同时也间接促进企业提升动态能力进而引导企业转型发展。政府应及时制定合适的环境政策，并确保相关政策的实施，消费者要逐步养成"绿色消费"理念，通过环境选择来引导企业主动管理环境问题。社会公众要不断提高环保意识，媒体、行业协会、非政府组织等利益相关者要履行披露、监督和规范的作用，通过不同途径给予企业进行环境管理的压力。

(2) 加强组织学习，奠定环境战略转型基础。随着规制环境的不断强化，企业只有通过持续的组织学习过程，才能够不断获取新的知识来培育动态能力，从而为环境战略转型奠定基础。企业应培育注重组织学习的企业文化，以学习型管理者为领导下的各级员工开放心智，同时建立有效的沟通和学习机制，增强企业整体适应变化的能力，实现外部规制环境和内部动态能力的持续匹配。

(3) 提升动态能力，推进环境战略转型进程。在规制环境的变化下，动态能力只有得到持续培育，实现不断更新和提升才能解决转型过程中的新情况新问题，从而进一步推进环境战略的转型。企业应密切关注和收集外部环境规制的变化，保持感知能力的持续敏感度；通过培训学习、研讨会等形式获取和共享新的知识，也可与供应商、客户以及专业机构等建立联盟关系积极获取并吸收外部知识；企业应注重整体创新能力的培养，积极推动技术和流程的创新并建立完善有效的创新管理和激励机制，同时重视动态环境规制下组织文化的变革和商业模式的创新；提高企业协调各利益相关者之间的关系，整合内外部资源的能力，使其有机结合并互相渗透以适应环境战略的转型。

参考文献

[1] Porter M. E., Linde C. V. D. Toward a New Conception of the Environment-competitiveness Relationship [J]. Journal of Ecomic Perspectives, 1995, 9 (4): 97-118.

[2] Aragon-Correa J. A. and Sharma S.. A Contingent Resource-based View of Proactive Corporate Environmental Strategy [J]. Academy of Management Review, 2003, 28 (1): 71-89.

[3] 胡美琴. 浅析动态视角下的企业竞争性绿色战略 [J]. 科技进步与对策, 2008, 25 (11): 9-11.

[4] 马中东, 陈莹. 环境规制约束下企业环境战略选择分析 [J]. 科技进步与对策, 2010, 27 (11): 110-113.

[5] 杨德锋, 杨建华. 企业环境战略研究前沿探析 [J]. 外国经济与管理, 2009, 31 (9): 29-37.

[6] 赵玉民, 朱方明, 贺立龙. 环境规制的界定、分类与演进研究 [J]. 中国人口·资源与环境, 2009, 19 (6): 85-90.

[7] David J. Teece, Gary Pisano and Amy Shuen. Dynamic Capabilities and Strategic Management [J]. Strategic Management Journal, 1997 (18): 509-533.

[8] Wang C. L., Ahmed P. K.. Dynamic Capabilities: A Review and Research Agenda [J]. International Journal of Management Reviews, 2007, 9 (1): 31-51.

[9] 侯嘉政. 企业动态能力与创业管理之研究 [J]. 创业管理研究 (中国台湾), 2008, 3 (2): 1-28.

[10] 邓少军, 焦豪, 冯臻. 复杂动态环境下企业战略转型的过程机制研究 [J]. 科研管理, 2011, 32 (1): 60-67.

[11] Henriques I., and Sadoraky P.. The Relationship Between Environment Commitment and Managerial Perceptions of Stakeholder Importance [J]. Academy of Management Journal, 1999, 42 (1): 87-99.

[12] Sharma S. and Henriques I.. Stakeholder Influences on Sustainability Practices in the Canadian Forest Products Industry [J]. Strategic Management Journal,

2005, 26 (2): 159-180.

[13] Winter S. C., May P. J.. Motivation for Compliance with Environmental Regulations [J]. Journal of Policy Analysis and Management, 2001, 20 (4): 675-698.

[14] Clemens B., Douglas T. J.. Does Coercion Drive Firms to Adopt "Voluntary" Green Initiatives? Relationships among Coercion, Superior Firm Resources, and Voluntary Green Initiatives [J]. Journal of Business Research, 2006, 59 (4): 483-491.

[15] Mark E. Steadman, Thomas W. Zimmerer, Ronald F. Green. Pressures from Stakeholders Hit Japanese Companies [J]. Long Range Planning, 1995, 28 (6): 29-37.

[16] Prieto I. M., Easterby-Smith M.. Dynamic Capabilities and the Role of Organizational Knowledge: An Exploration [J]. European Journal of Information Systems, 2006, 15 (5): 500-510.

[17] Sharma S., Pablo A. L., H. Vredenburg. Corporate Environmental Responsiveness Strategies: The Importance of Issue Interpretation and Organizational Context[J]. Journal of Applied Behavioral Science, 1999, 35 (1): 87-108.

[18] 王宜虎, 陈雯. 工业绿色化发展的动力机制分析 [J]. 华中师范大学学报 (自然科学版), 2007, 41 (1): 125-129.

[19] 李军, 关健, 陈娟. 组织学习、动态能力与企业战略变化关系的实证研究 [J]. 软科学, 2012, 26 (3): 57-63.

[20] Hart S. L.. A Natural-resource-based View of the Firm [J]. Academy of Management Review, 1995, 20 (4): 986-1014.

[21] Murillo-Luna, Gares-Ayerbe and Rivera-Torres. Why Do Patterns of Environmental Response Differ? A Stakeholders' Pressure Approach [J]. Strategic Management Journal, 2008, 29 (11): 1225-1240.

[22] Sharma S.. Managerial Interpretations and Organizational Context as Predictors of Corporate Choice of Environmental Strategy [J]. Academy of Management Journal, 2000, 43 (4): 681-697.

[23] Teece D. J., Pisano G. and Shuen A.. Dynamic Capabilities and Strategic

Management [J]. Strategic Management Journal, 1997 (18): 509-533.

[24] Wu L.. Applicability of the Resource Based and Dynamic Capability Views under Environmental Volatility [J]. Journal of Business Research, 2010 (63): 27-31.

[25] 刘刚, 刘静. 动态能力对企业绩效影响的实证研究——基于环境动态性的视角 [J]. 经济理论与经济管理, 2013 (3): 83-94.

[26] 杨德锋, 杨建华. 企业环境战略研究前沿探析 [J]. 外国经济与管理, 2009, 31 (9): 29-37.

环境规制、资源管理对企业绩效影响的实证研究*

胡元林　杨　爽

　　针对日趋严重的环境污染和生态破坏问题，中国不断完善环保法规，出台了一系列环保政策和措施，如2015年中国开始正式实施新的"环境保护法"，2016年正式实施"大气污染防治法"，并将环保基础设施建设列为投资重点之一，积极引导和鼓励企业发展八大类、100多项环保设备（产品），同时还积极完善环保产业税收优惠政策。这些环境规制要求企业增加环保投入，进行绿色经营，发展环境友好产品，这必然会影响到企业绩效。

　　目前，环境规制对企业绩效的影响研究已成为国内外研究的热点问题，引发了人们广泛的思考和探讨。传统观点认为，环境规制会导致企业增加治污方面的投入，进而提高企业的生产成本，削弱产品的竞争力，最终会对企业绩效产生不利的影响；许多研究者试图通过实证研究来验证这一观点，但并没有得到明确一致的结论。波特假说则认为，环境规制会促使企业通过技术改革和产品创新来弥补由于遵守环境规制所增加的成本，最终会对企业绩效产生积极的影响；但是波特假说有较为严格的假设条件，在研究实际问题时会受到限制。资源基础理论是关于环境政策对企业竞争力影响的最新解释，按照该理论的观点，企业的竞争力取决于企业所能获得的有效资源的质量和数量以及企业充分利用这些资源的能力（Fouts and Russo，1997）。企业仅仅获得了有价值的、稀缺的、不可模仿的和不可替代的资源是远远不够的，还需要对资源进行有效的管理。只有对所获得的资源进行有效地整合，将其匹配到合适的地方，发挥最大的使用价值，才有利于形成企业的核心竞争力，最终会对企业绩效提高产生积极的影响。可见，利用资源

---

* 本文发表于《生态经济》2018年第34卷第3期。有改动。

环境规制对企业绩效的影响研究
The Impact of Environmental Regulation on Firm Performance

基础理论去研究环境规制对企业绩效的影响既有一定的理论基础，也使研究更加具有适用性。

对于环境规制对企业绩效之间关系的实证，学者们主要采取两个方式来探讨：一种是直接将环境规制与企业绩效联系起来研究两者的相关关系（Blacconiere and Northcut, 1997; Little et al., 1995）。另一种是借助于一定的传导机制或中介作用来研究环境规制对企业绩效的影响，如 Francesco Teste 以建筑行业为例，研究环境规制如何通过影响企业战略来影响企业竞争绩效；颉茂华利用深沪 A 股上市的重污染行业的数据，研究环境规制、研发投入对企业绩效的影响。鲜有文献从资源管理理论视角探讨两者之间的关系。本文基于资源基础理论，从资源管理动态视角出发研究环境规制、资源管理对企业绩效的影响，研究既可为国家完善环境规制提供政策建议，也可为企业加强资源管理、提高企业绩效提供理论依据。

一、理论分析与研究假设

1. 环境规制与企业绩效

面对日益严重的生态环境问题，中国采取多种方式强化环境规制。一是运用命令控制型规制工具，通过政府行政手段，不断完善相关法律法规，继续推行"总量控制、责任分解"的环境治理总体政策，确定环保目标和标准并要求企业遵守，对于违反相应标准的企业进行处罚。二是借助市场力量，通过市场信号引导企业的排污行为，利用使用者税费、押金返还、补贴、排污税费、产品税费、可交易的排污许可证等市场激励型工具激励排污者降低排污水平。三是引入环境认证、生态标签、环境审计、环境协议等自愿型规制工具，加强信息披露，要求重污染行业上市公司发布年度环境报告，积极推行绿色信贷和绿色金融。

从理论上看，上述不同规制工具对企业绩效的影响是不同的，如市场激励型规制工具激励企业主动减排，积极进行技术革新，在一定程度上降低生产成本和产品价格；自愿型规制工具建立在企业自愿参与实施的基础上，更多强调的是企业、行业的主动性和主导作用，企业常常能获得长远的经济利益和无形收益，有利于满足市场需求和维护生态环境，对企业绩效的影响更加积极。目前中国主要以命令控制型环境规制为主（江珂，2010）。命令控制型工具，通过政策强制性来迫使企业采用较高代价的能源节约设备和技术，以便达到国家要求的减排标准。一方面，企业几乎没有选择权而被迫遵守规章制度，大多数企业会采用末端治理技术，满足"达标排放"要求，难以真正提高企业绩效；另一方面，企业在达到环境规制要求之后，由于没有进一步保护环境的利益驱动，环境规制反而会降低企业控制污染排放的积极性，也不利于推进污染设备和技术的更新。另外，虽然这种方式可以有效地控制企业的污染排放，达到保护环境的目标，但企业在治污方式的选择方面会受到一定的限制，无法真正地推动企业积极地进行治污技术和绿色技术的研发。如果环境规制的强度设置不合理，它可能会加重企业的负担，引发生产成本的增加而导致企业绩效的下降（彭星、李斌，2016）。因此，本文针对中国环境规制现状提出假设1：

H1：环境规制的实施对企业绩效具有显著负影响。

2. 环境规制与企业资源管理

企业资源管理是一个结构化资源组合、整合资源构建能力以及发挥平衡能力从而为客户和所有者创造和保持价值的综合过程，它涉及一系列需要识别机会、发展竞争优势以成功开拓机会的综合行动（Hitt et al.，2003）。资源动态管理过程包括资源识别、资源获取、资源配置和资源利用四个维度。企业进行资源管理首先要指定并且详细说明企业所需的资源，然后识别和定位潜在的资源或资源供应商；通过资源匹配和功能强化实现配置和利用，将外部获取的这些资源转换为组织内部资源，最终实现价值创造。

资源识别过程是指企业为实现战略，通过评估资源的类型、数量、质量、使用时间以及使用顺序，明确企业所需资源、当前已有资源与企业所面临机会之间差距的分析过程（Starr J. A.，1990）。由于受到环境规制的影响，企业在评估资源的过程中更加注重环保性，从企业和社会可持续发展的战略目标出发，定位企业所需的资源以及资源供货商。资源获取过程是指企业通过市场购入所需的资源、与其他组织合作开发知识性资源或者通过股权收购或资产收购直接将并购方的资源纳入到企业中的过程（Brush C. G. et al.，2001）。在环境规制日益严格的社会中，企业会更加积极地采购符合环境规制标准的材料、引进环保设备和治污设备以及相应的技术；在此基础上企业需要将这些零碎的未整合的资源（如材料、设备和技术）利用科学的方法进行有效的综合、重组和激发，才能实现资源的有机互补和配合，从而发挥资源的最大价值，以便抵消由于环境规制而增加的成本；在识别、获取以及配置资源之后，通过对上述资源的综合利用，生产出的符合市场需求的绿色产品不断占领市场，企业资源管理能力不断提高，竞争优势逐步形成。因此，本文针对环境规制与资源管理的关系提出假设2：

H2：环境规制对企业资源管理水平具有显著的正影响。

3. 企业资源管理与企业绩效

资源基础理论认为企业可以通过开发有价值的、稀缺的、难以模仿的以及不可替代的资源和能力获得持续的竞争优势（Wernerfelt，1984）。企业资源管理能力决定了企业所获取的资源能否发挥其效用，最终会影响到企业绩效。当企业面临竞争日益激烈的外部环境时，企业的竞争优势不仅来源于独特的资源，而且也来源于配置和利用这些资源的方式。如果企业拥有有价值的、稀缺的、不可模仿的和不可替代的异质性资源，就有获得竞争优势和良好绩效的可能（赵健波，2009）。然而，如果企业获取了所需的各种资源，却没有对这些资源进行有效的整合，那么很可能得不到相应的利益产出。企业正是利用资源管理能力为顾客创造价值，并为企业带来财富。

资源识别是企业管理资源的初步阶段，它关系到企业管理资源的成败和资源管理能力的形成。企业只有不停地识别企业所需的有价值的、稀缺的、不可替代和不可模仿的异质性资源，并逐步建立起企业的资源识别体系，才能为进一步利用资源提高企业绩效奠定基础（易朝辉，2010）。资源获取是企业资源管理的重要环节，它连接了资源识别和对内的资源利用，为资源配置和资源利用奠定坚实的物质基础，是提高企业绩效的前提条件。资源配置是企业资源管理的中心环节，它在资源管理的整个过程中起到了承上启下的作用。它将企业获取的有价值资源分配到需要的地方，为使得资源最终能够发挥作用做铺垫，对企业绩效的提高有重要的影响。资源利用是企业资源管理的最终目标，使得获取和配置的资源能够运用到生产和经营过程中。资源利用合理才能够提高企业的生产经营效率，促进绩效的提高。可见，整个企业资源管理过程会对企业绩效有正向影响。因此，针对企业资源管理与企业绩效的关系提出假设3：

H3：资源管理对企业绩效具有显著的正影响。

本文研究框架如图1所示。

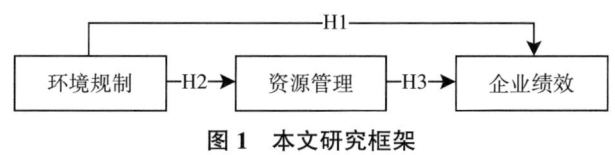

图 1 本文研究框架

二、研究方法

1. 样本和数据的收集

本文采用问卷调查的方式收集数据。此调查问卷主要有两部分内容：第一部分主要是被调查企业的基本情况，第二部分是关于环境规制、企业资源管理、企业绩效等方面的调查。

本文主要选取重污染企业进行研究对象，通过实地调研、重点访谈、电子邮件等方式共发放问卷 420 份，回收问卷 298 份，回收率为 71.0%，其中有效问卷 186 份，有效回收率 62.4%。被调查对象中一般员工人数占比 12.3%；部门或单位领导人数占比 87.7%。

被调查企业的行业分布情况如下，建材类、铸造类、化工类和钢材类企业占比分别为 24.2%、23.1%、10.8% 和 10.2%，占到总数的 68.3%。其他行业占比 31.7%，主要分布在水泥类、石化类、采矿类、制药类、煤炭类、火电类行业，占比分别为 8.6%、5.9%、4.8%、4.3%、3.2%、1.3%。被调查企业的所有制情况如下：私营企业、有限责任企业和国有企业占比分别为 32.3%、44.1% 和 10.8%，占到总数的 87.2%。其他所有制类型企业占到 12.8%，主要是股份有限公司、集体企业和股份合作制企业。被调查企业的规模情况如下，500 万元以下的企业数量为 13 家，占比 7.00%；500 万~1000 万元的企业数量为 16 家，占比 8.60%；1000 万~5000 万元的企业数量为 76 家，占比 40.86%；5000 万~1 亿元的企业数量为 34 家，占比 18.28%；1 亿元以上的企业数量为 47 家，占比 25.27%。

2. 变量测量

为了保证测量工具的效度和信度，研究采用的量表是在借鉴国内外文献基础上，根据研究目的进行适当修改获得。问卷测量采用李克特七级量表，其中 "1" 表示 "非常不同意"，"2" 表示 "较不同意"，"3" 表示 "不同意"，"4" 表示 "不确定","5"表示"同意","6"表示"较同意","7"表示"非常同意"。主要变量的测量如下：

（1）环境规制。利用近三年来"国家环保政策标准越来越严格""环境监督部门对本企业施加的压力越来越大""国家对企业的新产品和新技术建立了更为严格的标准"来观测企业所面临的环境规制。

（2）资源管理。资源管理包括资源识别、资源获取、资源配置和资源利用。以"企业选择环保技术或替代技术"来测量"资源识别"；以"企业投资于治污设备和治污技术方面的资金持续增加"来测量"资源获取"；以"企业积极主动地采取环保技术和设备来降低服从规制的成本"来测量"资源配置"；以"企业通过生产更加环保的绿色产品，降低企业的安全生产成本"来测量"资源利用"。

（3）企业绩效。采用近三年"企业的销售收入已经明显超过主要竞争对手""企业总资产周转率明显提高""与同行业企业相比，本企业保持较好的流动性"以及"企业的净资产收益率明显提高"来进行财务绩效的测量。

本文的潜变量和显变量说明如表1所示。

表1 潜变量和显变量说明

潜变量名称	潜变量种类	显变量数目	显变量来源	显变量说明
环境规制	外生	3	López-Gamero（2010） Dean 和 Brown（1995）	环境标准的严格程度；环保部门监督的力度、对新产品和新技术建立严格标准等
资源管理	内生	4	Wernerfelt B. A.（1984） Starr J. A.（1990） Brush C. G.等（2001） Hitt 等（2003） 易朝辉（2010）	选择环保产品和技术；投资治污资金增加；积极采用环保技术和设备；生产更加环保的绿色产品等
企业绩效	内生	4	López-Gamero（2010） Testa（2011）	销售收入、总资产周转率、资金流动性、净资产收益率等财务指标改善

三、实证分析与结果

1. 信度和效度分析

选择 Cronbach α 值作为评价信度的标准，当 Cronbach α ≥ 0.70 时，信度高；

当 0.35≤Cronbach's α＜0.70 时，信度尚可；当 Cronbach's α＜0.35 时，信度低。本文所有变量的 Cronbach's α 值在 0.70~0.92，表明量表具有相当的信度。选择组合信度（CR）作为判断模型内在质量的标准，当组合信度在 0.60 以上，模型的内在质量理想。本文所有变量的 CR 值均大于 0.60，表明模型内在质量较好。可见，本文所有变量之间具有高度一致性和稳定性。可靠性检验结果如表 2 所示。

表 2　可靠性检验结果

变量名称	变量数目	标准差	均值	Cronbach's α	CR
环境规制	3	1.03	5.14	0.701	0.702
资源管理	4	1.02	5.39	0.864	0.869
企业绩效	4	1.12	4.83	0.915	0.917

2. 模型拟合及结果

使用 Amos 17.0 软件，利用极大似然法对理论模型进行数据检验，模型拟合指标如表 3 所示，假设检验结果如表 4 所示，各变量之间的路径关系如图 2 所示。如表 3 所示，模型各项指标均符合评价标准，模型的总体拟合效果较好。

表 3　模型拟合指标

拟合指标	指标值	拟合情况
χ^2	78.431	
Degree of Freedom	41	
CMIN/DF	1.913	介于 1 和 3 之间，适配良好
RMSEA	0.07	＜0.08，适配良好
NFI	0.932	＞0.90，适配良好
IFI	0.966	＞0.90，适配良好
TLI	0.954	＞0.90，适配良好
CFI	0.966	＞0.90，适配良好
RFI	0.909	＞0.90，适配良好

表 4 假设检验结果

			Standardized Estimate	Unstandardized Estimate	S.E.	C.R.	P	Label
企业绩效	<---	环境规制	0.048	0.072	0.160	0.448	0.654	不支持
资源管理	<---	环境规制	0.549	0.741	0.151	4.918	***	支持
企业绩效	<---	资源管理	0.413	0.453	0.111	4.068	***	支持

注：***P＜0.001，**P＜0.01，*P＜0.05。

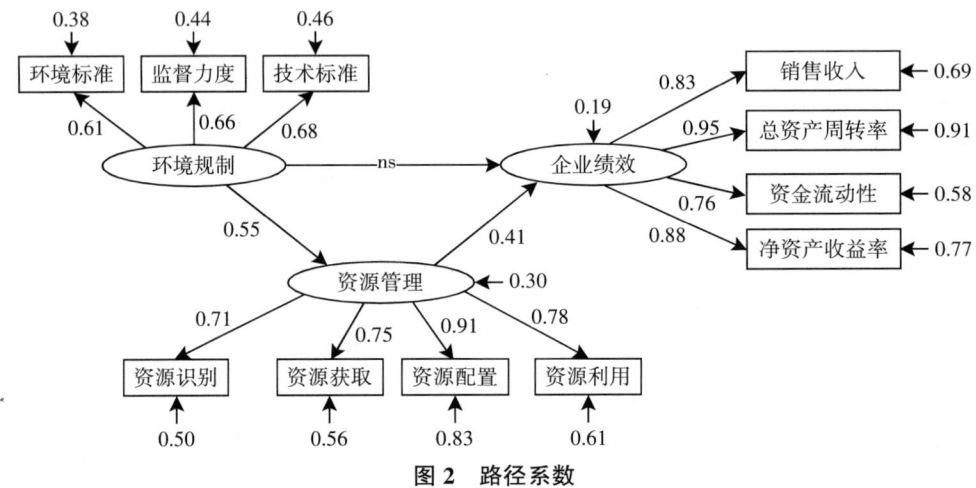

图 2 路径系数

3. 假设检验与讨论

（1）环境规制对企业绩效的影响不明确。环境规制与企业绩效的标准路径系数是 0.048，t=0.448，P=0.654＞0.05，表明环境规制与企业绩效之间呈正相关关系，但不显著，H1 未获得支持，环境规制对企业绩效的影响具有不确定性。在日益重视绿色发展的大环境下，严格的环境规制可能促使企业进行绿色创新，提供绿色产品满足消费者的需求，进而提高企业绩效，但这一结论需要实证数据的进一步支持。

（2）环境规制有利于提升企业资源管理水平。环境规制与资源管理的标准路径系数是 0.549，t=4.918，P＜0.001，表明环境规制与企业资源管理之间有显著的正相关关系，H2 获得支持。在严格的环境规制下，企业更倾向于加大环保研发，积极主动地采取环保技术和设备，选择环保材料和生产技术，生产更加环保的绿色产品，从而提升了企业的资源管理水平。

（3）资源管理提升了企业绩效。资源管理与企业绩效的标准路径系数是

0.413，t＝4.068，P＜0.001，表明企业资源管理与企业绩效之间有显著的正相关关系，H3获得支持。企业通过资源的识别、获取、有效地配置和利用，不断提高企业绩效，为企业创造更多价值，这与资源基础观的研究结论相同。

（4）环境规制对企业绩效的影响主要是通过企业资源管理来实施的。从实证结果可以发现，环境规制对资源管理的直接效应（标准化）为0.549，资源管理对企业绩效的直接效应（标准化）为0.413，借鉴吴明隆（2010）的研究，环境规制对企业绩效的间接效应（标准化）为0.23，即环境规制每提升一个单位，会通过资源管理间接提升企业绩效0.23个单位。这表明尽管环境规制对企业绩效没有显著的直接影响，但通过资源管理对企业绩效产生正向的间接影响。可见，资源管理在环境规制对企业绩效的影响过程中扮演着桥梁作用。

四、结论与建议

本文在理论上研究环境规制、资源管理对企业绩效的影响，提出研究假设，利用问卷调查数据，运用结构方程模型验证所提出的理论假设。结果显示，环境规制与企业绩效之间没有显著的正相关关系，企业资源管理对企业绩效产生积极的影响；环境规制对企业绩效的影响，是通过资源管理来实现的。基于以上结论，可以考虑以下策略：

（1）加强企业的资源管理，提高资源管理能力。通过理论研究和实证分析可以发现，企业的资源管理与企业绩效之间有密切的联系。企业可以通过提高资源管理的能力，有效地识别和获取企业所需要的资源，配置和利用所拥有的资源，来应对环境规制所带来的压力，降低企业由于遵循环境规制所带来的成本，最终为企业带来竞争优势。

（2）完善资源管理体系，提升资源管理效率。通过研究发现企业资源管理的各个环节之间有着密切的联系并且整个系统处于一个动态平衡的状态，企业要充分发挥每个环节的作用，致力于提升每个环节的效率，从而使资源管理整体最优，提高企业的可持续发展能力。

（3）积极改变环境规制方式，完善规制制度。中国目前以命令型环境规制为主,通过实证分析可以发现,命令控制型环境规制对企业绩效会产生正向影响但并不显著。政府应利用更加灵活的方式来规制企业的环保行为,激励和刺激企业自觉地遵守环境规制,促使企业把环境规制的外在压力转变为企业提高资源管理能力和企业绩效的内在动力。

参考文献

[1] Fouts, Russo. A Resource–based Perspective on Corporate Environmental Performance and Profitability [J]. Academy of Management Journal, 1997 (40): 534-559.

[2] Blacconiere W., Northcut D.. Environmental Information and Market Reactions of Environmental Legislation [J]. Journal of Accounting, Auditing and Finance, 1997 (12): 149-178.

[3] 江珂. 中国环境规制的历史、制度演进及改进方向 [J]. 改革与战略, 2010 (6): 134-144.

[4] 彭星, 李斌. 不同类型环境规制下中国工业绿色转型问题研究 [J]. 财经研究, 2016 (42): 31-36.

[5] Hitt M. A., Ireland R. D., Camp S. M., and Sexton D. L.. Strategic Entrepreneurship: Entrepreneurial Strategies for Wealth Creation [J]. Strategic Management Journal, 2003 (22): 479-492.

[6] Starr J. A.. Resource Co-optation via Social Contracting: Resource Acquisition Strategies for New Ventures [J]. Strategic management Journal, 1990 (11): 79-92.

[7] Brush C. G., Greene P. G., Hart M. M.. From Initial Idea to Unique Advantage: The Entrepreneurial Challenge of Constructing a Resource Base [J]. Academy of Management Executive, 2001 (15): 64-78.

[8] Wernerfelt B. A.. Resource-based View of Firm [J]. Strategic Management Journal, 1984 (5): 171-180.

[9] 赵健波. 资源管理与企业绩效的实证研究 [J]. 科研管理, 2009 (4): 117-122.

[10] 易朝辉. 资源整合能力、创业导向与创业绩效的关系研究 [J]. 科学研

究,2010(5):757-782.

[11] 吴明隆. 结构方程模型——AMOS 实务进阶 [M]. 重庆:重庆大学出版社,2010.

[12] Lopez-Gamero M. D., Molina-Azorin J. F., Claver-Cortes E.. The Potential of Environmental Regulation to Change Managerial Perception, Environmental Management, Competitiveness and Financial Performance[J]. Journal of Cleaner Production. 2010, 18 (10/11): 963-974.

[13] Dean T. J., Brown R. L.. Pollution Regulation as a Barrier to New Firm Entry: Intial Evidence and Implications for Future Research [J]. Academy of Management Journal, 1995 (38): 288-303.

[14] Testa Iraldo and Frey. The Effect of Environmental Regulation on Firms' Competitive Performance [J]. Journal of Environment Management, 2011 (92): 2136-2144.

环境规制对企业绩效的影响
——以企业环保投资为传导变量*

胡元林　李　茜

面对日益严峻的生态环境问题，我国不断强化环境规制，完善环境保护政策，加强环境监管。严格的环境规制要求企业增加环境保护投入，提高技术创新，发展环境友好产品（Nakao et al., 2007），这些政策和措施有利于环境保护和资源节约，对国家、产业和利益相关者的积极意义毋庸置疑，但势必对企业绩效产生较大的冲击，对企业而言未必是最优的战略选择。因此，该领域的研究者积极探讨环境规制与企业绩效之间的关系，仁者见仁、智者见智，成为当前的研究热点。

环境规制对企业绩效的影响，目前学术界存在着三种不同的观点。"传统假说"认为环境规制会增加企业的治污投入，导致企业生产成本增加，最终会降低企业的经济效益；"波特假说"则认为环境规制会给企业带来"创新优势"和"先动优势"，这些优势给企业带来的收益足以弥补企业在遵循环境规制过程中发生的治污支出，从而提高企业的经济效益；"不确定性假说"认为由于行业属性、内外部环境等因素的存在，使得环境规制对企业绩效的影响具有不确定性。

环境规制如何对企业绩效产生影响，研究者主要从两条主线入手进行探讨，一条主线是从公司行为视角来探讨环境规制对企业投融资、技术创新、产品差异化、环境管理等行为因素的影响，另一条主线是从公司属性视角探讨环境规制与企业所处的市场结构、股权结构、产权性质、行业属性、企业规模以及财务状况等内外部因素的相互关系。

现有文献为进一步探讨环境规制和企业绩效的关系提供了思路，但环境规制

---

* 本文发表于《科技与经济》2016 年第 29 卷第 1 期。有改动。

作用于企业绩效的内在机理研究仍存在不足：一是探讨和检验环境规制作用于企业绩效的实证研究相对较少，二是未直接将环保投资嵌入两者的分析框架中。因为无论采取何种视角进行研究，面对日益严格的环境规制压力，企业均会或多或少地改变其管理策略，进行环保投资。因此，只有将环境规制、环保投资、企业绩效同时结合，既关注环境规制的环境效果，又关注企业绩效的提高，同时探讨环保投资的传导作用，才能明确环境规制对企业绩效的路径，保证企业和社会获得"双赢"，为我国企业适应规制提高绩效提供理论和实践依据。

一、理论分析与研究假设

1. 环境规制与企业绩效

面对严重的生态环境问题，我国采取多种方式强化环境规制：一是利用政府行政手段，不断完善相关法律法规，确定环保目标和标准要求企业遵守，对于违反相应标准的企业进行处罚，继续推行"总量控制、责任分解"的环境治理总体政策；二是借助市场力量，通过市场信号引导企业的排污行为，利用使用者税费、押金返还、补贴、排污税费、产品税费、可交易的排污许可证等工具激励排污者降低排污水平；三是引入环境认证、生态标签、环境审计、环境协议等自愿型环境规制工具，加强信息披露，要求重污染行业上市公司发布年度环境报告，积极推行绿色信贷和绿色金融。

尽管现有研究对环境规制与企业绩效之间的关系存在争议，但我们认为不同规制工具对企业绩效的影响是不同的，对于以行政命令为主的命令控制型工具，企业几乎没有选择权而被迫遵守规章制度，大多数企业会采用末端治理技术，满足"达标排放"要求，难以真正提高企业绩效；市场激励型环境规制有利于刺激企业进行技术创新，在一定程度上降低生产成本和产品价格；特别是自愿型环境规制，对企业绩效的影响更加积极，因此企业作为"以盈利为目的"的社会组织，本质上是逐利的，大多数情况下不会做"无利可图"的事情。通过绿色技术创新行为，企业常常能获得长远的经济利益和无形收益，也有利于满足市场需求和维护生态环境。因此，本文针对环境规制与企业绩效的关系提出假设1：

H1：环境规制的实施对企业绩效具有显著正影响。

2. 环境规制与企业环保投资

企业环保投资是企业为获得经济效益，同时兼顾环境效益和社会效益而在企业环境预防、环境日常维护及环境污染治理等方面投入的各种资金的总和，具体包括环境预防投资、环境日常维护投资以及环境污染治理投资等内容。企业所有投资决策包括生产技术的选择、污染治理设备的购置、投资资本的配置等，都会受到环境规制强度的影响（Gray and Shadbegian，2003；Farzin and Kort，2000），这是因为从一般意义上讲企业的生产经营活动具有行业和地区差异性，他们通常面临着不同的法律环境和政府干预。[1] 如果没有政府的环境规制政策与经济激励措施，排污企业通常不会主动地进行污染治理（原毅军、耿殿贺，2010）。[2] 即使部分企业自愿进行环保投资，也往往出于降低环境遵守成本的目的（Nick Johnstone，Ivan Hascic and David Popp，2010）。[3] 因此，环境规制既是政府对企业的污染排放和环境治理行为进行约束与控制的制度安排，也是影响企业环境决策制定的最主要因素。近年来，随着我国最严格的《环境保护法》的实施，从中央到省、市、县四级政府环境管理机构的健全，以及环保优惠政策的普及，企业一方面面临着越来越严格的环境规制和环保监管，另一方面，会得到政府和社会提供的大量环保技术和资金支持，这对企业来说既是挑战也是机会。企业应充分利用环境规制政策的变化，因势利导，强化和调控企业环保投资行为。针对以上观点提出假设2：

H2：环境规制的实施，对企业环保投资行为会产生正面影响。

3. 环保投资与企业绩效

环保投资与企业绩效的关系已成为当前国内外理论界和实践界普遍关注的问题，形成了三种不同的研究结论，如制约假说认为环保投资虽然增加了社会收益，但带来了企业生产经营成本的增加（Brock W. A.，Evans D. S.，1986；Walley N.，Whitehead B.，1994）、生产率的下降（Denison E. F.，1981）、企业利润的减少以及财务回报率的负面影响（Filbeck G. Gorman R. F.，2004），与企业竞争力负相关（Jaffe et al.，1995；Francesco et al.，2011），[4][5] 因此并未给企业带来足以弥补成本的收益。"双赢"假说认为恰当的环保投资会刺激企业的创新活动，以合理的环境成本获得资源利用率或销售收入的提高（Porter M. E.，Linde C.，1995；Siegel E. B.，Johnson T. G.，2010）、污染税费的降低以及新的投资机会等经济利益，带来创新补偿（innovation offsets）与先动优势（first-mover advantage）等（Porter M. E.，1991；Stavins R. N.，2007），最终导致企业净收益的增加。[6][7] 不确定性假说认为环保投资与企业绩效之间存在不确定性，如张媛（2004）认为，环保投资时机选择的差异性特征，将导致环保投资与企业绩效的关系存在不确定性，不存在简单的相关关系。赵红和扈晓影（2010）通过实证研究得出，环保投资对中国工业企业销售利润率没有显著的正向或负向的影响，但是对滞后1期的成本费用利润率有显著的正向影响，长期看对企业利润率有一定程度的正效应。[8] 具体结合我国国情，环保正成为企业未来竞争优势的重要来源，企业进行环保投资不仅是企业适应环境规制的需要，更是企业以实际行动履行其社会责任的表现。因此，在面临环境规制压力时，那些率先进行环保投资采取先进环保技术或主动控制污染排放的企业将更可能会获得包括先动优势、创新优势和效率优势等一系列的竞争优势，而这些优势的获得将提高企业的生产率和财务绩效。同时，更好承担社会责任的企业，其产品更受社会公众的青睐，企业的竞争力也在无形中得到提高。基于以上观点提出假设3：

H3：企业环保投资的增加，会对企业绩效产生正面影响。

4. 环保投资的传导作用

在环境规制对企业绩效产生影响的过程中，企业常常会以两种不同的策略进行应对：第一种策略是企业通过"关停并转"方式以及达标排放等方式满足环境规制的要求，这是一种被动性策略，难以真正增加企业绩效，甚至会减少企业绩效；这也是一种临时性策略，短期见效，长期难以维持。第二种策略则是通过环保投资，特别是绿色环保投资，为企业构建长期竞争优势从而获得高绩效。主要通过工艺创新，减少资源消耗，降低成本，提高效益；通过产品创新，满足绿色市场需求，获得绿色溢价；通过商业系统创新，满足利益相关者的环保需求，提高企业的声誉和合法性；另外通过环保投资可以帮助企业获取政治资源、社会资源和商业资源，培育企业的环保技能和组织能力。但是，这种策略耗时长、不确定性大，对企业能力的培养短期难以实现，这种能力要转化为企业绩效也需要较长时间，并存在路径依赖性和社会复杂性，难以被竞争对手所模仿，因此这种策略是企业获得竞争优势和高绩效的真正来源，据此，我们提出假设4：

H4：环保投资是环境规制和企业绩效的中介和桥梁。

二、研究设计

1. 问卷设计

为了达到研究目标,我们首先确定调查问卷。问卷设计参考了国内外相关研究成果,并对多家企业进行深度访谈,在明确环境规制、环保投资和企业绩效三个潜变量的基础上,根据研究目的对显变量进行选择(见表1)。

表 1 潜变量和显变量的相关描述

潜变量名称	潜变量种类	显变量数目	显变量来源	显变量说明
环境规制	外生	5	López-Gamero(2010) Winer(2012) 杨洪刚(2009) López-Gamero(2010)	环境标准的严格;产品、技术标准的严厉程度;惩罚力度强化;排污抵押金的缴纳、污染治理的激励、环保政策的选择等
环保投资	内生	4	Christmann(2000) Orsato(2006) 张嫚(2010) 沈晓悦(2004) 唐国平等(2013) 赵红(2010)	投资治污设备和技术的资金、环保运营费用、环保产品的研发投资、为减少环保政策对企业的不利影响进行横纵向并购等
财务绩效	内生	4	López-Gamero(2010) Testa(2011)	总资产周转、销售收入、流动性、收益率等

问卷共分为两部分,第一部分是被调查企业的基本情况,包括企业名称、所属行业、所有制类型、经营时间、经营状况以及被调查者职位等问题。由于本文主要以重污染企业为研究对象,所属行业按照国家环保总局认定的 16 类重污染行业进行分类。第二部分是对环境规制、环保投资和企业绩效相关因素的调查,这一部分采用了李克特七级量表的方式进行评测,要求被调查者按照从"1-非常不同意,2-较不同意,3-不同意,4-不确定,5-同意,6-较同意,7-非常同意"进行打分。

2. 研究样本

在此基础上,积极寻求最具代表性的企业作为研究样本。Fraj-Andrés 等(2008),Berrone 和 Gomez-Mejia(2009)研究显示,重污染企业有强烈的环保责任。[9] 长期累计污染的行业，包括高污染行业如石油行业、化工行业和钢铁行业，比低污染行业如服务行业，更有可能主动披露环境信息。污染相对较小的企业遭受的压力较小，因为主要的环保措施基本针对环境污染比较直接和明显的工业活动。同时，样本企业应处于相同的监管框架中，受到同一市场型环境规制的影响和自律约束。

最后，我们重点对规模以上的重污染企业进行访谈和问卷调查。这些公司主要包括火电、钢铁、水泥、电解铝、煤炭、冶金、化工、石化、建材、造纸、酿造、制药、纺织和采矿业等行业，均属于国家规定的重污染企业，受同一规制约束、相同媒体的关注、积极人员的监视、社区的关注以及消费者偏好改变等影响，有利于在同一规制环境下来研究企业的内部决策和管理。通过实地调研、重点访谈、电子邮件等方式共发放问卷420份，回收问卷298份，回收率为70.95%，其中有效问卷185份，有效回收率为62.08%。

3. 计量方法的选择

本文选取结构方程模型（Structural Equation Modeling, SEM）来检验环境规制对企业绩效的影响。20世纪80年代以来，SEM的迅速发展，成为建立、估计和检验假设的重要工具。它不仅可以处理显变量间的相互因果，更能利用因子分析的方式构建多个"潜变量"，并讨论潜变量之间或者潜变量和显变量之间的复杂关系，为高度抽象并难以测量的变量提供了进行计量的可能。环境规制对企业绩效的影响是一种因果关系的假设检验，其中既包含了多种可观测的显变量，也包含大量无法直接观测的潜变量，这种情况下的假设检验是传统统计方法如普通回归、Logistic回归等模型无法完成的，SEM就成为本文的最佳选择。

三、实证结果与分析

1. 描述性统计

从样本的描述性统计结果显示，本次被调查企业覆盖环保部公布的14类重污染行业，而且私营企业、有限责任公司占76.7%；近三年年均销售额为人民币1000万元以上的企业占样本数的84.4%；被调查对象87.6%为企业部门或单位领导，能够对问卷做出更加客观准确的回答。总体上本次调查收回的样本具有良好的代表性。收回问卷的描述性统计分析如表2~表5所示。

表2 行业分布描述统计

所属行业	样本数	百分比（%）
火电	3	1.6
钢铁	19	10.3
水泥	16	8.7
电解铝	1	0.5
煤炭	6	3.2
冶金铸造	42	22.7
化工	20	10.8
石化	11	6.0
造纸	1	0.5
酿造	2	1.1
制药	8	4.3
纺织	2	1.1
采矿	9	4.9
建材	45	24.3
合计	185	100.0

表3 所有制类型描述统计

所有制类型	样本数	百分比（%）
国有企业	20	10.8
集体企业	3	1.6
私营企业	60	32.4
有限责任公司	82	44.3
股份合作制企业	3	1.6
股份有限公司	15	8.1
其他	2	1.1
合计	185	100.0

表 4　企业规模描述统计

企业规模（年均销售额）	样本数	百分比（%）
不超过 100 万元	3	1.6
100 万元<金额≤500 万元	10	5.4
500 万元<金额≤1000 万元	16	8.6
1000 万元<金额≤5000 万元	76	41.1
5000 万元<金额≤10000 万元	34	18.4
10000 万元<金额≤100000 万元	32	17.3
100000 万元以上	14	7.6
合计	185	100.0

表 5　调查对象结构描述统计

特征属性	分类标准	样本数	百分比（%）
被调查对象职位	一般员工	23	12.4
	部门或单位领导	162	87.6
合计		185	100

2. 信度与效度分析

本文使用 Cronbach α 系数来评价问卷的信度。荣泰生（2009）认为，当 Cronbach's α≥0.7 属于高信度；0.35≤Cronbach's α<0.7 属于中信度；Cronbach's α<0.35 属于低信度。[10] 由表 6 和表 7 可知，本文所有构念的 Cronbach's α 值介于 0.730~0.913，均大于 0.7，量表具有较佳的信度。CR 值介于 0.791~0.998；AVE 的取值范围为 0.561~0.749，均高于 0.500 的最低标准；同时所有变量 AVE 值的平方根都大于变量间的相关系数。由上述各项指标可以推断所有构念具有较高的内部一致性和稳定性。另外，由于所使用的问卷项目全部来自过去的文献，很多学者都曾使用这些量表测量相关变量，所以问卷具有较好的内容效度。

表 6　问卷信度与聚合效度分析

研究构念	均值	Cronbach's α	CR	AVE
环境规制	5.33	0.730	0.791	0.561
环保投资	5.03	0.764	0.842	0.589
企业绩效	4.85	0.913	0.998	0.749

表 7 各变量 AVE 的平方根及相关系数矩阵

变量	环境规制	环保投资	企业绩效
环境规制	0.749		
环保投资	0.584**	0.767	
企业绩效	0.516**	0.668**	0.865

注：** 表示在 0.01 水平（双侧）上显著相关，* 表示在 0.05 水平（双侧）上显著相关；对角线为 AVE 的平方根值，其他数据为相关系数矩阵。

3. 模型拟合及结果

本文采用最为普遍的极大似然法（Maximum Likelihood Method）进行模型运算，在 AMOS 17.0 中进行数据的输入与输出，得到模型主要的拟合指标以及各变量间的路径系数（见表 8 和表 9）。

表 8 模型主要的拟合指数

拟合度	拟合度指标	判断标准
χ^2/df	χ^2=94.851 χ^2/df=3.271 P=0.005	P>0.05 表示模型拟合度较好 χ^2/df 介于 2~5
绝度拟合度	GFI=0.932 RMSEA=0.054	GFI 越接近 1 表示模型拟合度越好，通常采用 GFI>0.9 RMSEA 越接近 0 表示拟合度越好，通常采用 RMSEA<0.08
增值拟合度	AGFI=0.900 CFI=0.968 IFI=0.968	AGFI 越接近 1 表示模型适合度越好，通常采用 AGFI>0.9 CFI 越接近 1 表示模型适合度越好 IFI 越接近 1 表示模型适合度越好

表 9 各变量之间的路径系数及统计性检验

路径	非标准化回归系数	标准化回归系数	S.E.	C.R.	P	结果
企业绩效<---环境规制	0.147	0.096	0.173	0.849	0.396	不支持
环保投资<---环境规制	0.719	0.631	0.156	4.611	***	支持
企业绩效<---环保投资	0.648	0.483	0.164	3.946	***	支持

注：***P<0.001，**P<0.01，*P<0.05，下同。

由表 8 可知，各项拟合指标均满足评价标准，因此该模型整体的拟合效果较好。最终带路径系数的模型如图 1 所示。

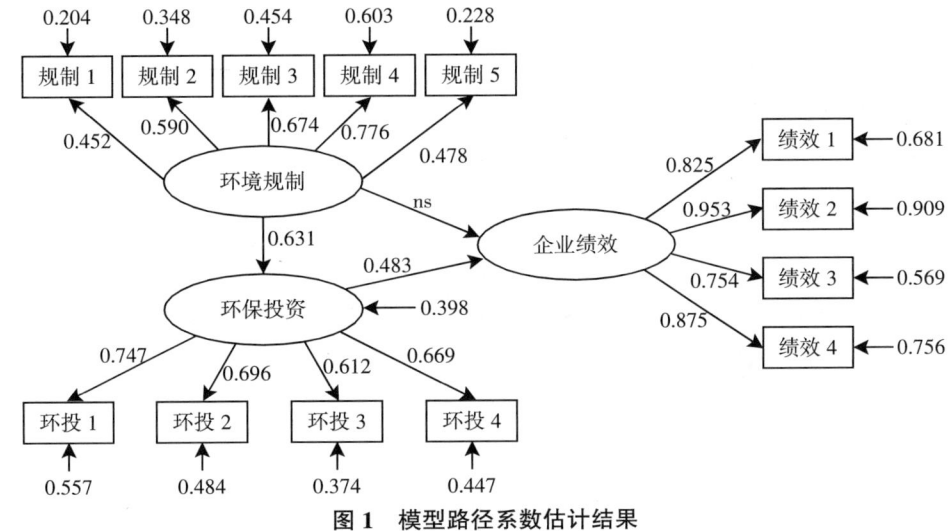

图 1 模型路径系数估计结果

4. 假设检验与讨论

（1）环境规制对提高企业绩效没有显著的正向影响。环境规制与企业绩效的标准路径系数是 0.096，t=0.849，P=0.396>0.05，尽管环境规制能够提高企业绩效，但两者之间不存在统计上的显著性，环境规制对企业绩效的提高没有显著正向影响，H1 不成立。

（2）环境规制会促进企业环保投资。环境规制与企业环保投资的标准化路径系数是 0.631，t=4.611，P<0.001，两者之间具有明显的正相关和统计上的显著性，H2 是成立的。

（3）企业环保投资的增加，会促进企业绩效的增加。环保投资与企业绩效的标准化路径系数是 0.483，t=3.946，P<0.001，说明两者正相关。这与"双赢"假说一致，恰当的环保投资会刺激企业的创新活动，以合理的环境成本获得资源利用率或销售收入的提高、污染税费的降低以及新的投资机会等经济利益，带来创新补偿与先动优势等，最终导致企业净收益的增加，H3 成立。

（4）环保投资对企业绩效的作用大于环境规制对企业绩效的直接作用。标准化路径系数在一定程度上反映了因变量效果的大小。一般而言，路径系数的绝对值越大，影响效果越好。表 9 的参数估计结果显示，环保投资对企业绩效的路径系数绝对值为 0.483，环境规制对企业绩效的路径系数绝对值为 0.096，环保投资对企业绩效的正向作用大于环境规制对企业绩效的直接作用，而且效果显著。

（5）在环境规制对企业绩效的影响过程中，环保投资扮演着桥梁和中介作用。借鉴吴明隆的研究，标准化回归系数表示直接效果值，间接效果值是直接效果路径系数的乘积，总效果值等于直接效果值加上间接效果值。[11] 尽管环境规制对企业绩效的直接影响不显著，但它仍可以通过环保投资对企业绩效施加影响，其间接效果值等于环境规制对环保投资的效果系数（0.631）乘以环保投资对企业绩效的直接效果系数（0.483），即0.305。这说明当环境规制每提高1个单位，会促进企业环保投资的增加，企业绩效就会间接地提升0.305个单位，这就会改变环境规制对企业绩效没有产生直接正向影响的格局，H4成立。

四、结论与思考

本文应用SEM研究了环境规制对企业绩效的影响，通过提出假设并建立理论模型，结合重污染企业样本问卷调查证实所提出的有关假设。研究结果显示，环境规制对企业绩效的提高没有直接的显著正向影响，它对企业绩效的影响是通过环保投资来实现的；环保投资在环境规制和企业绩效之间能够发挥中介作用，环保投资对企业绩效的作用大于环境规制对企业绩效的直接作用。基于以上实证结论，可以考虑以下对策：

第一，完善环境规制，强化规制的激励作用。环境规制对企业绩效的提高没有直接的显著正向影响，这可能与我国当前的规制方式有关。我国目前主要采用命令控制型环境规制，污染者只能被动遵守规章制度，多采用末端治理技术，难以真正提高企业绩效。今后应适当减少命令控制型环境规制，强化市场力量，增加市场激励型环境规制，逐渐引导企业自愿型环境规制的实施。

第二，加强企业环保投资。对重污染企业而言，加强环保投资，通过技术创新来应对环境规制，既可以减轻环境对企业发展的压力，化压力为动力，也可通过技术创新提升自己的核心竞争能力，从而达到污染控制和企业绩效提高的"双赢"局面。

参考文献

[1] Wayne B. Gray, Ronald J. Shadbegian. The Environmental Performance of Polluting Plants: A Spatial Analysis [J]. The Journal of Industrial Economics, 2003, 46 (2): 63-84.

[2] 原毅军, 耿殿贺. 环境政策传导机制与中国环保产业发展——基于政府、排污企业与环保企业的博弈研究 [J]. 中国工业经济, 2010, 271 (10): 65-74.

[3] Nick Johnstone, Ivan Hascic and David Popp. Renewable Energy Policies and Technological Innovation: Evidence Based on Patent Counts [J]. Environmental Resource Economy, 2010 (45): 133-155.

[4] Jaffe Adam B., Steven R. Peterson, Paul R. Portney and Robert N. Stavins. Environmental Regulation and the Competitiveness of U.S. Manufacturing: What Does the Evidence Tell Us? [J]. Journal of Economic Literature, 1995, 33 (1): 132-163.

[5] Francesco T. Fabio, I. Marco F.. The Effect of Environmental Regulation on Firms' Competitive Performance: The Case of the Building & Construction Sector in Some EU Regions [J]. Journal of Environmental Management, 2011 (92): 2136-2144.

[6] Porter M. E., Linde C.. Toward a New Conception of the Environment: Competitiveness Relationship [J]. Journal of Economic Perspectives, 1995, 9 (4): 97-118.

[7] Siegel E. B., Johnson T. G.. The Potential of Environmental Regulation to Change Managerial Perception, Environmental Management, Competitiveness and Financial Performance [J]. Journal of Cleaner Production, 2010 (18): 963-974.

[8] 赵红, 扈晓影. 环境规制对企业利润率的影响——基于中国工业行业数据的实证分析 [J]. 山东财政学院学报, 2010, 106 (2): 78-81.

[9] Fraj-Andrés E., Martínez-Salinas E., Matute-Vallejo J.. Factors Affecting Corporate Environmental Strategy in Spanish Industrial Firms [J]. Business Strategy and the Environment, 2008 (10): 1002-1011.

[10] 荣泰生. AMOS 与研究方法 (第二版) [M]. 重庆: 重庆大学出版社, 2009.

[11] 吴明隆. 结构方程模型——AMOS 实务进阶 [M]. 重庆：重庆大学出版社，2010.

[12] Nakao Y., Amano A., Matsumura K., Genba K., Nakano M. Relationship Between Environmental Performance and Financial Performance: An Empirical Analysis of Japanese Corporations [J]. Business Strategy and the Environment, 2007 (16): 106-118.

[13] Wayne B., GrayRonald, J. Shadbegian. The Environmental Performance of Polluting Plants: A Spatial Analysis [J]. The Journal of Industrial Economics, 2003, 46 (2): 63-84.

[14] Jaffe Adam B., Steven R. Peterson, Paul R. Portney and Robert N. Stavins. Environmental Regulation and the Competitiveness of U.S. Manufacturing: What Does the Evidence Tell Us? [J]. Journal of Economic Literature, 1995, 33 (1): 132-163.

[15] Francesco T. Fabio, I. Marco F. The Effect of Environmental Regulation on Firms' Competitive Performance: The Case of the Building & Construction Sector in Some EU Regions [J]. Journal of Environmental Management, 2011 (92): 2136-2144.

[16] 张嫚. 环境规制对企业竞争力的影响 [J]. 中国人口·资源与环境，2004，14 (8): 126-131.

[17] López-Gamero M. D., Molina-Azorin J. F., Claver-Cortes E.. The Potential of Environmental Regulation to Change Managerial Perception, Environmental Management, Competitiveness and Financial Performance [J]. Journal of Cleaner Production, 2010, 18 (10/11): 963-974.

[18] 杨洪刚. 中国环境政策工具的实施效果及其选择研究 [D]. 上海：复旦大学博士学位论文，2009.

[19] Christmann P.. Effects of "Best Practices" of Environmental Management on Cost Advantage: The Role of Complementary Assets [J]. Academy of Management Journal, 2000 (43): 663-680.

[20] 唐国平，龙会，吴德军. 环境管制、行业属性与企业环保投资 [J]. 会计研究，2013 (6): 83-89, 96.

[21] 张嫚. 环境规制约束下的企业行为——循环经济发展模式的微观实施机制 [M]. 北京: 经济科学出版社, 2010.

[22] 沈晓悦, 张辉建. 环境管理与企业竞争力: 问题与对策 [J]. 环境保护, 2004 (8): 41-45.

[23] Testa, Iraldo & Frey. The effect of environmental regulation on firms' competitive performance [J]. Journal of environment management. 2011 (92): 2136-2144.

[24] Fraj-Andrés, E., Martínez-Salinas, E., Matute-Vallejo, J. Factors affecting corporate environmental strategy in Spanish industrial firms [J]. Business Strategy and the Environment, 2008 (10): 1002-1011.

市场激励型环境规制对企业绩效影响的路径研究

胡元林　马喆亮

我国经济快速发展带来了严重的资源环境问题，发展危机亟须制度创新来引导绿色生产，其中环境规制正是我国环境污染防治的重要手段。因此探究环境规制对企业绩效的影响程度及其影响路径是目前学术界研究的热点。传统假设认为企业目标与环境目标之间存在着此消彼长的关系，严格的环境规制会导致私人成本增加，减少企业用于生产、研发的投入进而削弱了企业竞争力，抑制了企业的绩效。[1]波特假设在承认私人成本存在的同时，认为适当的环境政策可以激发创新从而带来"创新补偿"，可以弥补私人成本的增加甚至会产生净收益，实现环境与经济的"双赢"。[2-3]

在影响路径方面，有学者认为环境规制是通过低成本或差异化竞争战略来影响企业绩效的，也有不少学者认为主要是通过影响生产成本、企业进入以及技术创新而传导的，[4] Berrone 和 Gomez-Mejia 研究表明将环境规制重要性的管理认知作为一个竞争机会与积极的企业环保责任相关，[5] 随之环境战略被认为是竞争优势的来源。[6]但现有研究侧重于命令控制型环境规制的作用机理，对市场激励型环境规制影响企业行为的路径以及企业环境行为的战略后果尚缺乏深入研究。

本文将市场激励型环境规制、企业绿色行为、竞争战略和财务绩效置于一个框架中，研究企业绿色行为、竞争战略在市场激励型环境规制与企业绩效间的传导作用，研究既明确了市场激励型环境规制影响企业绩效的路径，又阐明了企业绿色行为的价值后果，有助于企业环境管理政策的制定和实施。

一、研究假设及理论模型

市场激励型环境规制是指政府通过对市场机制的设计，借助市场信号来引导企业实施排污行为，激励排污者降低排污水平，或使社会整体污染状况趋于受控和优化的制度，主要包括排污税费、使用者税费、产品税费、补贴、可交易的排污许可证、押金返还等。[7] Gunnigham Neil 认为，激进的管制风格往往导致企业的抵触情绪，自由、灵活的管制下企业更会主动采取环境实践。[8] 市场激励型环境规制则属于这种灵活的、更加合作的规制方式。

市场激励型环境规制激励企业实施经济、有效的治污技术，在技术创新方面能提供强烈激励，有利于企业实施绿色行为。企业绿色行为是指企业为应对资源和环境问题而开展的相关活动和做出的回应，具体表现为在生产流程中优先使用环保性原材料或选择环保性替代技术，尽可能减少能源消耗或使用可再生能源，支持对产品或半成品进行回收利用，对产品简单包装或使用环保的包装材料等。[9] 通过市场化工具如排污税费、排污许可证、治污补贴等手段的刺激，让企业去发明或采用更为经济和成熟的污染控制技术，自主地实现污染控制问题，而企业也能从发明或采用更低减污成本的污染控制技术中获益。如环境税政策下企业为了少缴环境税，可能通过采用新环保技术来提高自身治污能力，降低排污量，既达到政府环保规制政策的要求又能少交环境税。[10] 治污补贴是政府为了鼓励企业主动治污而采取的激励手段，企业在治理污染付出成本代价的同时政府给予一定额度的补偿，相当于降低了企业的治污成本，由此一来企业更倾向于主动治理污染，实施环保技术，采用环保原材料，所以治污补贴同样会激励企业采取绿色行为。彭海珍认为政府执行更加合作的、灵活的管制风格可能达到更好的服从效果，甚至可能出现超越服从，[11] 即超过法律标准达到企业自身环保标准，此时企业不再是末端手段治污，而是从源头做起，从原材料、生产技术、循环工艺上主动着手创新。因此提出假设1：

H1：市场激励型环境规制有利于企业实施绿色行为，与绿色行为正相关。

关于竞争优势的获取，早期的产业组织理论将产业结构视为获取企业竞争优势的重要来源，随后波特提出定位理论认为企业竞争优势源于产业吸引力及企业在所处产业中的竞争地位，但这并不能解释企业竞争优势的最终来源以及同一产业内的企业间绩效存在持续差异的现象，后来学者例如 Barney 把目光从外部环境转向企业内部，认为竞争优势源于企业拥有的异质性资源和组织能力，但资源基础理论也忽视自然环境这个关键因素的影响。对此，Hart（1995）主张在环境污染日趋严重的情况下，从资源基础理论角度探讨竞争优势的来源必须考虑自然环境与企业之间的相互影响，据此他认为需要将战略性环境管理纳入资源基础论，并构建自然资源基础论。[12] 后来的学者在 Hart 的基础上提出将环境战略纳入企业战略管理的范畴，并指出环境战略是企业为了降低对自然环境的负面影响，考虑自然环境的基础上形成的企业战略。

Hart（1995）认为，实现竞争优势的最佳环境实践是污染防治、产品管理和早期时间选择，其中污染防治是通过原料替换、循环利用或技术创新来降低污染排放量。[13] 他认为积极的环境战略如改进生产技术、使用环保材料可以提高生产率、节省末端治理成本、降低服从规制成本、减少包装循环时间等[14] 实现成本优势；环保材料、环保技术的使用促进企业产品的绿色化，容易满足客户的绿色偏好从而提高市场控制力，形成差异化优势。波特认为，通过"创新补偿"，一方面能升级生产技术，提高原料利用率，降低生产成本，实现低成本优势；另一方面开发制造出环保产品，吸引消费者购买从而在市场上树立品牌形象，实现差异化优势。[2] 杨德峰、杨建华认为环境战略影响企业的一个具体表现是给企业带来竞争优势，具体通过成本优势、差异化优势实现。[13] 因此我们提出假设2：

H2：绿色行为是企业获取竞争优势的来源，与竞争优势正相关。在此基础上将上述假设可以细分为 **H2a、H2b，分别为企业绿色行为对低成本竞争优势产生正向影响、企业绿色行为对差异化竞争优势产生正向影响**。

大量实证表明环境战略能给企业带来竞争优势，但这种竞争优势能否转换为财务绩效尚存在争论，目前不少学者认为两者呈正相关。Russo 和 Fouts（1997）基于资源基础理论，发现环境战略带来的竞争优势与企业财务绩效正相关。胡曲应从资源基础理论视角出发，认为绩效是资源的产出结果，在环境规制背景下任何能给企业带来竞争优势的环境管理或环保技术都是企业的贵重资源，这种资源一方面能够改进公司生产及经营效率，降低服从规制成本从而给企业带来盈利，另一方面有助于企业形成良好的环保文化，形成企业的绿色品牌及环保声誉，从而扩大企业的营业收入与利润，[15]并实证得出：单纯的环境末端治理行为不一定能带来经济绩效的改善，但源头上的防污行为将会转化为企业的宝贵资源，给企业带来竞争优势，从而获得环境绩效和财务绩效的共赢。张长江等也认为重污染企业采用环保型设备和环保工艺会提高产出效率，降低规制成本，从而促进财务绩效改善。[16] Galdeano-Gómez 经研究发现，企业环境绩效与财务绩效和市场占有率呈正相关。[17] Triebswetter 和 Wackerbauer 认为，企业采用以预防为主的环境战略更有利于环境与财务的改善，环境技术创新能够促进企业减少排放，提高生产效率获得竞争优势最终改善经济绩效。[18] Hart 和 Ahuja（1996）认为，公司的环境防治行为与财务水平有积极的作用关系，[19]环境绩效能够帮助企业获得更高的社会认可与社会机构的支持从而改善财务水平。因此我们提出假设3：

H3：竞争优势对财务绩效有积极影响，并将上述假设可以细分为 **H3a**、**H3b**，分别为**低成本优势或差异化优势对财务绩效产生正向影响**。

二、研究方法

1. 问卷设计

在与多家企业深度访谈后，参考国内外相关研究成果，特别是 María D. López-Gamero 等[20]的研究成果，设计了相应的调查问卷。问卷共分为两部分：第一部分是企业的概况，包含企业的行业属性、所有制属性、近三年年均销售额、成立年限和问卷填写人的职位；第二部分是测量相关潜在变量的具体指标，市场激励型环境规制的测量指标包括：①多种环保政策的实施，使企业在一定程度上获得选择和采取行动的自由；②政府对企业进行环境污染治理的激励力度加大；③近三年，企业在进行环境治理时，获得了政府补贴或税收优惠等福利。企业绿色行为的测量指标包括：①企业优先使用环保性原材料；②使用简单（或可重复使用）的包装；③选择环保技术或替代生产技术。低成本竞争优势的测量指标包括：①通过生产更加环保的绿色产品，降低企业的安全成本；②积极主动地采取环保技术和设备，降低服从规制的成本（如污染罚款和赔偿等）；③通过改进技术及生产设备，降低了相关生产成本。差异化竞争优势的测量指标包括：①本企业产品的功能或品质比同行业企业占据市场优势；②近三年，企业形成了个性鲜明的品牌形象；③近三年，企业在社会上获得了更大的信誉。财务绩效的测量指标包括：①近三年，企业的销售收入已经明显超过主要竞争对手；②近三年，企业总资产周转率明显提高；③近三年，企业的净资产收益率明显提高。量表题项采用李克特七分制评分标准，其中"1"代表"非常不同意"，"7"代表"非常同意"。

2. 研究样本

本文对湖北省、云南省、辽宁省、陕西省、山西省规模以上的重污染企业进行调研。这些公司的行业类别包括火电、钢铁、水泥、电解铝、煤炭、冶金、化工、石化、酿造、制药、纺织、制革、采矿业、建材总共14类。通过实地调研、邮件等方式共发放问卷420份，回收问卷298份，回收有效问卷177份，有效回收率59.4%。被调查对象为企业单位或部门领导的占比为88.7%。

3. 计量方法选择

本文选用结构方程模型，其优点在于可以同时考虑许多内因变量，允许外因变量与内因变量之间测量误差的存在，可检验个别测量题项的测量误差，从而极大地减少测量误差对实证结果的影响。分析过程采用统计软件 SPSS 21.0 和 Amos 21.0 完成。

三、数据分析

1. 样本特征分析

在有效问卷中，包含14类重污染行业，其中建材、采矿业、冶金、钢铁类企业占比为69.5%，企业存续年限为5~20年的占比为66.1%；近三年年均销售额为人民币1000万元以上的企业占比83.6%，收回问卷的样本能够一定程度上代表总体情况，并且被调查者多数为中高层人员信息相对充足且客观，对问卷的作答更加准确。

表 1　样本统计分析（N=177）

特征属性	分类标准	样本数	百分比（%）
企业存续年限（年）	0＜年限≤3	8	4.5
	3＜年限≤5	38	21.5
	5＜年限≤10	81	45.8
	10＜年限≤20	36	20.3
	20＜年限≤50	10	5.6
	50＜年限≤100	4	2.3
企业所属行业	火电	3	1.7
	钢铁	15	8.5
	水泥	12	6.8
	电解铝	1	0.6
	煤炭	5	2.8
	冶金	23	13
	化工	14	7.9
	石化	1	0.6
	酿造	2	1.1
	制药	8	4.5
	纺织	2	1.1
	制革	6	3.4
	采矿业	30	16.9
	建材	55	31.1
近三年年均销售额（万元人民币）	不超过 100	3	1.7
	100＜金额≤500	10	5.6
	500＜金额≤1000	16	9.0
	1000＜金额≤5000	73	41.2
	5000＜金额≤10000	33	18.6
	10000＜金额≤100000	31	17.5
	100000 以上	11	6.2

2. 信度与效度分析

信度是指测量结果的一致性、可靠性和稳定性，反映了同一问题的不同题项与该问题的相关性程度。选择 Cronbach's α 值作为信度检验标准：当 Cronbach's α<0.35 时属于低信度；当 0.35≤Cronbach's α<0.7 时属于中信度；当 Cronbach's α≥0.7 时属于高信度。运用 SPSS 21.0 对调查问卷数据进行可靠性分析，得出所有变量的 Cronbach's α 值介于 0.748~0.919，均大于 0.7，说明该量表具有高信度。CR 值介于 0.759~0.920，AVE 值介于 0.515~0.794，都大于 0.5（见表 2）且各变量 AVE 的平方根均大于该变量与其他变量之间的相关系数（见表 3）。

表 2 问卷信度与聚合效度分析

研究构念	均值	标准差	Cronbach's α	CR	AVE
市场激励型规制	4.95	0.97	0.748	0.759	0.515
绿色行为	5.53	0.94	0.884	0.879	0.708
成本竞争优势	5.45	0.92	0.857	0.865	0.683
差异化竞争优势	5.17	0.89	0.883	0.884	0.718
企业绩效	4.88	1.09	0.919	0.920	0.794

表 3 各变量 AVE 的平方根及相关系数矩阵

变量	市场激励型环境规制	绿色行为	低成本竞争优势	差异化竞争优势	企业绩效
市场激励型环境规制	0.718				
绿色行为	0.609**	0.841			
低成本竞争优势	0.566**	0.742**	0.826		
差异化竞争优势	0.441**	0.678**	0.673**	0.847	
企业绩效	0.407**	0.546**	0.583**	0.647**	0.891

注：** 表示在 0.01 水平（双侧）上显著相关，* 表示在 0.05 水平（双侧）上显著相关；对角线为 AVE 的平方根值，其他数据为相关系数矩阵。

可以看出所有构念具有良好的聚合效度和区别效度。此外，研究用的题项均来源于以前的文献，量表经过多次使用，因此本调查问卷也具有良好的内容效度。

3. 模型拟合及结果

模型的主要拟合指标中，简约适配度指数 $\chi^2/df = 1.988$，小于 3，除了低成本竞争优势到企业绩效 P 值为 0.004 外，其余 P 值均小于 0.001；增值适配度指数 IFI = 0.957 > 0.9，CFI = 0.956 > 0.9；绝对适配度指数 GFI = 0.877 > 0.8；RMSEA = 0.075，小于 0.08。以上指标均在可接受范围内，表明该模型整体拟合效果较好。各变量之间的统计性检验和路径系数值如表 4 和图 1 所示。

表 4 各变量间的标准化系数及统计性检验

路　径	标准化系数	S.E.	C.R.	P	检验结果
企业绿色行为←市场激励型环境规制	0.767	0.105	7.845	***	支持
低成本竞争优势←企业绿色行为	0.848	0.084	12.5	***	支持
差异化竞争优势←企业绿色行为	0.780	0.073	10.818	***	支持
企业绩效←低成本竞争优势	0.259	0.079	2.879	**	支持
企业绩效←差异化竞争优势	0.513	0.101	5.447	***	支持

注：***P＜0.001，**P＜0.01，*P＜0.05。

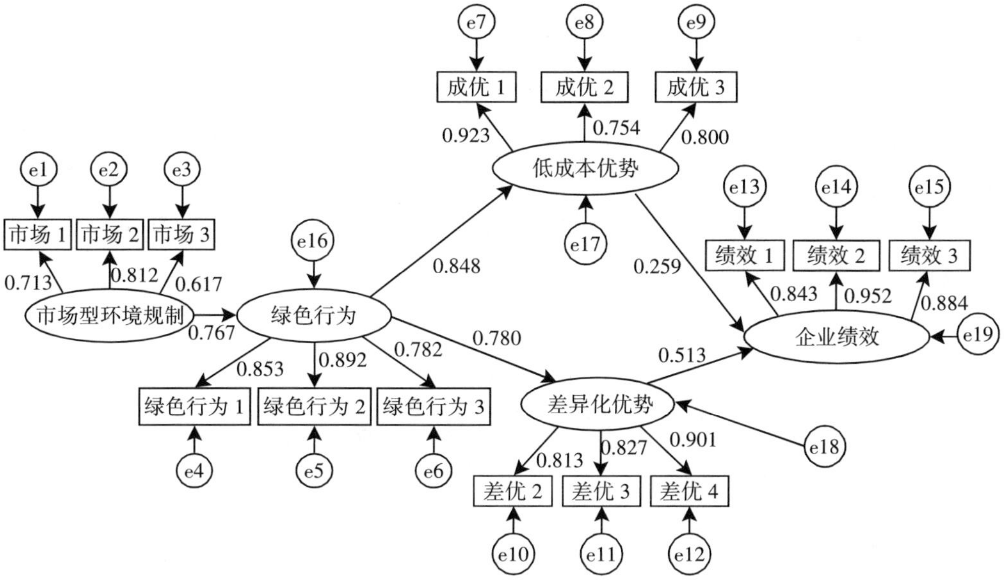

图 1 变量路径系数

4. 假设检验与讨论

（1）市场激励型环境规制对企业绿色行为有显著的正向影响。路径系数值为 0.767，t 值为 7.845，P 值小于 0.001，因此在统计上具有显著相关性。这表明在市场激励型环境规制下，企业在选择和采取行动方面有更多的自由，政府激励企业进行污染治理甚至给予补贴与税收优惠。作为对该规制的反应，企业会主动采取绿色行为应对这种市场刺激，说明市场激励型环境规制容易引发企业的主动绿色行为，因此 H1 成立。

（2）绿色行为对企业竞争优势具有显著的正向影响。一方面，企业绿色行为对低成本优势具有显著的正向影响，路径系数为 0.848，t 值为 12.5，P 值小于

0.001，具有统计上的显著相关性；另一方面，企业绿色行为对差异化竞争优势具有显著正影响，路径系数为 0.780，t 值为 10.818，P 值小于 0.001。这表明，企业绿色行为作为环境战略的一个维度，确实能给企业带来竞争优势，采用环保原材料、环保工艺或替代工艺技术能降低企业生产成本、排污成本、服从规制成本进而获得低成本优势，同时这种绿色行为更能取得顾客的偏好，为企业带来差异化优势，同时可以看出目前企业绿色行为更多获取的是低成本竞争优势。因此 H2a、H2b 成立。

（3）竞争优势对企业绩效有显著的正向影响。一方面，低成本竞争优势对企业绩效有较为显著的正向影响，路径系数为 0.259，t 值为 2.879，P 值为 0.004；另一方面，差异化竞争优势对企业绩效具有显著正向影响，其路径系数为 0.513，t 值为 5.447，P 值小于 0.001。这表明，企业绿色行为在给企业带来环境绩效的同时也能给企业带来经济绩效，这种经济绩效通过企业绿色行为产生的竞争优势传导实现，虽然企业绿色行为主要带来低成本竞争优势，但差异化竞争优势对企业绩效的影响更为显著。因此可得出 H3a、H3b 成立。

四、结论及建议

通过研究，形成以下结论：①市场激励型环境规制通过市场手段能够显著刺激企业的绿色行为；②绿色行为能为企业带来竞争优势，目前在我国低成本竞争优势更加明显；③竞争优势能给企业带来经济绩效，与低成本竞争优势比较，差异化竞争优势的财务绩效更为显著。

据此本文提出如下建议：①在政府层面，应出台更多市场激励型环境规制为企业营造自由选择的良好环境，将环境规制制定与各利益主体的利益相关联，灵活运用各类环境规制，针对不同地区、不同行业实施不同的规制标准，因地适宜最大限度发挥市场激励型环境规制的作用。②在企业层面，企业应主动采取绿色行为，并将环境战略纳入企业战略管理，从企业整体层面提高对环境战略的认识，内化为企业文化，以绿色行为为基础制定环境战略并长期执行，这样有利于形成环保声誉、树立品牌形象，进而获取差异化竞争优势，最终获得财务绩效与环境绩效的"双赢"。

参考文献

[1] Jaffe A., Peterson S., Portney P., Stavins R.. Environmental Regulation and the Competitiveness of U.S. Manufacturing: What Does the Evidence Tell Us?[J]. Journal of Economic Literature, 1995 (33): 132-163.

[2] Porter M. E., C. Van der Linder. Toward a New Conception of the Environment: Competitiveness Relationship [J]. Journal of Economic Perspectives, 1995, 9 (4): 97-118.

[3] Porter M. E.. America's Green Strategy [M]. Scientific American, 1991: 168-264.

[4] 李志学, 杨媛. 环境规制政策对企业绩效影响的路径研究[J]. 国土与自然资源研究, 2011 (4): 81-82.

[5] Berrone P., Gomez-Mejia L. R.. Environmental Performance and Executive Compensation: An Integrated Agency-institutional Perspective [J]. Academy of Management Journal, 2009, 52 (1): 103-126.

[6] 胡元林, 孙华荣. 环境规制影响企业绩效的路径研究[J]. 中国科技论坛, 2015 (12): 75-80.

[7] 赵玉民. 环境规制的界定、分类与演进研究[J]. 中国资源·人口与环境, 2009, 19 (6): 85-90.

[8] Gunningham Neil, Peter Grabow Sky. Smart Regulation: Designing Environmental Policy [M]. Oxford: Clarendon Press, 2000.

[9] 陈怡秀, 胡元林. 重污染企业环境行为影响因素实证研究 [J]. 科技管理研究, 2016 (13): 260-266.

[10] 薛佳禾, 雷良海. 环境税对企业绿色行为选择的影响[J]. 改革与开放, 2014 (21): 11-12.

[11] 彭海珍. 影响企业绿色行为的因素分析 [J]. 暨南学报, 2007 (2): 53-58.

[12] Hart S. L.. A Natural-resource-based-view of the Firm [J]. Academy of Management Review, 1995, 20 (4): 986-1014.

[13] 杨德峰，杨建华. 企业环境战略研究前沿探析［J］. 外国经济与管理，2009（9）：29-37.

[14] 周航. 环境战略的竞争优势及驱动力研究综述［Z］. Proceedings of 2014 2nd International Conference on Psychology Management and Social Science（PMSS 2014）Volume 50，2014.

[15] 胡曲应. 上市公司环境绩效与财务绩效的相关性研究［J］. 中国人口·资源与环境，2007（2）：53-58.

[16] 张长江，温作民，徐晴. 重污染行业上市公司环境绩效与财务绩效互动关系实证研究［J］. 生态经济，2016（11）：20-26.

[17] Galdeano-Gómez E.. Does an Endogenous Relationship Exist Between Environmental and Economic Performance? A Resource-based View on the Horticultural Sector［J］. Environ Resource Econ，2008（40）：73-89.

[18] Triebswetter U., Wackerbauer J.. Integrated Environmental Product Innovation and Impacts on Company Competitiveness: A Case Study of the Automotive Industry in the Region of Munich［J］. European Environment，2008，18（1）：30-44.

[19] Hart S., Ahuja G.. Does It Pay to Be Green? An Empirical Examination of the Relationship Between Emission Reduction and Firm Performance［J］. Business Strategy and the Environment，1996，5（1）：30-37.

[20] María D. López-Gamero, José F. Molina-Azorín, Enrique Claver-Cortés. The Potential of Environmental Regulation to Change Managerial Perception, Environmental Management, Competitiveness and Financial Performance［J］. Journal of Cleaner Production，2010（18）：963-974.

[21] Michael V. Russo and Paul A. Fouts. A Resource-Based Perspective on Corporate Environmental Performance and Profitability［J］. The Academy of Management Journal，1997，40（3）：534-559.

自愿型环境规制影响企业绩效的路径研究[*]

胡元林 李雪

在我国经济快速发展的同时，资源耗竭、环境污染以及生态破坏日趋严重，为此我国制定和实施了一系列以环境保护为目的的各项政策与措施来约束企业行为，即通过环境规制来引导企业的绿色行为。根据政策工具的强制性水平，环境规制可分以为命令控制型规制、市场激励型规制和自愿型规制。[1] 其中，自愿型环境规制是指企业主动采取措施承担环保责任的自我约束机制，目前主要包括环境认证、环境审计、生态标签、环境协议等。

考虑到环境污染的严重性以及传统规制的局限性，我国在借鉴发达国家经验的基础上，大力推行自愿型环境规制，如我国1993年开始实施环境标志、1995年开始推行ISO 14000、2003年开始施行清洁生产和全过程控制，均属自愿型环境规制内容，其目的是实现规制方式的多元化以及各类规制之间的相互协调。从理论上看，自愿型环境规制的环境改善效果直接，运行成本较低，对企业技术创新的激励程度高，但能否提高企业绩效、如何影响企业绩效，其内在机理和结果尚不明确。现有研究或笼统介绍三类环境规制工具对企业绩效的影响，推测自愿型环境规制对企业绩效有更积极的影响，或探讨单一规制手段（如施行清洁生产、推行ISO 14000）对企业绩效的影响过程和影响结果，并没有将自愿型环境规制、企业管理行为和企业绩效置于一个框架进行系统分析，探究其对企业绩效的影响路径。

本文探讨自愿型环境规制、管理认知、企业绿色管理和企业绩效的关系，明确自愿型环境规制对企业绩效的影响路径和后果。研究有利于提高企业环境管理

---

[*] 本文发表于《生态经济》2018年34卷第4期。有改动。

水平，为我国企业制定和实施绿色管理战略奠定理论基础和实证支持。

一、理论分析与研究假设

管理认知是企业对信息和竞争机会的把握与解读，管理者个人关于环境是机会还是威胁的判断对企业战略选择具有非常重要的作用（Nadkarni and Barr, 2008）。[2] 自愿型环境规制的推行，能够改变管理者生产经营理念，提升企业形象，为企业带来长期利益，使管理者认识到遵循规制是企业发展的机会。

第一，在自愿型环境规制下管理者会不断更新生产经营理念，追求可持续发展，注重长远利益。在自愿型环境规制的引导下，企业管理者重视环境保护和清洁生产，全员、全过程、全方位地承担环保责任，积极主动采取措施降低对环境的破坏，减少环境污染的惩罚支出，用更先进的技术生产绿色产品，以满足消费者的需求，力图从环境保护中获取长期利益。第二，遵循自愿型环境规制可以提高企业形象。正是由于消费观的转变，社会对环保问题越来越重视，拥有环境标志或通过ISO 14000认证的企业会在社会上和消费者心目中树立良好的企业形象，扩大企业的知名度，强化市场地位，有利于促进企业的长远发展。第三，管理者将遵循自愿型环境规制视为企业发展机会。随着环境标志、ISO 14000等工具在我国的推行，消费者开始青睐那些拥有环境标志、通过ISO 14000认证的产品，此时企业管理者会积极看待消费者行为的转变，并将这一变化作为企业发展的机遇。Henriques等也指出，积极面对环境治理问题、主动承担环保社会责任的企业，越有可能将消费者的环保消费观看作企业发展的机遇。[3] 综上提出假设1：

H1：自愿型环境规制的实施，对企业管理认知产生正面影响。

绿色管理是企业在整个产品生命周期中降低对环境负面影响的所有努力。自愿型环境规制通过推动企业战略转型、调整企业组织结构、改变企业投资方向来促进企业绿色管理。

第一，自愿型环境规制推动企业绿色战略的形成。自愿型环境规制是建立在企业自愿参与实施的基础上的，更多强调的是企业的主动性和主导作用。在遵循和实施自愿型环境规制过程中，企业会积极应对环境问题，将其纳入企业战略之中，立足绿色市场，应用绿色科技，开发绿色产品，利用环境管理能力获得竞争优势。第二，自愿型环境规制会促使企业调整组织结构来实现绿色管理。为适应自愿型环境规制的要求，企业会设立专门的绿色管理机构负责环境事宜，如收集绿色信息，分析绿色市场需求，制定绿色发展计划，进行绿色认证，建立绿色管理文化，塑造企业绿色形象，为绿色生产经营进行组织准备。第三，自愿型环境规制能够影响企业环保投资，推动技术创新。在环境标志、ISO 14000等规制工具影响下，企业会主动将资金投入到环境保护中，增加环保投资，主动治理经营活动对环境造成的污染，推动技术创新，积极生产绿色产品，以满足消费者的绿色需求。Ambec和Barla通过对污染型企业的研究，得出环境规制能够促进企业创新，进而发现环境规制与技术创新的正相关关系。[4] 学者颉茂华等对我国2003~2013年上市重污染企业实证研究得出，环境规制对重污染企业的研发支出、技术创新等都起到了促进作用。[5] 为此提出假设2：

H2：自愿型环境规制有利于企业实施绿色管理，与绿色管理正相关。

绿色管理是企业在自愿型环境规制下的重要措施，而管理者对环境规制重要性和必要性的认知很大程度上决定企业是否采取绿色管理，因此公司实施绿色管理与管理者的认知水平关系密切。

第一，管理者对环保积极的管理认知可以促进企业绿色战略的形成和实施。Sharma和Verdenburg认为企业的管理行为是由管理者的认知决定的，若公司管理者认知环境问题对公司发展更有益，是一个机遇，则公司会制定绿色战略并实施；[6] 如果管理者认知环境问题是威胁，则企业只遵守相应的环境法规，环境战略的目的仅仅是为了应付法规。Nadkarni和Barr认为，管理者将环境因素视为机会还是威胁会影响企业的战略决策。[2] 因此企业选择什么类型的环境战略，主要取决于企业高层管理者对环境问题的解读，是将环境问题视为机遇还是威胁，取决于高层管理者对环境战略与企业绩效关系的判断，如果企业高层管理者认识到环境因素能够给企业带来竞争优势，则企业将倾向于选择绿色环境战略。第二，积极的管理认知可以推动企业生产经营活动的绿色化。将环境问题纳入绿色战略，必将在具体的职能战略，如研发、供应链管理、生产制造以及服务营销中予以实现。积极的管理认知重视消费者需求的变化，并将消费者的环保偏好转为企业的商业机会，促使企业实现资源配置，协调各职能战略，开发环保产品、技术以及绿色业务，进行绿色技术改造，与关注环保的消费者建立紧密联系。因此针对以上观点提出假设3：

H3：积极的管理认知能够促使管理者实施绿色管理，与绿色管理正相关。

尽管学术界对企业绿色管理与企业绩效之间的关系存在着诸多争议，但作者认为，企业实施绿色管理能够对企业绩效起正向影响，主要有以下理由：

第一，实施绿色管理可以获得生态经济效益。即不仅可以提高企业的财务绩效，而且可以获得环境绩效。企业通过绿色管理，降低单位产品的物质资源消耗，提高资源的利用效率，既提高了企业自身的经济效益，又促进了人类生存环境的改善，减少了社会资源的浪费，能以较少的绿色投入，取得较大的经济效益和社会效益。众多学者支持绿色管理可以提高企业绩效这一观点，Berry 和 Rondinelli 认为实施绿色战略可以改善产品质量，扩大市场占有率，弥补实施绿色管理投入的成本；[7] Clemens 和 Bokstran 运用战略选择理论也得出实施积极的环境战略可以使企业获得财务和环境上的双效益。[8] 第二，实施绿色管理可以保持企业竞争力。随着环境标志和 ISO 14000 认证的实行，消费拥有环境标志和 ISO 14000 认证的产品逐渐成为一种潮流。企业由此抓住消费者，与供应商一起开发绿色产品及服务，保持企业的长期战略地位，形成竞争优势，保持企业竞争力。第三，实施绿色管理可以满足相关法律法规要求，获得合规性效益，并可能产生创新效益。实施绿色管理的企业污染排放一般在政府规定的标准之下，避免了污染超标处罚费用。众多学者的研究还证明了环保投资的增加，会实现"创新补偿效应"，弥补甚至超过之前投入的成本，进而提高企业绩效。Thomas Broberg 在对造纸行业进行研究分析后认为，企业增加对污染的预防支出和治理支出能够提高企业的绩效；[9] Hamschmidt 和 Dyllick 在对履行 ISO 14000 标准的企业进行实证研究时发现，这些企业为了通过 ISO 14000 认证，会提高环保投资力度，生产绿色产品，增加了产品销售额，扩大了市场占有率，对企业绩效有积极的影响。[10] 因此提出假设 H4：

H4：企业绿色管理与企业绩效呈正相关。

二、研究方法

1. 问卷设计

问卷源自于国家自科基金项目（71362023）的调研问卷。本文主要选取了其中两部分：第一部分是被调查对象的基本信息，包含企业成立时间、所属行业、所有制类型、年均销售额和被调查个体的职位；第二部分是相关潜在变量的测量指标。其中，自愿型环境规制包括：①企业自愿采用清洁生产技术，遵循行业环境标准；②企业的绿色管理标准已经通过了 ISO 14000 认证；③近三年，本企业能够及时、准确地对外发布环境信息。管理认知包括：①环保对企业而言是一个机遇；②环保可以提高企业的公众形象，进而有利于企业发展；③环保虽然提高企业成本，但不会阻碍企业发展壮大。绿色管理包括：①企业优先使用环保型原材料；②选择环保技术或替代生产技术；③企业倾向于消耗可再生能源或降低能源消耗；④企业会调整组织结构以促进环境保护。企业绩效包括：①近三年企业的销售收入已经明显超过主要竞争对手；②近三年企业总资产周转率明显提高；③近三年企业的净资产收益率明显提高。每个指标均采用李克特七分制评分标准进行测量，其中"1"表示"非常不同意"，"7"表示"非常同意"。

2. 研究样本

在此基础上，本文主要针对钢铁、冶金、化工、建材等规模以上的重工业企业进行深度访谈并发放调查问卷。Berrone 和 Gomez-Mejia，Fraj-Andrés 认为，重污染企业有相对较强烈的环保意识，它们更有可能主动披露环境信息。[11] 相比于低污染行业所受到的压力，高污染行业会更加受到环境规制的影响，更会关注企业的绿色管理。本次调查共发放问卷 420 份，回收问卷 298 份，回收率为 70.95%，其中有效问卷 182 份，有效回收率为 61.07%。

三、数据分析

1. 样本特征分析

研究样本包括环保部公布的 14 类重污染行业，74.2%的企业存续年限为 5~20 年；建材、冶金、化工、钢铁企业占比 60.1%；私营企业、有限责任公司占比 77.5%；近三年年均销售额在 1000 万元人民币以上的企业占比 84.6%；被调查者 87.9%为企业负责人或相关部门领导，由此可以看出相关问卷总体上具有良好的代表性。

2. 信度与效用分析

信度是指在不同时间测量相同的研究对象时，得出的结果具有一致性或稳定性。选择 Cronbach's α 值作为信度检验标准，当 Cronbach's α<0.35 时属于低信度，当 0.35≤Cronbach's α<0.7 时属于中信度，当 Cronbach's α≥0.7 时属于高信度。运用 SPSS 19.0 对数据进行可靠性分析，得出变量的 Cronbach's α 值介于 0.791~0.915，均大于 0.7，说明该量表具有比较好的信度。CR 值介于 0.798~0.919，AVE 值介于 0.570~0.791，都大于 0.5，且 AVE 的平方根介于 0.755~0.890，均大于各变量之间的相关系数。各变量具体指标如表 1 所示。

表 1　各变量 Cronbach's α、CR、AVE 指标

变量	Cronbach's α	CR	AVE	AVE 的平方根
自愿型环境规制	0.791	0.798	0.570	0.755
管理认知	0.830	0.835	0.628	0.792
绿色管理	0.880	0.884	0.658	0.811
企业绩效	0.915	0.919	0.791	0.890

根据以上指标可以看出所有构念具有良好的一致性和稳定性。此外，此研究用到的调查问卷中的项目均来源于相关文献，具有良好的内容效度。

3. 模型拟合及结果

本文采用最大似然估计法运用 AMOS 21.0 进行模型运算，得出各变量之间

的标准化系数和主要拟合指标（见表2），其中，简约适配度指数 $\chi^2/df = 2.080$，小于3，P值小于0.001；增值适配度指数 $IFI = 0.957 > 0.9$，$CFI = 0.956 > 0.9$；绝对适配度指数 $GFI = 0.897 > 0.8$；$RMSEA = 0.077$，小于0.08。以上指标均满足适配的标准或临界值，表明该模型拟合度良好，可以接受原假设。最终带路径系数的模型如图1所示。

表2　模型中各变量之间的标准化系数及统计性检验

路径	标准化系数	S.E.	C.R.	P	检验结果
管理认知←自愿型环境规制	0.630	0.107	6.652	***	支持
绿色管理←自愿型环境规制	0.522	0.083	5.474	***	支持
绿色管理←管理认知	0.443	0.072	4.718	***	支持
企业绩效←绿色管理	0.529	0.126	6.090	***	支持

注：***$P < 0.001$，**$P < 0.01$，*$P < 0.05$。

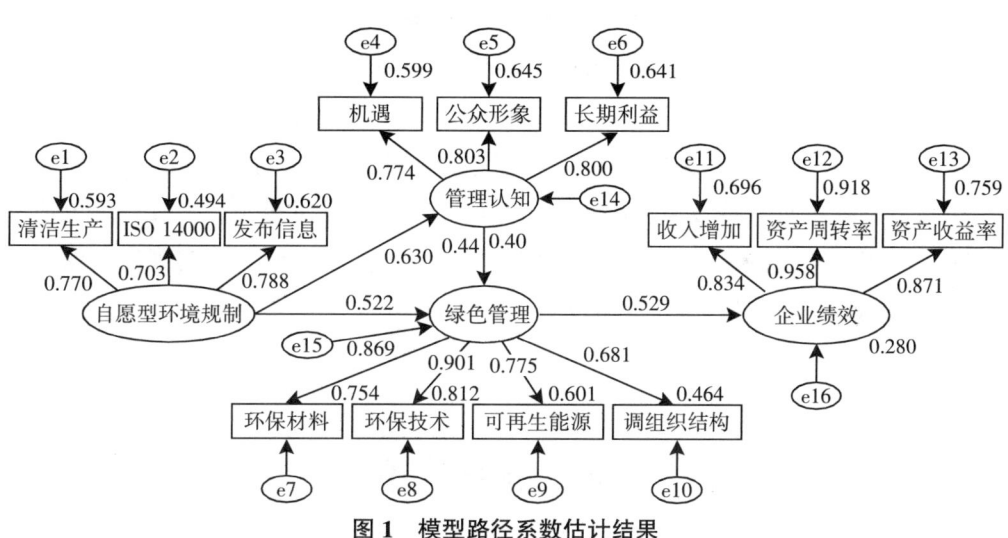

图1　模型路径系数估计结果

4. 假设检验与讨论

（1）自愿型环境规制对管理认知具有显著的正向影响。由表2可知，自愿型环境规制到管理认知的路径系数为0.630，P值小于0.001，具有统计上的显著相关性。这表明自愿型环境规制能够增加管理者的环保意识，使管理者意识到绿色管理的重要性，能够显著影响管理者的管理认知，因此H1成立。

（2）自愿型环境规制对绿色管理有显著的正影响。自愿型环境规制对绿色管理的路径系数值为 0.522，P 值小于 0.001，在统计上具有显著相关性。这表明在自愿型环境规制下，管理者自愿实施绿色管理，引进绿色技术，生产绿色产品，承担起保护环境、节约资源的社会责任，因此 H2 成立。

（3）管理者的管理认知对企业绿色管理具有显著正影响。管理认知对绿色管理的路径系数为 0.443，P 值小于 0.001，企业管理者的管理认知对绿色管理的实施具有激励作用。管理者意识到实施绿色管理是企业当前形势下的发展机会，是占有市场优势和降低成本的必然途径，因此管理者积极的管理认知对企业绿色管理有促进作用，H3 成立。

H2、H3 显示了自愿型环境规制影响企业绿色管理的两条路径：一条路径是自愿型环境规制直接影响企业的绿色管理，另一条路径是通过企业管理者的管理认知来影响企业绿色管理，即先由自愿型环境规制影响企业管理者的管理认知，提高他们的环保意识，激励他们将环保作为生产经营的一个重要因素，再由环境保护管理认知激励企业采取积极的绿色管理战略，使用清洁能源和环保材料，引进环保生产设备，更新生产工艺流程，生产环保型产品，走可持续发展道路。

（4）绿色管理对企业绩效有显著的积极影响。绿色管理对企业绩效的路径系数为 0.529，P 值小于 0.001，H4 成立。绿色管理可以帮助企业降低环境污染的治理成本，获得合规性效益；同时，生产出的环保产品满足了更多具有绿色消费观的消费者，既提高了企业形象，又创造了持久的竞争优势，能实现环境保护和企业竞争力的"双赢"，促进企业又好又快发展。

四、研究结论

本研究通过实证研究明确了自愿型环境规制提高企业绩效的两条路径：①自愿型环境规制通过影响企业管理者的管理认知，促进企业实施绿色管理来获得企业绩效；②自愿型环境规制直接影响企业的绿色管理，绿色管理促进企业绩效的提高。研究进一步明确了企业绿色管理的重要性，为企业适应环境规制提高绩效提供了思路，也为我国环境规制由命令型环境规制逐步过渡到自愿型环境规制提供了理论基础和实证检验。

参考文献

[1] 赵玉民,朱方明,贺立龙. 环境规制的界定、分类与演进研究[J]. 中国资源·人口与环境,2009,19(6):85-90.

[2] Nadkarni Sucheta, Pamela S. Barr. Environmental Context, Managerial Cognition, and Strategic Action: An Integrated View[J]. Strategic Management Journal, 2008, 29(13): 1395-1427.

[3] Henriques Irene, Perry Sadorsky. The Relationship Between Environmental Commitment and Managerial Perceptions of Stakeholder Importance [J]. Academy of Management Journal, 1999, 42(1): 87-99.

[4] Ambec S., Barla P.. Can Environmental Regulationsbe Good for Business? An Assessment of the Porter Hypothesis [R]. Working Paper, 2007(1): 12-16.

[5] 颉茂华,王瑾,刘冬梅. 环境规制、技术创新与企业经营绩效[J]. 南开管理评论,2014,17(6):106-113.

[6] Shama S., Verdenburg H.. Proactive Corporate Environmental Strategy and the Development of Competitively Valuable Organizational Capabilities [J]. Strategic Management Journal, 1998, 8(19): 729-753.

[7] Berry M. A., Rondinelli D. A.. Proactive Environmental Management: A New Industrial Revolution[J]. Academy of Management Executive, 1998, 12(2): 38-50.

[8] Clemens B., Bakstran L.. A Framework of Theoretical Lenses and Strategic Purposes to Describe Relationships among Firm Environmental Strategy, Financial Performance and Environmental Performance [J]. Management Research Review, 2011, 4(33): 393-405.

[9] Thomas Broberg. Testing the Porter Hypothesis: The Effects of Environmental Investmentson Efficiency in Swedish Industry [J]. National Institute of Economic Research, 2013(1): 43-56.

[10] Hamschmidt J., Dyllick T.. ISO 14001: Profitable? Yes! But is It Eco-effective? [J]. Greener Management International, 2001(34): 553-568.

[11] Fraj-Andrés E., Martínez-Salinas E., Matute-Vallejo J.. Factors Affecting Corporate Environmental Strategy in Spanish Industrial firms[J]. Business Strategy and the Environment, 2008(10): 1002-1011.

平衡计分卡因果逻辑关系实证研究
——基于重污染企业的问卷数据*

胡元林　黎　航

"因果关系链"被视为平衡计分卡创立时所倡导的核心理念之一，也是作为近年来被广泛采用的绩效评价体系发挥战略地图作用的精髓所在。平衡计分卡各维度下层指标均对其上层指标产生驱动作用，层层递进，最终指向企业各项财务指标的优化，内部因果逻辑关系促使企业顺路径实现企业价值最大化的战略目标、逆路径实现企业信息的反馈（Kaplan and Norton，1992）。Norriklit、Malina等研究得出：平衡计分卡之所以被广泛应用、区别于传统绩效管理体系并发挥战略地图作用的关键就在于因果逻辑关系。其中，"学习与成长"是核心，"内部流程"是基础，"客户"是关键因素，"财务"是最终结果。整个体系的构建是在公司远景和战略框架统领下完成的，为企业经营战略的实施和事后结果的评估提供了系统化的思路（刘运国、陈国菲，2007）。可见，"因果关系链"在平衡计分卡中至关重要，具有不可替代的核心作用。

基于平衡计分卡在实践中的广泛应用和因果关系链的核心地位，在研究领域中对因果逻辑关系是否存在尚存质疑，而实证研究相对缺乏，对因果逻辑关系进行验证是未来的一个研究方向。本文在对重污染企业调研数据基础上，利用结构方程模型对因果逻辑关系的存在进行实证分析，并提出相关建议，有利于企业设计和实施符合自身情况的平衡计分卡。

---

* 本文发表于《统计与决策》2017 年第 1 期。有改动。

一、对平衡计分卡因果关系的质疑

尽管 Kaplan 和 Norton（2001）认为，平衡计分卡因果关系是存在的，并且用大量案例说明平衡计分卡存在因果关系链，但由于创立时对因果关系链的定义就并不是特别清晰，随着平衡计分卡在各个行业领域的应用日渐广泛，学术界中对"因果关系链"的异议此起彼伏。总结对平衡计分卡模型中因果关系链的质疑，可归结如下：

其一，Kaplan 和 Norton 对平衡计分卡各维度指标间的因果逻辑关系的阐释并不够严密和准确，仅仅被认为只是四个维度指标的整合。如 Laitinen（1996）认为，平衡计分卡运用于企业生产经营活动中时，各维度分解指标是单独或几个被整合的，它们之间存在着某种关系但并不能说明其一定存在内部因果逻辑关系。其二，各维度指标并不独立。因果关系链强调指标间的因果逻辑，但实际上并非如此，例如客户满意度提高与客户质量的关系，尽管客户满意度提升，但有可能受购买条件或竞争者提供了更优质的服务和更高质量的产品等因素影响，客户质量并不一定提高。其三，相关性并非因果逻辑。因果逻辑关系强调要素之间的联系只是单向，而研究认为平衡计分卡各指标是相互影响的，因此存在着相关性并非逻辑因果性。同时，目前为止，有关验证平衡计分卡内部因果逻辑关系是否存在的研究大多采用的是相关回归分析法，此种方法只能验证相关潜变量之间的相关性，如客户满意过度和客户忠诚度的提高与财务指标的优化是相关的，而并不能验证其之间存在着因果逻辑关系。其四，时间维度。因果性强调前因后果，而平衡计分卡某一维度指标的提升对后一维度的驱动作用可能在很长一段时间才能显现，到底哪个指标是因，哪个指标是果，并没有一个具体的标准，而时间维度却是判断因果逻辑关系的关键所在。

另外，大量实证研究也支持着上述质疑。如 Matthews 和 Katel（1992）的实证研究表明大部分客户质量和满意度提高对企业财务绩效和财务指标改善作用并不明显。Ittner 和 Larcker（1997）研究得出，在各类行业、企业中内部流程制度和各项指标的设计不尽相同，并不一定能对绩效产生某种影响。Mittal 和 Lassar

(1996)认为,客户质量与客户忠诚度之间不存在因果逻辑性。Fornell(1995)的实证研究认为,客户质量和忠诚度的提高可以促使企业扩大市场占有率,但并不是一种因果逻辑关系。Rajiv D. Banker通过对800家零售连锁店进行研究后认为,虽然内部管理制度和流程、顾客忠诚度、职员学习与创新能力等指标对企业财务绩效和管理层制定战略目标有一定影响,但另外这些指标也更易受很多因素如连锁店地理条件所左右,这些指标包含的许多信息并不能验证这种因果逻辑关系的存在,各维度间顶多是一种相关性。Malmi(2001)在芬兰部分企业的经营数据基础上认为:理论上的因果关系链的存在并不代表其在实践中真正应用,众多企业管理层并未对各维度指标间因果逻辑关系深入了解并设计符合自身条件的平衡计分卡,因此这种因果逻辑关系似乎可有可无。Malina和Selto(2004)将时间维度这一因素考虑进来,构建结构方程式,对一家美国财富500强设备制造商下属的北美31个分销商建立DBSC模型,得出理论上的因果关系链在实践中存在的理由并不充分的结论。吴安妮(2001)在获取中国台湾地区银行业与汽车修理业这两个行业数据的基础上,对平衡计分卡内在因果逻辑关系普适性进行实证研究,结果推断因果逻辑为核心理念的绩效评价体系可能更适用于进入门槛高、代替性低的行业,从而得出理论上的存在的通用内在因果逻辑的假设可能不具普适性的结论。

二、研究方法

1. 问卷设计

针对上述质疑,为验证平衡计分卡四维度间的内部因果逻辑关系,本文以重污染企业为研究对象进行调查,问卷共分为两部分。第一部分是被调查企业的基本情况,包括企业经营时间、所属行业、所有制类型、经营状况以及被调查者职位等问题。第二部分是对平衡计分卡四维度相关指标的调查。问卷采用了李克特七级量表的方式进行评测,被调查者按照"1-非常不同意,2-较不同意,3-不同意,4-不确定,5-同意,6-较同意,7-非常同意"进行打分。问卷设计如表1表示。

表 1　问卷调查

内容	维度	相关指标
平衡计分卡	财务	①近三年，企业的销售收入已经明显超过主要竞争对手
		②近三年，企业总资产周转率明显提高
		③近三年，与同行业企业相比，本企业保持较好的流动性
		④近三年，企业的净资产收益率明显提高
	顾客	⑤近三年，我们企业的市场份额明显提高
		⑥近三年，我们企业明显快速地占领了新市场
		⑦近三年，企业顾客的忠诚度较往年明显提升
		⑧近三年，本企业顾客的满意度明显提高
	内部流程	⑨近三年，本企业在研发支出上明显加大了投入
		⑩近三年，本企业比主要竞争对手更快地推出了新产品/服务
		⑪企业部门组织间的管理沟通非常流畅
		⑫近三年，本企业处理客户订单的效率明显提高
		⑬近三年，本企业产品的退货率明显降低
		⑭近三年，本企业加大了售后产品人力和物力上的投入
	学习与成长	⑮近三年，企业对员工进行业务培训次数明显增加
		⑯近三年，企业员工的工作效率明显高于竞争对手企业员工
		⑰近三年，本企业员工的忠诚度明显提高，离职率降低
		⑱员工在工作中提出建议的数量明显提高
		⑲员工建议采纳后企业效益得到提高
		⑳员工建议采纳后获得了较好的奖励

2. 研究样本

问卷发放时主要以国家环保总局划分的火电、钢铁、水泥、电解铝等 16 类重污染行业为调查对象，问卷发放方式主要采用实地发放和邮件两种方式，考虑到数据收集的便利性及有效性，本次问卷调查主要在云南、湖北、河北、辽宁等地共计发放收回问卷 416 份，在剔除掉漏选、重选等无效问卷后，有效问卷共计 186 份，本次分析是基于这 186 份问卷进行的。

3. 计量方法的选择

在实证研究中需要检验平衡计分卡四个维度之间的因果关系，其中既包含了多种可观测的显变量，也包含大量无法直接观测的潜变量，而这种情况下的假设检验是传统统计方法如普通回归、Logistic 回归等模型无法完成的，而结构方程模型（Structural Equation Modeling，SEM）就成为本文的最佳选择。20 世纪 80 年代以来，SEM 的迅速发展则弥补了传统统计方法的不足，成为建立、估计和检验假设的重要工具。这种方法不仅可以处理显变量间的相互因果，更能利用因子分析的方式构建多个"潜变量"，并讨论潜变量之间或者潜变量和显变量之间的复杂关系。显然，SEM 为高度抽象并难以测量的变量提供了进行计量的可能。同时，通过结构方程研究方法构建模型时可以设立自变量与因变量之间的误差项，从而最大限度地降低测量误差实证结果的影响。此外，SEM 还可以对模型的拟合优度进行衡量，并且给出模型修改提示，以提高拟合程度，找到更加适合的模型，准确地反映出数据所表现出来的变量之间存在的关系。可见，与传统分析方法相比，SEM 在处理多个变量间影响关系时具有独特的优势，因此，本文选取 SEM 作为研究方法。

三、数据分析

1. 描述性统计

本次被调查企业覆盖环保部公布的 14 类重污染行业（见表2），从描述性统计结果看，44.1%为有限责任公司，32.3%为私营企业；近三年年均销售额为人民币 1000 万元以上的企业占样本数的 84.4%；被调查对象的 88.7%为企业部门或单位领导，能够对问卷做出更加客观准确的回答。总体上本次调查收回的样本具有良好的代表性。

2. 信度与效度分析

选择 Cronbach's α 值作为信度检验标准。一般地，当 Cronbach's α ≥ 0.70 时为高信度；0.35 ≤ Cronbach's α < 0.70 时属于中信度；当 Cronbach's α < 0.35 时为低信度。使用 SPSS 19.0 分析了总体量表和各个潜变量的 Cronbach's α 系数，从表 3 中可以看出，总量表的 Cronbach's α 系数达到了 0.952，各个潜变量的 Cronbach's α 系数也均在 0.80 以上，说明问卷具有较佳的信度。另外，由于本文所使用的问卷项目全部来自过去的文献，很多学者曾使用这些量表测量相关变

量，所以问卷具有较好的内容效度。

表2 描述性统计分析

特征属性	分类标准	样本数	百分比（%）
所有制类型	国有企业	20	10.8
	集体企业	3	1.6
	私营企业	60	32.3
	有限责任公司	82	44.1
	股份合作制企业	3	1.6
	股份有限公司	15	8.1
	其他	3	1.6
企业所属行业	火电	3	1.6
	钢铁	19	10.2
	水泥	16	8.6
	电解铝	1	0.5
	煤炭	6	3.2
	冶金	43	23.1
	化工	20	10.8
	石化	11	5.9
	建材	45	24.2
	造纸	1	0.5
	酿造	2	1.1
	制药	8	4.3
	纺织	2	1.1
	采矿业	9	4.8
近三年年均销售额	不超过100万元	3	1.6
	100万元<金额≤500万元	10	5.4
	500万元<金额≤1000万元	16	8.6
	1000万元<金额≤5000万元	76	40.9
	5000万元<金额≤10000万元	34	18.3
	10000万元<金额≤100000万元	33	17.7
	100000万元以上	14	7.5

表 3　克朗巴哈系数

变量	项数	Cronbach's α
财务	4	0.917
顾客	4	0.861
内部流程	6	0.860
学习与成长	6	0.898
全部变量	20	0.952

3. 基于结构方程的假设验证

基于平衡计分卡中学习与成长、内部流程、顾客、财务四个维度之间的作用机制，构建结构方程模型来分析潜变量之间的作用关系（其模型如图 1 所示）。采用最为普遍的极大似然法（Maximum Likelihood Method）进行模型运算，在 AMOS 17.0 中进行数据的输入与输出，得到模型主要的拟合指标以及各变量间的路径系数（见表 4 和表 5），其中，CMIN/DF 为 1.907，接近 2；GFI 为 0.867，AGFI 为 0.803，均大于 0.8；TLI 为 0.910，CFI 为 0.921，大于 0.9；RMSEA 为 0.078，小于 0.08。以上指标均满足评价标准，因此该模型整体拟合效果较好。

表 4　模型各变量间的路径系数及统计检验结果

	非标准化系数	标准化系数	S.E.	C.R.	P	检验结果
内部流程<---学习与成长	0.917	0.83	0.112	8.155	***	支持
顾客<---内部流程	0.495	0.84	0.065	7.587	***	支持
财务<---顾客	1.753	0.93	0.196	8.932	***	支持

注：***$P<0.001$，**$P<0.01$，*$P<0.05$。

表 5　模型拟合指数结果

拟合指数	CMIN/DF	GFI	AGFI	TLI	CFI	RMSEA
输出结果	1.907	0.867	0.803	0.910	0.921	0.078

由检验结果可知，路径模型中三项假设均通过，且拟合指数均能接受，即学习与成长对内部流程能够产生显著的正向影响，内部流程对顾客能够产生显著的正向影响，顾客对财务能够产生显著的正向影响，这说明平衡计分卡中四维度的因果关系是存在的。最终带路径系数的模型如图 1 所示。

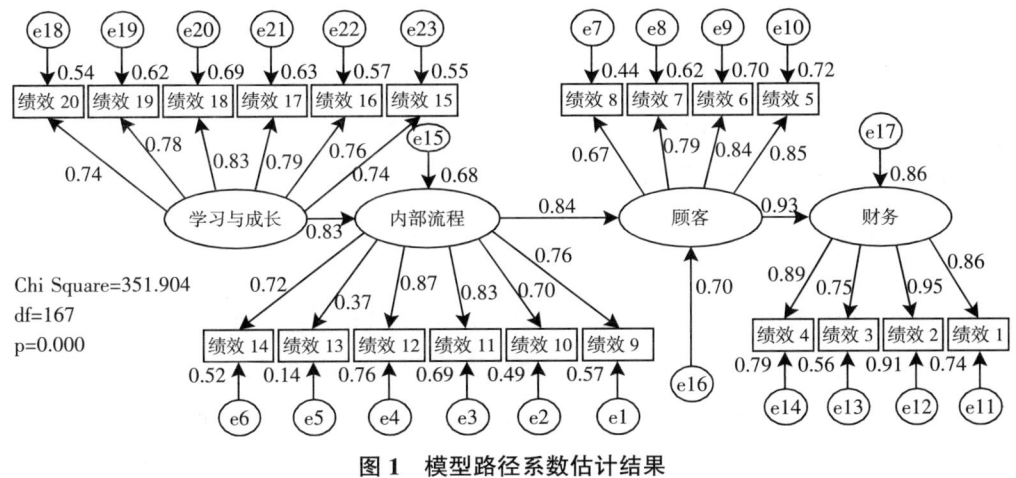

图 1　模型路径系数估计结果

四、结论及建议

通过实证研究，发现平衡计分卡中学习与成长、内部流程、顾客、财务四个维度间存在着内在的因果逻辑关系。但内在的因果逻辑关系并不是我们关注的全部，正如 Kaplan 和 Norton（1992）所强调的，建立平衡计分卡因果关系链的根本目的在于通过各指标与战略相连接，在寻找因的过程中，分析企业现有的问题，采取相应的行动，以便进行战略学习，实现组织目标，并通过战略反馈不断地进行调整，这种具体管理情景下的因果关系恰恰是平衡计分卡的实践应用价值（谢灵，2011）。

因此，在运用平衡计分卡时：①应首先注重因果关系链。在基于战略目标设计各维度指标时，关键在于其内部因果逻辑关系的构建，这有利于将战略目标分解为若干具有逻辑关系且便于评估的指标，也有助于企业员工对企业战略目标和自身目标的深入理解，为实现目标而努力，而这必须要求平衡计分卡指标体系具备因果逻辑关系。②因地制宜地设计符合自身情况的平衡计分卡。不同企业所处的内外部环境不尽相同，要求企业依据自身情况制定不同的企业战略，这也导致平衡计分卡各维度及指标体系的差异，因此企业应将理论与实际结合，设计符合自身情况的平衡计分卡，才能最大限度发挥平衡计分卡的效用。③合理选择各维度指标数量。指标数量的设计要合理，不能过多或过少。指标过多会分散员工注意力，增加员工压力进而影响绩效评估的效果；指标数量设计过少、某些指标的遗漏，可能导致无法利用平衡计分卡进行全面绩效评估，影响绩效评估效果。应结合企业发展阶段，有所侧重，选择重要指标进行考核。

参考文献

［1］D. Ittner, D. F. Larcker. The Performance Effects of Process Management Techniques［J］. Management Science, 1997, 43（4）: 522-534.

［2］Banker C. Konstans, R. Mashruwala. A Contextual Study of Links Between Employee Satisfaction, Employee Turnover, Customer Satisfaction and Financial Performance［R］. Working Paper, Dallas: The University of Dallas at Texas, 2000.

［3］Norreklit. The Balanced Scorecard: What Is the Score? A Rhetorical Analysis of the Balanced Scorecard［J］. Accounting, Organizations and Society, 2003（28）: 591-619.

［4］B. Mittal, W. M. Lassar. The Role of Personalization in Service Encounters［J］. Journal of Retailing, 1996, 72（1）: 95-109.

［5］M. Malina, F. H. Selto. Causality in Performance Models［R］. Working Paper, Naval Postgraduate School, 2004.

［6］Fornell. The Quality of Economic Output: Empirical Generalizations about Its Distribution Share［J］. Marketing Science, 1995, 14（3）: 203-211.

［7］R. S. Kaplan and D. P. Norton. The Strategy Focused Organization: How Balanced Score-card Companies Thrive in the New Business Environment［M］. Harvard Business School Publishing Corporation, 2001.

［8］R. S. Kaplan, D. P. Norton. The Balanced Scorecard Measures That Drive Performance［J］. Harvard Business Review, 1992, 70（1）: 71-79.

［9］刘运国, 陈国菲. BSC与EVA相结合的企业绩效评价研究——基于GP企业集团的案例分析［J］. 会计研究, 2007, 239（9）: 50-59.

［10］吴安妮. 员工面、内部运营面及顾客面对财务业绩影响之实证研究［J］. 台湾管理学刊, 2001, 1（1）: 125-150.

［11］谢灵. 平衡计分卡因果关系再认识［J］. 厦门大学学报, 2011, 207（5）:

58-64.

[12] 宋红玉, 沈菊琴. 平衡计分卡的发展及超越: 一个文献综述 [J]. 会计之友, 2015 (5): 134-136.

[13] Matthews J. and P. Katel. The Cost of Quality: Faced with Hard Times, Business Soars on Total Quality Management [J]. Newsweek, 1992 (9): 48-49.

[14] R. D. Banker, C. Konstans, R. Mashruwala. A Contextual Study of Links Between Employee Satisfaction, Employee Turnover, Customer Satisfaction and Financial Performance [J]. Working Paper, Dallas: The University of Dallas at Texas, 2000.

[15] T. Malmi. Balanced Scorecards in Finnish Companies: AResearch Note [J]. Management Accounting Research, 2001, 12 (2): 207-220.

基于价值链视角的企业环境管理绩效评价研究*

胡元林　平　丽

企业是社会财富的主要贡献者，同时也是环境污染的主要"制造者"。保护环境是企业义不容辞的责任，企业应当主动实施环境管理，减少环境污染和环境破坏，提高环境管理绩效，实现经济发展、资源利用、环境保护的协调。企业环境管理绩效是企业管理层为改善环境付出的努力及加强环境管理取得的综合成效。在 ISO 14031（1998）环境体系中，环境管理绩效包括企业环境守法、环境内部管理、外部沟通、安全卫生等方面。[1] 环境管理绩效评价可以帮助企业作出有效的环境管理决策，实施有针对性的环境管理，促进环保效益的提高。

鉴于资源环境问题的严峻性以及企业在生态环境中的重要性，企业环境管理绩效评价已成为当前的研究热点。Johan Thoresen（1999）指出环境管理绩效评价应当基于产品的生命周期，同时从宏观层面和微观层面建立评价指标。[2] 赵丽娟、罗兵（2003）从供应链的环境影响、能源消耗、资源回收再利用和环境声誉四方面建立环境管理绩效指标；[3] 汤亚莉、邓丽（2006）基于产品价值链建立评价指标，涉及环境政策的落实、环境管理系统效果、产品设计、产品生产排污达标、产品销售盈利、产品回收等方面。[4] 吴利华、陈瑜（2014）从绿色采购、生态设计、绿色生产、绿色运输、绿色使用及绿色文化建设全过程构建评价指标，对环境管理绩效进行评价。[5] 以上研究均注重产品的生产经营活动，相对于企业价值链而言缺乏全面性、协调性和系统性。本文以企业价值链理论为基础，把价值创造与环境管理相联系，建立各个价值活动中相应的环境管理绩效指标，对企业环境管理活动进行全面综合评价。

---

* 本文发表于《昆明理工大学学报》（自然科学版）2018 年第 2 期。有改动。

一、基于价值链视角的企业环境管理

迈克尔·波特于 1985 年在《竞争优势》中提出价值链，他认为，企业从创建到投产经营所经历的一系列环节和活动中，既有各项投入，同时也有价值的增加，企业的每项生产经营活动都是可以创造价值的，这些相互关联的活动便构成了企业价值链。企业价值活动分为主要活动和辅助活动两大类：主要活动包括内部后勤、生产作业、外部后勤、市场营销和服务，这些主要活动能直接创造价值并传递价值；辅助活动主要包括企业基础设施、人力资源管理、技术开发和采购，这些辅助活动构成了主要活动的支持性系统。[6]

企业的正常经营过程，同时也是一个环境污染以及环境管理的过程。企业价值增值过程均蕴含着一系列环境管理活动，价值链中的主要活动正是企业控制污染和节约资源的主要环节，而辅助活动为污染控制和资源节约提供相应的资金、技术以及政策支持。环境因素已经融入企业经营活动的各个方面，环境问题的产生与企业生产经营有着密切关系，环境管理决策无论大小都成为企业日常决策的一部分。通过分析价值链中的环境管理活动，能识别环境管理的薄弱环节，有针对性地采取改善措施，提高企业环境管理绩效。另外，企业各价值活动密切联系，相互影响。某一价值活动出现环境问题，都将影响其他价值活动，进而影响整个企业价值链。[7] 因此，企业不应当只对单一价值活动进行环境管理绩效评价，而应当以整个价值链为基础进行全面综合评价。

二、基于价值链的企业环境管理绩效指标构建

建立一套科学合理的指标体系，有利于企业全面系统地评价环境管理绩效。环境管理绩效指标体系需要全面反映企业管理层为改善环境所下的决心与实施的政策、在环境管理方面付出的努力以及取得的成效。以价值链为基础构建环境管

理绩效指标体系,应当首先分析企业价值链各个环节中蕴含的环境管理活动,并确定相应的管理绩效指标。

企业价值链中的主要活动包括内部后勤、生产作业、外部后勤、市场营销和服务,这些活动是企业创造价值的主要活动,与此同时也消耗了资源,给环境造成了影响。基于可持续发展思想,企业创造的价值不仅包括经济效益,还包括生态环境效益。Christmann(2000)指出企业的生产经营活动中的绿色创新,是环境管理的最好实践。[8] 从原材料入库、产品生产制造、产品销售和物流、售后服务到回收再利用的整个价值创造过程中,都涉及环境因素,企业需主动开展绿色创新,实现资源节约及降低环境污染。

(1)内部后勤。内部后勤是指与接收、储存和分配产品投入相关的活动,包括物料接收、储存和分配活动,如原材料搬运、仓储、库存控制、车辆调度等。物流活动贯穿企业生产经营的始终,不合理的物流活动往往造成企业高成本、低效率和高浪费的现象。[9] 因此,应当加强企业内部物流管理,可以从四方面考虑提高环境管理绩效:一是编制科学合理的物料需求计划(MRP),加强内部物流管理,提高资源的利用效率,减少材料浪费;二是合理规划一体化物流,降低物流成本,减少环境污染;三是采用绿色的输送包装,降低包装物的处理成本;四是合理配置绿色仓储系统,减少输送储存过程中材料损耗。

(2)生产作业。生产作业是指将各种投入转化为最终产品的各项活动,如加工制造、检测、包装、设备维护、设施运行等。生产作业将材料投入转换为产品,在转换过程中不仅消耗了资源,产生的废弃物也对环境造成了影响。而绿色生产则通过将整体预防的环境战略全面持续地应用于生产过程和产品中,降低对人类和环境的风险性。[10] 企业可以对生产过程进行有效管理,实时监控生产过程中资源的消耗情况和废弃物排放情况,提高资源的利用效率,减少资源浪费和降低环境污染。此外,应当提高废弃物的无害化处理能力,提高废弃物的回收利用率,把对环境的影响降到最低。

(3)外部后勤。外部后勤是指与收集、存储和将产品发送给买方相关的活动,包括成品仓储、材料处理、支付车辆运营、订单处理、调度安排等。外部后勤实现了产品从车间到消费者手中的空间转移,通过储存、输送传递给消费者。其中需要消耗能源,同时不可避免地对环境造成损害。企业可以选择绿色运输和绿色储存,提升环境管理绩效。[11] 输送过程中,选择对环境友好的运输包装,制订科学的输送计划，选择清洁的运输工具，开展共同配送，以降低运输产生的环境污染和减少能源消耗。在产品储存过程中，提高储存技术，采用集中式绿色化自动仓储系统，加强管理，减少占地面积和储存过程中有害物质的排放。

（4）市场营销。市场营销是指为买方采购产品创造条件的相关活动，包括广告、促销、销售团队、报价、渠道选择、渠道关系、定价等。为顺应可持续发展战略的要求，企业绿色营销应运而生，即在营销活动中考虑环境影响和资源效率，实现企业自身利益、消费者权益和社会利益的统一。[12] 绿色营销策略主要包括以下策略：以绿色产品为载体，为社会和消费者提供满足绿色需求的绿色产品；对绿色产品实施合理定价，反映产品的资源消耗和环保的投入，帮助消费者接受绿色产品；开辟绿色销售渠道，选择有环保意识的分销商、代理商；采用绿色广告、绿色推销传递产品信息，采用环保的销售方式，减少储运过程中的浪费和资源消耗。

（5）服务。服务是指为提高或者保持产品价值所提供的服务，包括安装、维修、培训、备件提供、产品调试等。服务作为市场交易的重要组成部分，有助于提高市场交易的有效性。绿色服务是在产品销售中坚持资源节约、降低环境污染为原则的全过程服务。在企业的售后服务阶段，建立良好的绿色销售服务网络，引导消费者绿色消费，增进环保意识，鼓励回收使用，循环再生；加强产品的维护、促进产品使用寿命的延长，使用绿色环保的维修材料和备件，实现废弃产品的无害化处理，减少对环境的破坏。

企业的辅助活动主要包括企业基础设施、人力资源管理、技术开发、采购活动，这些辅助活动构成整个价值链的支持性资源。Sharma（2000）指出，企业的资金、技术、人力资源、环境管理能力等可支配性资源会对环境管理产生影响。[13] 此外，环境管理还会受到组织价值观和供应商及合作伙伴的环境意识等影响。企业的辅助活动在环境管理中起着支持性和导向性的作用。

（1）企业基础设施。企业基础设施主要包括一系列活动，如一般管理、规划、财务工作、法律工作、政府事务和质量管理。企业通过基础设施建立一个全面合法的环境管理系统，为企业提供清晰的环境管理架构，包括环境管理目标、政策、制度规划、资金预算、管理层等，[14] 因此对其环境管理绩效进行评价可以考虑以下四方面：一是战略层面，管理层作出恰当的战略决策，明确环境管理目标及方针，确保环境管理有效实施；二是制度层面，制定和完善企业的环境管理制度，合理划分部门职责，保证环境管理制度的有效实施；三是资金层面，制定绿色发展的专门预算，为环境管理提供资金支持；四是文化层面，建设可持续发展的企业文化，树立绿色价值观，传播企业的绿色文化。

(2) 人力资源管理。人力资源管理主要包括招聘、雇用、培训、人才开发和各种人事薪酬工作等。人力资源是企业的竞争性资源，人力资源管理是企业的主要活动和辅助活动的支持，是整个价值链的重要组成部分，环境管理战略的实施需要人力资源的协调与配合。[15] 通过招聘引入环保素质较高的员工，开展绿色环保培训，提升员工的环保技能和增强自身的环保责任感；适当放宽员工环境管理授权，鼓励员工参与环境管理；建立有效的环保绩效考核标准衡量员工的环保绩效，和与之相关环境薪酬制度；鼓励员工发挥创造性，为环境管理提出合理建议，有助于企业提高环境管理绩效。

(3) 技术开发。环保技术的发展有助于企业提高能源和自然资源的利用效率，消除污染，实现废品管理。因此，环保技术影响了企业价值创造活动的多个方面，能帮助企业形成独特的竞争优势，已成为企业环境管理的重要组成部分。企业环境管理技术主要体现在产品设计和生产工艺流程改进等方面。[16] 产品设计方面，在产品生命周期内优先考虑产品的环境属性，在保证产品功能、质量和成本的同时提高资源利用效率，同时开展绿色创新，开发绿色产品，实现资源消耗最小化；改善生产工艺流程，更多地采用可再生可替代的材料，实现产品的可拆卸性和循环回收性设计，减少产品生产过程中资源浪费和污染物的排放。

(4) 采购。采购表示购买企业价值链所需投入要素的活动，如购买原材料、货物以及构建固定资产等。采购是产品生命周期的起点，也是环境问题产生的根源。[17] 绿色采购有助于企业在源头上控制污染和保护环境、减少后期治理成本和责任风险。供应商的选择是绿色采购实施的基础，企业通过选择与有绿色经营理念、重视环境保护、具有创新能力的供应商合作，可以从中引进技术，获取持续的竞争优势。在采购过程中，企业控制有毒有害的材料的采购量，提高材料的循环利用率，选择使用可降解可回收的包装等措施在减少材料的购买成本的同时减少污染，降低末端治理成本，提高企业的环境管理绩效。

通过对企业价值链中的环境管理活动（见图1）进行分析，以全面性、重要性、可获取性为原则，提取企业环境管理绩效指标。全面性原则是指标体系应涵盖企业的主要活动和辅助活动，全面反映各个价值活动中的相关内容和整体情况；重要性原则是指应该选取关键且具有代表性的指标，以保证评价的精简性和科学性；可获取性原则是要考虑调研数据的易得性和调研方法的可操作性。按照上述原则，可以初步确定企业环境管理绩效评价指标体系。

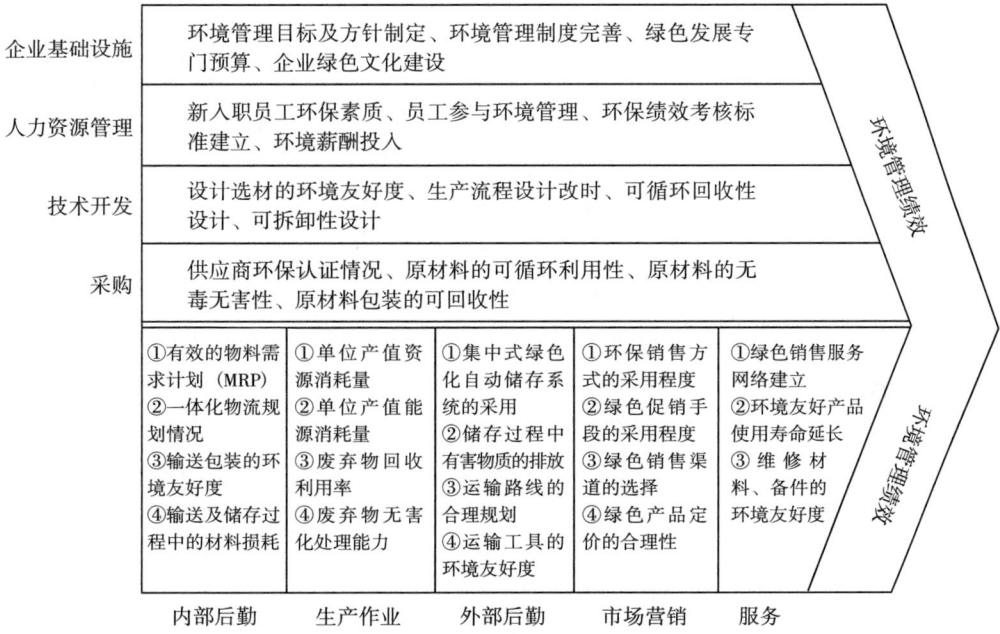

图 1　企业价值链中的环境管理活动

三、基于价值链视角的企业环境管理绩效评价模型构建

基于价值链理论构建了全面综合的环境管理绩效指标，鉴于指标体系的复杂性所导致其衡量的不确定性和模糊性，采用模糊评价法对环境管理绩效进行综合评价。基本原理如下：

（1）构建模糊综合评价指标集。以环境管理绩效为目标层、价值链中的价值活动作为准则层，构建因素集 $U=\{U_1, U_2, \cdots, U_9\}$ = {企业基础设施，人力资源管理，技术开发，采购，内部后勤，生产作业，外部后勤，市场营销，服务}，

再对因素集 U_i 进行进一步划分得到 $U_i = \{U_{i1}, U_{i2}, \cdots, U_{ij}\}$，$i = 1, 2, 3, \cdots, 9$，如 $U_1 = \{$环境管理目标和方针制定 U_{11}，环境管理制度完善 U_{12}，具有绿色发展专门预算 U_{13}，企业绿色文化建设 $U_{14}\}$（见表 1）。

表 1 企业环境管理绩效指标体系

目标层	准则层	权重	指标层	优	良	中	差	权重
企业环境管理绩效	企业基础设施 U_1	0.167	U_{11} 环境管理目标和方针制定	1.00	0.00	0.00	0.00	0.279
			U_{12} 环境管理制度完善	1.00	0.00	0.00	0.00	0.272
			U_{13} 具有绿色发展专门预算	0.17	0.33	0.50	0.00	0.272
			U_{14} 企业绿色文化建设	0.17	0.33	0.50	0.00	0.177
	人力资源管理 U_2	0.122	U_{21} 新入职员工的环保素质	0.50	0.50	0.00	0.00	0.141
			U_{22} 员工参与环境管理	0.50	0.50	0.00	0.00	0.344
			U_{23} 环保绩效考核标准建立	0.50	0.17	0.00	0.33	0.369
			U_{24} 环境薪酬投入	0.33	0.33	0.00	0.34	0.146
	技术开发 U_3	0.200	U_{31} 设计选材的环境友好度	0.50	0.17	0.33	0.00	0.241
			U_{32} 生产流程设计改进	0.50	0.33	0.17	0.00	0.389
			U_{33} 可循环回收性设计	0.33	0.33	0.34	0.00	0.181
			U_{34} 可拆卸性设计	0.17	0.50	0.17	0.16	0.189
	采购 U_4	0.078	U_{41} 供应商环保认证情况	0.83	0.17	0.00	0.00	0.457
			U_{42} 原材料的可循环利用性	0.50	0.17	0.33	0.00	0.199
			U_{43} 原材料的无毒无害性	0.67	0.00	0.33	0.00	0.144
			U_{44} 原材料包装的可回收性	0.00	0.83	0.00	0.17	0.199
	内部后勤 U_5	0.048	U_{51} 有效的物料需求计划（MRP）	0.50	0.50	0.00	0.00	0.329
			U_{52} 一体化物流规划情况	0.17	0.83	0.00	0.00	0.182
			U_{53} 输送包装的环境友好度	0.50	0.17	0.33	0.00	0.285
			U_{54} 输送、储存过程中的材料损耗	0.33	0.33	0.34	0.00	0.204
	生产作业 U_6	0.183	U_{61} 单位产值资源消耗量	0.17	0.83	0.00	0.00	0.248
			U_{62} 单位产值能源消耗量	0.33	0.67	0.00	0.00	0.248
			U_{63} 废弃物回收利用率	0.17	0.33	0.17	0.33	0.246
			U_{64} 废弃物无害化处理能力	0.33	0.17	0.00	0.50	0.259
	外部后勤 U_7	0.055	U_{71} 集中式绿色化自动储存系统的采用	0.17	0.67	0.16	0.00	0.309
			U_{72} 储存过程中有害物质的排放	0.50	0.17	0.33	0.00	0.266
			U_{73} 运输路线的合理规划	0.50	0.17	0.33	0.00	0.184
			U_{74} 运输工具的环境友好度	0.17	0.83	0.00	0.00	0.241

续表

目标层	准则层	权重	指标层	优	良	中	差	权重
企业环境管理绩效	市场营销 U_8	0.071	U_{81} 环保销售方式的采用程度	0.17	0.83	0.00	0.00	0.258
			U_{82} 绿色促销手段的采用程度	0.50	0.50	0.00	0.00	0.216
			U_{83} 绿色销售渠道的选择	0.33	0.50	0.17	0.00	0.169
			U_{84} 绿色产品定价的合理性	0.33	0.50	0.17	0.00	0.357
	服务 U_9	0.076	U_{91} 绿色销售服务网络建立	0.50	0.50	0.00	0.00	0.390
			U_{92} 环境友好产品的使用寿命延长	0.33	0.33	0.34	0.00	0.330
			U_{93} 维修材料、备件的环境友好度	0.50	0.17	0.33	0.00	0.280

（2）利用层次分析法确定指标权重。聘请专家为指标的重要性程度赋值，构造判断矩阵。根据判断矩阵计算最大特征根 λ_{max} 及对应的特征向量 W，计算相应的一致性检验指标 CI [CI=$(\lambda_{max}-n)/(n-1)$]，当随机一致性比率 CR=CI/RI<0.10（RI 可以查表得到）时，判断矩阵整体具有一致性，说明相对重要程度是合理的，可以解得权重向量。涉及多位专家重要性赋值的，分别计算评价指标权重后进行简单平均，得出最终的权重向量。设 U 对应的权重向量 W=（W_1，W_2，…，W_i），又设 U_i 的各因素权重分配为 W_i=（W_{i1}，W_{i2}，…，W_{ij}）。

（3）构建评语集。设定 4 级模糊评语集为 V={V_1，V_2，…，V_m}，如 V={优，良，中，差} 由高到低共 4 个等级，选取相关专家和企业高级管理人员对各指标进行评价，对应评价集中第 j 个元素 V_j 的隶属度为 r_{ij}，在文中的隶属度主要根据模糊统计方法得到。对准则层指标进行单因素模糊评价，得到模糊矩阵 $\tilde{R}_i$=（r_{i1}，r_{i2}，…，r_{im}）。

（4）进行综合评价。首先，根据准则层中评价指标的模糊矩阵及相应的权重集进行模糊运算，得到准则层模糊综合评价矩阵 $\bar{B}=W_i\times\tilde{R}_i$。其次，进行目标层模糊运算，得到综合评价结果 P=$\bar{B}\times W$。最后，根据确定的分数集 F，计算综合评分：Z=P×F。根据综合评分，评判企业环境管理绩效的水平。

四、基于价值链视角的企业环境管理绩效评价模型实际应用

以某上市公司为例,该公司是集水力发电、矿山探采选、锌冶炼及深加工为一体的工业企业,在冶炼、加工过程中对周围的环境产生了负面影响。为实现生态效益、经济效益和社会效益的协调发展,该公司主动实施环境管理,降低对环境的影响。基于价值链理论对其环境管理绩效进行评价,以确定未来环境管理改进的方向。

(1)构造判断矩阵。采用德尔菲法,聘请三位环境管理专家对指标重要性进行赋值,根据专家对指标重要性赋值分别构造准则层和指标层判断矩阵。以某位专家为例,准则层的判断矩阵如表2所示。

表2 准则层判断矩阵

U	U_1	U_2	U_3	U_4	U_5	U_6	U_7	U_8	U_9
U_1	1	7	1/2	4	7	1/2	7	1	4
U_2	1/7	1	1/9	1/3	1	1/9	1	1/7	1/3
U_3	2	9	1	6	9	1	9	2	6
U_4	1/4	3	1/6	1	3	1/6	3	1/4	1
U_5	1/7	1	1/9	1/3	1	1/9	1	1/7	1/3
U_6	2	9	1	6	9	1	9	2	6
U_7	1/7	1	1/9	1/3	1	1/9	1	1/7	1/3
U_8	1	7	1/2	4	7	1/2	7	1	4
U_9	1/4	3	1/6	1	3	1/6	3	1/4	1

(2)采用层次分析法,确定权重。采用确定指标评价体系权重的方法和相关数据处理的方法,以构建的判断矩阵为基础,确定各指标的权重,并且$CR<0.1$,都通过一致性检验。以某位专家意见为例,相关检验结果如表3所示。将三位专家对应的指标权重简单平均后,得到指标的最终权重向量W(见表1)。

表 3 一致性检验结果

准则层	λ_{max}	n	CI	RI	CR	一致性检验
U	9.152	9	0.019	1.460	0.013	CR<0.1
U_1	4.128	4	0.043	0.890	0.048	CR<0.1
U_2	4.195	4	0.065	0.890	0.073	CR<0.1
U_3	4.068	4	0.023	0.890	0.026	CR<0.1
U_4	4.073	4	0.024	0.890	0.027	CR<0.1
U_5	4.088	4	0.029	0.890	0.033	CR<0.1
U_6	4.078	4	0.026	0.890	0.029	CR<0.1
U_7	4.073	4	0.024	0.890	0.027	CR<0.1
U_8	4.006	4	0.002	0.890	0.002	CR<0.1
U_9	3.061	3	0.030	0.520	0.058	CR<0.1

（3）设定评语集和分数集，确定隶属度，获取评价矩阵。设定企业环境管理绩效的评语集为 V={优，良，中，差} 共 4 个等级，以满分为 100 分，设定相应评分值为 $F=(f_1, f_2, f_3, f_4)=(90, 80, 60, 30)$，$f \geq 85$ 为"优"，$75 \leq f < 85$ 为"良"，$60 \leq f < 75$ 为"中"，$f < 60$ 为"差"。评语集的隶属关系通过统计确定，如对于指标 U_1，优等级的隶属度 r_{11} = 评价（对该指标评"优"的人数 m）/（评价人员总人数 n），统计出其他指标的隶属度。本文选取 6 位评审人员（3 位该公司高管、2 位外部专家和 1 位行业专家）按照建立的企业环境管理绩效指标体系和评语集对该企业的环境管理绩效进行评价，综合评价结果，得出各指标的隶属度，根据评价结果，得出各指标的隶属度（见表 1）。

（4）模糊评价。根据权重向量 W 和由隶属度构成的模糊判断矩阵 $\widetilde{R}_i$，按照模糊关系运算式 $\overline{B} = W_i \times \widetilde{R}_i$，以"企业基础设施"为例，它的模糊评价向量 B_1 如下所示：

$$B_1 = W_1 \times R_1 = (0.279, 0.272, 0.272, 0.177) \cdot \begin{bmatrix} 1.00 & 0.00 & 0.00 & 0.00 \\ 1.00 & 0.00 & 0.00 & 0.00 \\ 0.17 & 0.33 & 0.50 & 0.00 \\ 0.17 & 0.33 & 0.50 & 0.00 \end{bmatrix}$$

$$= (0.627, 0.148, 0.225, 0.000)$$

同理对准则层进行模糊运算结果，如表4所示。

表4 准则层模糊运算结果

控制类别	准则层模糊运算结果				评分结果	评价结果
U_1	0.627	0.148	0.225	0.000	81.78	良
U_2	0.475	0.353	0.000	0.171	76.18	良
U_3	0.407	0.324	0.239	0.030	77.77	良
U_4	0.575	0.277	0.113	0.034	81.72	良
U_5	0.405	0.431	0.163	0.000	80.78	良
U_6	0.251	0.497	0.042	0.211	71.22	中
U_7	0.319	0.484	0.198	0.000	79.23	良
U_8	0.325	0.585	0.089	0.000	81.47	良
U_9	0.444	0.352	0.205	0.000	80.35	良

（5）评价结果。根据准则层的模糊运算和对应权重进行目标层的模糊运算，该公司环境管理绩效的评价结果为 $P = W \times \bar{B} = (0.428, 0.360, 0.142, 0.068)$，综合评分 $Z = P \times F = (0.428, 0.360, 0.142, 0.068)(90, 80, 60, 30)^T = 77.96$ 分，即该企业最终评价得分为77.96分，环境管理绩效水平为"良"。

五、结　语

本文以价值链理论为基础，把价值创造与环境管理相结合，构建了企业环境管理绩效指标，并借助模糊评价方法进行定量评价。该评价体系有以下优点：①立足企业整体价值链，分析各活动的内在联系，提高了环境管理评价绩效的系统性和全面性；②通过对价值链中的每项环境管理活动进行逐项分析，可以明确其优劣势，识别出环境管理的薄弱环节，为针对性地实施应对措施提供依据；③通过识别竞争者价值链中环境管理活动之间的差异，形成竞争优势。在本文中，案例公司环境管理绩效水平总体为"良"，其中"生产作业"是该企业创造价值的主要活动，其环境管理绩效评价为"中"，说明企业生产环节的环境管理还需改善，应当积极开展清洁生产，减少环境污染，节约资源，实现可持续发展。

参考文献

［1］International Standard Organization. ISO/DIS 14031：Environmental Performance Evaluation［S］. 1998.

［2］Thoresen J.. Environmental Performance Evaluation—A Tool for Industrial Improvement［J］. Journal of Cleaner Production，1999（7）：365-370.

［3］赵丽娟，罗兵. 绿色供应链中环境管理绩效模糊综合评价［J］. 重庆大学学报（自然科学版），2003，26（11）：155-158.

［4］汤亚莉，邓丽. 基于环境价值链的环境绩效审计方法［J］. 科技进步与对策，2006（11）：99-101.

［5］吴利华，陈瑜. 全过程视角下企业环境管理绩效的评价［J］. 中国人口·资源与环境，2014（A1）：46-50.

［6］［美］迈克尔·波特. 竞争优势［M］. 陈丽芳译. 北京：中信出版社，2014.

［7］陈璇，淳伟德. 企业环境绩效评价——基于价值链理论的探讨［J］. 西南民族大学学报（人文社科版），2009（12）：237-240.

［8］Christmann P.. Effects of "Best Practices" of Environmental Management on Cost Advantage：The Role of Complementary Assets［J］. Academy of Management Journal，2000，43（4）：663-680.

［9］吴金椿. 论提升企业内部物流水平的几个途径［J］. 中国流通经济，2001，15（1）：7-9.

［10］武春友，吴荻. 市场导向下企业绿色管理行为的形成路径研究［J］. 南开管理评论，2009，12（6）：111-120.

［11］陈蓝荪. 绿色物流的双绿特性构建研究［J］. 中国流通经济，2008，22（11）：17-20.

［12］胡延华. 绿色营销与中国企业的绿色化［J］. 中共中央党校学报，2001，5（1）：29-33.

［13］Sharma S.. Managerial Interpretations and Organizational Context as Predictors of Corporate Choice of Environmental Strategy［J］. Academy of Management

Journal，2000，43（4）：681-697.

[14] 彭诗言. 中国企业实施绿色管理的途径分析［J］. 社会科学战线，2013（11）：65-67.

[15] 唐贵瑶，孙玮，贾进，陈扬. 绿色人力资源管理研究述评与展望［J］. 外国经济与管理，2015，37（10）：82-96.

[16] Shrivastava P.. Environmental Technologies and Competitive Advantage［J］. Strategic Management Journal，1995，16（3）：193-200.

[17] 朱庆华. 基于资源基础观的政府法规推动企业绿色采购实现机理研究［J］. 管理评论，2009（11）：143-149.

环境规制对企业行为的影响*

胡元林　陈怡秀

传统假设认为,环境规制的目的是纠正负外部效应。将负外部效应内部化,能在一定程度上弥补市场失灵,但这必然使企业的成本增加,经济效益降低,企业竞争力减弱,环境规制与企业竞争力呈现此消彼长的关系。本文以企业成长周期理论为依据,探讨在环境规制下的企业行为选择。企业成长周期理论认为,企业的成长周期可划分为创业期、成长期、成熟期和衰退期四个阶段,处于不同成长周期的企业有不同的战略倾向、组织结构及企业行为。[1] 通过分析环境规制对处于不同成长周期的企业在产品研发及生产、环境治理投入、污染治理措施及环境战略决策等方面的影响,对引导企业进行环境保护并关注环境绩效,具有重要的现实意义,有利于评价环境规制政策的效果,为环境政策的制定提供微观证据。

一、环境规制对创业期企业行为的影响

创业期企业处在市场业务的培育阶段,研发新产品、开拓市场及扩大销售是创业期企业发展的重点。在该阶段,创业期企业在遵守环境规制的同时会积极把握环境规制为企业带来的机遇。在研发新产品方面,创业期企业为开拓市场并尽快确定企业自身的竞争优势,会在环境规制约束下分析消费者偏好,积极研发环境友好型产品,逐渐增加这类产品的销售份额,利用产品差异化策略提高企业竞争力。在生产工艺方面,创业期企业会使用环保材料和清洁能源,运用适合于本

---

*本文发表于《经济纵横》2014年第7期。有改动。

企业的生产工艺来提高生产效率和资源利用率，以此来提升产品产量和质量。另外，从环境治理投入的角度看，创业期的企业效益水平相对较低，甚至处于亏损状态，研发新的环境治理技术对创业期的企业来说成本高且风险大。因此，企业会运用现有的环境治理技术来解决环境问题，会定期维护和更新生产设备或环保设备，且更倾向于加强生产工艺方面的投资，积极利用新生产技术和工艺从根本上减少环境污染。从环境治理方式的角度看，创业期的企业会以源头控制污染的方法来实现环境规制的要求，源头控制污染不仅可提高产品质量，还可通过减少或避免生产过程中污染物的排放来降低后续的污染治理成本。[2] 从环境战略选择的角度看，创业期的企业对环境规制会采取机会追求型战略。机会追求型战略的企业会分析和寻找环境规制给企业带来的提高市场地位及获利能力的机会，并对相关的环境规制做出积极的反应，同时会避免因违反环境规制而受到惩罚。创业期的企业的发展目标是争取长久生存，企业一般不会做出违反环境规制的行为，而会将环境规制与企业的内在价值联系在一起，在不危及企业自身生存与发展的前提下抓住机会，积极应对环境规制。

二、环境规制对成长期企业行为的影响

成长期的企业销售额提高、业务规模和人员规模扩大、组织结构清晰、市场竞争力强、有明确的市场目标，同时更加注重企业的规范管理和成本控制。成长期的企业在环境规制约束下会在保持自身优势的基础上稳步发展。从研发及生产的角度看，成长期的企业产品销售量迅速增长，为形成差异化优势，企业在生产常规产品之余，会适当进行环境友好型产品的研发，一旦新产品投入市场销售后受到消费者广泛认可，便会迅速增加环境友好型产品的产量。同时，企业会积极利用现有生产技术，适当引入新技术和新工艺，最大限度地降低产品单位成本以补偿企业为达到环境规制要求而支付的费用。从环境治理投入的角度看，成长期的企业为节约成本，不会在环保技术创新上投入较多资金，但企业会重视生产或环保设备的维护和更新，以确保生产过程达到环境规制的要求。从环境治理方式的角度看，成长期的企业产品生产流程已趋于稳定，对企业原有产品结构及生产

流程不会做出较大改动，对其在生产过程中已造成的污染会采取末端治理的方式进行治理。[3] 另外，企业也会对传统生产技术进行改进，这在一定程度上会减少生产过程中污染物的排放，实现过程控制。因此，成长期的企业环境治理措施主要以末端治理和过程控制为主。从环境战略选择的角度看，成长期的企业对环境规制会采取适应型战略，[4] 并将环境管理作为一项具有价值的企业职能，甚至会组建专职部门对环境加以监督和管理，同时在开发程序中进行控制，缩小环境恶化带来的负面影响。成长期的企业管理逐渐规范化，企业会分析并选择对自身相对有利的途径来适应环境规制。

三、环境规制对成熟期企业行为的影响

成熟期的企业组织结构基本稳定，各部门分工明确，企业会优化业务流程来提高运营效率，进一步实现专业化管理。此外，成熟期的企业倾向于研制新产品、寻找新的市场机遇、占有更多的市场份额，并取得先动优势。成熟期的企业会最大限度地将环境规制融于企业自身的发展战略中，把握环境规制为企业带来的机遇，并形成新的竞争优势。从研发及生产的角度看，成熟期的企业一方面会顺应绿色消费倾向，大力研发新产品，提高产品的环境属性，形成绿色品牌；另一方面会积极创新生产技术，特别是环保型生产技术创新，在获得成本优势的同时提高产品技术附加值和产品产量，以占有更多的市场份额。从环境治理投入的角度看，成熟期的企业会引进先进环保技术和专业技术人才进行环境技术创新，做到技术领先，这不仅可使企业已造成的环境问题得以解决，而且有助于企业和产品受到社会更广泛的认可。同时，企业为适应先进技术，也会在生产或环保设备的维护和更新上投入较多资金。从环境治理方式的角度看，因成熟期的企业生产方式已趋于成熟，改变生产方式会给企业带来较大损失，所以成熟期的企业会在继续运用现有生产方式的同时进行有效的过程控制来减少污染，并对已造成的环境污染进行末端治理。但部分成熟期的企业为顺应环境规制的要求会研发新产品或新工艺，在这种情况下，企业选择源头控制方式进行污染治理可有效节省污染治理成本。从环境战略选择的角度看，成熟期的企业在环境规制的影响下会采

取持续发展型战略，企业会执行高于环境规制标准的环境行为，并将环境规制视为企业差异化优势的来源，甚至希望相关机构制定更高的环境标准，以此形成市场壁垒和企业先动优势。[5] 成熟期的企业将遵守环境规制与企业发展看作是正相关的，并将环境管理与企业经营目标相融合，企业会在环保方面进行更专业化的管理，甚至不满足于仅达到环境规制的要求。

四、环境规制对衰退期企业行为的影响

衰退期的企业将有两个结果，一是衰退，二是蜕变。衰退期的企业产品销售量大幅度下降，利润逐渐减少甚至亏损，企业经营风险较高。处于蜕变期的企业会将战略重心放在寻找适当机会重新进入市场，部分企业会在对原有的经营和生产方式进行改进后重新回到创业期，还有部分企业在经历了衰退过程后意识到须彻底实现企业蜕变，并将企业的经济形体、实物形体和产品全部改变，实现企业革命性的脱胎换骨的变化，[6] 彻底放弃原有的生产经营模式，最终实现转型。衰退期的企业需将经营的重点放在维持企业的生存上，环境规制为其带来的多是不利影响。衰退期的企业社会效益和经济效益都较低，而且环境规制的制约需要企业必须支付污染治理费来改进生产工艺，这势必进一步增加企业经营成本。衰退期的企业不具备足够的能力进行生产技术创新以获得创新补偿，所以会选择缩小生产规模控制生产成本。衰退期的企业基本不会在环保方面进行投资，也不会进行污染治理，其通常是采取消极的做法，利用不同地区环境规制的差异，以转移生产地点或污染物的方式来躲避环保处罚的风险。[7] 从环境战略选择的角度看，衰退期的企业在环境规制的影响下会采取规制应对型战略，对环境规制持消极态度，企业不会主动采取行动保护环境，甚至会逃避环境治理的相关责任。衰退期的企业面对环境规制的制约，通常采取消极的方式逃避惩罚，直至最终选择退出该行业。蜕变期的企业对环境规制的态度相对积极。由于企业原有生产方式或产品存在缺陷，在蜕变期的企业会重新寻找适合自身发展且对环境污染较小的生产方式，适当研发和生产环境友好型产品；会在环境技术及设备的维护和更新上投入资金，尽可能使用清洁原材料，从源头上控制污染，以免再次污染甚至形成无

法治理的局面。从环境战略选择的角度看,蜕变期的企业对环境规制会重新采取机会追求型战略。

五、建 议

处于不同成长周期的企业受环境规制的影响会出现行为差异,其原因主要有两个:

一是处于不同成长周期的企业会依据其发展目标及经营重点选择环境治理行为。在不同成长周期,企业的发展目标和经营重点不同,这导致企业环境治理行为选择呈现差异(见表1)。以产品研发及生产为例,创业期的企业主要发展目标是开拓市场,提供满足市场需求的产品和服务,此时消费者成为与企业绿色管理最直接的利益相关者,其绿色消费意识的增强、对绿色产品的需求增大,必然成为企业主动实施绿色战略的重要因素。[8]因此,研发环境友好型产品成为企业在创业期的发展重点。成长期的企业发展目标是积极参与竞争且有效控制成本,企业更致力于改进生产技术,并采用污染更小、生产效率更高的方式进行生产。可见,在环境规制的制约下,企业会结合不同成长周期的发展目标及经营重点做出有利于企业发展的环境治理行为。

二是处于不同成长周期的企业会根据自身能力和环境变化调整环境治理行为。企业对环境战略和环境治理行为的选择,一定程度上受可支配资源的影响,这些资源包括技术能力、管理能力、预防环境污染能力、持续创新能力等。[9]处于不同成长周期的企业,拥有不同的资源和能力。在环境规制的影响下会根据现有的能力调整其环境治理行为。如成熟期的企业处于发展的鼎盛时期,其有能力选择末端治理或过程控制等多种方式治理污染,相比之下衰退期的企业处于发展的末期,如其继续采用多种方式治理污染,势必会给企业经营造成巨大压力。衰退期的企业多采取转移污染的消极行为来躲避环境规制的处罚。此外,不同成长周期的企业也会根据消费者对绿色产品的需求程度、公众对企业环境问题的监督程度及相关环境政策的提出或更改等经营环境的变化,来进一步调整企业的环境治理行为。

表 1　环境规制对处于不同成长周期企业行为的影响

企业行为	成长周期	创业期	成长期	成熟期	衰退期	
					衰退	蜕变
研发与生产		积极研发环境友好产品；使用环保材料和清洁能源生产	适当研发环境友好产品；提高生产技术，控制生产成本	大力研发环境友好型产品；生产技术创新，进一步扩大生产规模	不会研发环境友好型产品；减少产量	积极研发环境友好产品；选择污染小的生产方式
环境治理投入	环保技术	运用现有环保技术	实行技术改造，达到平均水平	积极研发新环保技术	不考虑环保技术	在环保技术上投入较多资金
	设备维护及更新	定期维护设备，注重生产技术更新	正常进行维护更新，需要时投资	经常维护更新，较多投资	无投资	投入较多资金
污染治理方式		源头控制为主	末端治理、过程控制为主	末端治理、过程控制为主	基本无治理，转移生产地点	源头控制为主
环境战略选择		机会追求型	适应型	持续发展型	规制应对型	机会追求型

资料来源：作者整理得出。

随着环境污染的多因性、跨界性、时滞性、复杂性和破坏性特征，环境规制将呈现规制主体多元化、规制手段综合化及规制强度扩大化等特点。当企业被动或消极应对环境规制时，不仅环境污染得不到有效治理，而且不利于企业的长远发展。因此，企业面对环境规制的制约应持有更积极的态度。

首先，企业应把握环境规制为企业带来的机遇。研发环境友好型产品可使企业获得产品差异化正效应；运用良好的环保技术可提升企业在同行业中的竞争力。因此，企业尤其是处于成长期和成熟期的企业，应最大限度地利用相关扶持政策，把握环境规制给企业带来的机遇，实施制度创新、技术创新和管理创新，提高对资源的利用效率和技术水平，在逐步降低生产成本、改善环境问题的同时，为企业争取新的竞争优势。

其次，企业应将环境规制变化积极融入企业的发展战略中。环境规制不是一成不变的，随自然环境状况和企业发展状况等因素的改变，环境规制会向更有利于环境保护和更适合于企业发展的方向逐步改进。处于不同成长周期的企业有不同的发展目标和发展战略，为实现可持续发展，企业不应盲目地因躲避环境规制的惩罚而采取短期行为，而应正视环境问题，全面分析环境规制的新变化并结合企业自身条件，积极将环境规制的变化融入企业不同阶段的发展战略中。

最后，政府制定环境规制政策时，应根据实际情况对处于不同成长周期的企业实施严格而有弹性的环境规制政策，不应采取"一刀切"方式，这容易导致企业特别是处于创业期的企业被迫退出市场。政府应加大对企业进行环保创新的支持力度，进一步完善环保激励制度，积极鼓励企业进行环保技术创新；应积极扶持和创新治理模式，帮助处于创业期或衰退期的企业，通过集中治污来减少企业因遵循环境规制而带来的后顾之忧；对违反环境保护政策的企业，应继续进一步提高污染的惩罚标准，使企业高度重视环境保护和治理，激励企业生产技术的不断创新。

参考文献

[1] Greiner. Evolution and Revolution as Organization Grow [M]. Massachusetts: Harvard Business Review, 1972.

[2] 陈建伟. 环境规制下企业策略性行为分析 [D]. 厦门：厦门大学硕士学位论文，2009.

[3] 胡建兵，顾新一. 政府环境规制下的企业行为研究 [J]. 商业研究，2006 (19)：35-38.

[4] 秦颖，武春友，徐光. 企业行为与环境绩效之间关系的相关性分析与实证研究 [J]. 科学与科学技术管理，2004 (2)：129-132.

[5] 柯喜相. 基于低碳经济的我国汽车制造企业环境战略研究 [D]. 重庆：重庆理工大学硕士学位论文，2011.

[6] 陈佳贵. 关于企业生命周期与企业蜕变的探讨 [J]. 中国工业经济，1995 (11)：5-13.

[7] Mani M., Wheeler D.. In Search of Pollution Havens? Dirty Industry in the World Economy, 1960 to 1995 [J]. Journal of Environment and Development, 1998 (7): 215-247.

[8] 孙宝连，吴宗杰. 企业主动绿色管理战略动因分析与政策建议 [J]. 科技进步与对策，2010 (5)：75-77.

[9] Sharma S., H. Verdenburg. Proactive Corporate Environmental Strategy and the Development of Competitively Valuable Organizational Capabilities [J]. Strategic Management Journal, 1998, 19 (8): 729-753.

参考文献

[1] Aly Salama. A Note on the Impact of Environmental Performance on Financial Performance [J]. Structural Change and Economic Dynamics, 2005 (16): 413-421.

[2] Ambec S., Barla P.. Can Environmental Regulations be Good for Business? An Assessment of the Porter Hypothesis [R]. Working Paper, 2007 (1): 12-16.

[3] Anderson Lynne M., Bateman Thomas S.. Individual Environmental Initiative: Championing Natural Environmental Issues in US Business Organizations [J]. Academy of Management Journal, 2000 (43): 548-570.

[4] Arimura T., A. Hibiki and H. Katayama. Is a Voluntary Approach an Effective Environmental Policy Instrument? A Case for Environmental Management Systems [J]. Journal of Environmental Economics and Management, 2008 (55): 281-295.

[5] Alvarez M. J., De Burgos J. & Céspedes J.. An Analysis of Environmental Management, Organizational Context and Performance of Spanish Hotels [J]. Omega, 2001 (6): 457-471.

[6] Andersson L. M., Bateman T. S.. Individual Environmental Initiative: Championing Natural Environmental Issues in US Business Organizations [J]. Academy of Management Journal, 2000 (43): 548-570.

[7] Atkinson S. E., Lewis D. H.. A Cost-efectiveness Analysis of Alternative Air Quality Control Strategies [J]. Journal of Environmental Economics and Management, 1974, 1 (3): 237-250.

[8] Baker T., Nelson R. E.. Creating Something from Nothing: Resource Construction through Entrepreneurial Bricolage [J]. Administrative Science Quarterly, 2005, 50 (3): 329-366.

[9] Bansal P. and K. Roth. Why Companies Go Green: A Model of Ecological Responsiveness [J]. Academy of Management Journal, 2000, 43 (4): 717-736.

[10] Barbera A. J. and McConnell V. D.. The Impact of Environmental Regulations on Industry Productivity: Direct and Indirect effects[J]. Journal of Environmental Economics and Management, 1990 (18): 50-65.

[11] Barney J.. Firm Resources and Sustained Competitive Advantage [J]. Journal of Management, 1991, 17 (1): 90-120.

[12] Berrone P., and Gomez-Mejia L. R.. Environmental Performance and Executive Compensation: An Integrated Agency-institutional Perspective [J]. Academy of Management Journal, 2009, 52 (1): 103-126.

[13] Berry M. A., Rondinelli D. A.. Proactive Environmental Management: A New Industrial Revolution [J]. Academy of Management Executive, 1998, 12 (2): 38-50.

[14] Biglan A.. The Role of Advocacy Organizations in Reducing Negative Externalities [J]. Journal of Organization Behavior Management, 2009, 29 (3-4): 215-230.

[15] Brannlund R.. Productivity and Environmental Regulations: A Long-run Analysis of the Swedish Industry [R]. Working Paper, 2008.

[16] Buysse K., Verbeke A., Proactive Environmental Strategies: A Stakeholder Management Perspective [J]. Strategic Management Journal, 2003, 24 (5): 453-470.

[17] Bain J. S.. Industrial Organization [M]. John &Wiley: New York, 1968.

[18] Bansal P.. From Issues to Actions: The Importance of Individual Concerns and Organizational Values in Responding to Natural Environmental Issues[J]. Organization Science, 2003, 14 (5): 510-527.

[19] Baumol W. J., Oates W E.. The Theory of Environmental Policy [M]. Cambridge, England: Cambridge University Press, 2004.

[20] Baumol W. & Oates W.. The Theory of Environmental Policy [M]. Cambridge University Press, 1988.

[21] Cabugueira M. F. M.. Portuguese Experience of Voluntary Approaches in

Environmental Policy [J]. Management of Environmental Quality, 2004 (15): 174-185.

[22] Cañón-de-Francia J., Garcés-Ayerbe C., Ramírez-Alesón M.. Are More Innovative Firms Less Vulnerable to New Environmental Regulation? [J]. Environmental and Resource Economics, 2007 (36): 295-311.

[23] Charles J. Corbett, Jeh-Nan Pan. Evaluating Environmental Performance Using Statistical Process Control Techniques[J]. European Journal of Operational Research, 2002, 139 (2): 68-83.

[24] Christmann P. Effects of "Best Practices" of Environmental Management on Cost Advantage: The Role of Complementary Assets [J]. Academy of Management Journal, 2000 (43): 663-680.

[25] Christmann P. and G. Taylor. Globalization and the Environment: Strategies for International Voluntary Environmental Initiatives[J]. Academy of Management Executive, 2002, 16 (3): 121-135.

[26] Clemens B., Bakstran L.. A Framework of Theoretical Lenses and Strategic Purposes to Describe Relationships among Firm Environmental Strategy, Financial Performance and Environmental Performance [J]. Management Research Review, 2011, 33 (4): 393-405.

[27] Cai W. G., Zhou X. L.. On the Drivers of Eco-innovation: Empirical Evidence from China [J]. J. Clean. Production, 2014 (79): 239-248.

[28] Chan E. S.. Barriers to EMS in the Hotel Industry [J]. Hospitality Management, 2008 (27): 187-196.

[29] Child J., & Tsai D.. The Dynamic between Firms' Environmental Strategies and Institutional Constraints in Emerging Economies: Evidence from China and Taiwan [J]. Journal of Management Studies, 2005, 42 (1): 95-125.

[30] Clemens B., Bakstran L.. A Framework of Theoretical Lenses and Strategic Purposes to Describe Relationships among Firm Environmental Strategy, Financial Performance and Environmental Performance [M]. Management Research Review, 2011, 33 (4): 393-405.

[31] Dahlmann F., Brammer S., Millington A.. Barriers to Proactive Environ-

mental Management in the U.K.: Implications for Business and Public Policy [J]. Journal of General Management, 2008 (33): 1-20.

[32] Dennis M. Hussey, Patrick D. Eagan. Using Structural Equation Modeling to Test Environmental Performance in Small and Medium-sized Manufacturers: Can SEM Help SMES? [J]. Journal of Cleaner Production, 2007, 15 (4): 303-312.

[33] Dahlstrom K., Howes C., Leinster O., Skea J.. Environmental Management Systems and Company Performance: Assessing the Case for Extending Risk-based Regulation [J]. European Environment 2003 (13): 187-203.

[34] Dean T. J., Brown R. L.. Pollution Regulation as a Barrier to New Firm Entry: Intial Evidence and Implication for Future Research [J]. Academy of Management Journal, 1995 (38): 288-303.

[35] Dimaggio P. and Powell W.. The Iron Cage Revisited: Institutional Isomorphism and Collective Rationality [J]. American Sociological Review, 1983 (48): 147-160.

[36] Dimaggio P. and Powell W.. The Iron Cage Revisited: Institutional Isomorphism and Collective Rationality [J]. American Sociological Review, 1983 (48): 147-160.

[37] Downing P. B., White L. J.. Innovation in Pollution Control [J]. Journal of Environmental Economics and Management, 1986, 13 (3): 18-29.

[38] Drobny N. L.. Strategic Environmental Management-Competitive Solutions for the Twenty-first Century [J]. Cost Engineering, 1994, 36 (8): 19-23.

[39] Earnhart Dietrich and Lizal Lubomir.. Effects of Ownership and Financial Status on Corporate Environmental Performance [R]. William Davidson Working Paper, 2013 (2): 492.

[40] F. E. Bowen, M. Postami and P Steel. Timing is Everything: A Meta-Analysis of the Relationships Between Organizational Performance and Innovation [J]. Journal of Business Research, 2010, 63 (11): 1179-1185.

[41] Fineman S.. Constructing the Green Manager [J]. British Journal of Management, 1997 (8): 31-38.

[42] Fraj-Andrés E., Martínez-Salinas E., Matute-Vallejo J.. Factors Affecting

Corporate Environmental Strategy in Spanish Industrial Firms [J]. Business Strategy and the Environment, 2008 (10): 1002-1011.

[43] Francesco Testa, Fabio Iraldo, Marco Frey. The Effect of Environmental Regulation on Firms' Competitive Performance: The Case of the Building & Construction Sector in Some EU Regions[J]. Journal of Environmental Management, 2011 (92): 2136-2144.

[44] Francesco T., Fabio I., Marco F.. The Effect of Environmental Regulation on Firms' Competitive Performance: The Case of the Building & Construction Sector in Some EU Regions [J]. Journal of Environmental Management, 2011 (92): 2136-2144.

[45] Galdeano-Gómez E., Céspedes-Lorente J., Martínez-del-Río J.. Environmental Performance and Spillover Effects on Productivity: Evidence from Horticulturalfirms [J]. Journal of Environmental Management, 2008 (88): 1552-1561.

[46] Gary Davies, Rosa Chun, Rui Vinhas da Silva and Stuart Roper. Corporate Reputation and Competitiveness [M]. Routledge, 2003.

[47] Giorgos Papagiannakis, Spyros Lioukas. Values, Attitudes and Perceptions of Managers as Predictors of Corporate Environmental Responsiveness [J]. Journal of Environmental Management, 2012, 100 (7): 41-45.

[48] Gray W. B., Shadbegian R. J.. Pollution Abatement Cost, Regulation and Plant Level Productivity [R]. Working Paper, 1995.

[49] González-Benito J., González-Benito O.. Environmental Proactivity and Business Performance: An Empirical Analysis [J]. Omega, 2005, 33 (1): 1-15.

[50] Gottsman, Kessler. Smart Screened Investments: Environmentally Screened Equity Funds That Perform [J]. Journal of Investing, 1998, 7 (3): 15-24.

[51] H. Chang Moon, Alan M. Rugman, Alain Verbeke. A Generalized Double Diamond Approach to the Global Competitiveness of Korea and Singapore[J]. International Business Review, 1998 (7): 135-150.

[52] Hamschmidt J., Dyllick T.. ISO 14001: Profitable? Yes! But is It Ecoeffective? [J]. Greener Management International, 2001 (34): 553-568

[53] Hemmelskmap J.. Environmental Taxes and Standards: An Empirical Anal-

ysis of the Impact on Innovation [A]. In: Hemmelskmap J., Rennings K., Leone F.. Innovation-oriented Environmental Regulation-Theoretical Approaches and Empirical Analysis [C]. Berlin: Heidelberg, 2000.

[54] Herold D. M., Jayaraman N., Narayanaswamy C. R.. What is the Relationship between Organizational Slack and Innovation? [J]. Journal of Managerial Issues, 2006, 18 (3): 372-392.

[55] Hitt M. A., Ireland D., Hosikisson R. E.. Strategic Management [M]. New York: West Publishing Company, 1995.

[56] Hrebiniak L. G. and Joyce W. F.. Organizational Adaptation: Strategic Choice and Environmental Determinism [J]. Administrative Science Quarterly, 1985, 30 (3): 336-349.

[57] Hahn R. W.. Market Power and Transferable Property Rights [J]. The Quarterly Journal of Economics 1984, 99 (4): 753-765.

[58] Hahn R. W., Market Power and Transferable Property Rights [J]. Quarterly Journal of Economics, 1984, 99 (4): 753-765.

[59] Hamamoto M.. Environmental Regulation and the Productivity of Japanese Manufacturing Indus-tries [J]. Resource and Energy Economics, 2006 (28): 299-312.

[60] Hart S.. Anatural-resource-based View of the Firm [J]. Academy of Management Journal, 1995 (20): 986-1014.

[61] Hayami Y.. Assessment of the Green Revolution [A]. In Eicher, Staatz J eds: Agricultural Development in the Third World [C]. Baltimore Md: The Johns Hopkins University Press, 1984.

[62] Hockenstein. The Political of Environmental Regulation: Towards a Unifying Framework [J]. Journal of Political Economy, 1991, 39 (2): 137-175.

[63] Ian Worthington, Dean Patton. Strategic Intent in the Management of the Green Environment within SMEs[J]. Long Range Planning, 2005, 38(2): 197-212.

[64] Iraldo F., Testa F., Frey M.. Is an Environmental Management System Able to Influence Environmental and Competitive Performance? The Case of an Eco-management and Audit Scheme (EMAS) in the European Union [J]. Journal of

Cleaner Production, 2009 (17): 1444-1452.

[65] J. Doerr and P. L. Kleiner. Award to Spur Green Innovation[J]. San Francisco Business Times, 2006, 5 (1): 1-2.

[66] J. Petts, A. Herd and S. Gerrard et al.. The Climate and Culture of Environmental Compliance within SMEs [J]. Business Strategy and the Environment, 1999, 8 (1): 14-30.

[67] Jaffe A., Peterson S., Portney P., Stavins R.. Environmental Regulation and the Competitiveness of U.S. Manufacturing: What Does the Evidence Tell Us? [J]. Journal of Economic Literature, 1995 (33): 132-163.

[68] Juan Alberto Aragon-Correa and Enrique A. Rubio-López. Proactive Corporate Environmental Strategies: Myths and Misunderstandings[J]. Long Range Planning, 2007 (40): 357-381.

[69] J. B. Barney and D. N Clark. Resource-Based Theory: Creating and Sustaining Competitive Advantage [M]. Oxford University Press, 2007.

[70] Jaffe A. B., and Palmer J. K.. Environmental Regulation and Innovation: A Panel Data Study [J]. Review of Economics and Statistics, 1997, 79 (4): 610-619.

[71] Jaffe A. B., Palmer J. K.. Environmental Regulation and Innovation: A Panel Data Study [J]. Review of Economics and Statistics, 1997, 79 (4): 610-619.

[72] Jaggy B., M. Freedman. An Examination of the Impact of Pollution Performance on Economics and Market Performance: Pulp and Paper Firms [J]. Journal of Business, 1992 (19): 697-713.

[73] Jens Horbach. Determinants of Environmental Innovation-New Evidence from German Panel Data Sources [J]. Research Policy, 2008, 37 (1): 163-173.

[74] K. Rennings. Towards a Theory and Policy of Eco-innovation: Neoclassical and Co-Evolutionary Perspectives [J]. ZEW Discussion Paper, 1998 (6): 98-124.

[75] Kagan R. A., Gunningham N. and Thornton D.. Explaining Corporate Environmental Performance: How Does Regulation Matter? [J]. Law & Society Review, 2003, 37 (1): 51-90.

[76] Konar and Cohen. Does the Market Value Environmental Performance? [J].

The Review of Economics and Statistics, 2001 (2): 281–289.

[77] King A., Lenox M., Terlaak A.. The Strategic Use of Decentralized Institutions: Exploring Certification with the ISO 14001 Management Standard [J]. Academy of Management Journal, 2005 (48): 1091–1106.

[78] Klassen R. D., McLaughlin C. P.. The Impact of Environmental Management on Firm Performance [J]. Management Science, 1996, 42 (6): 1199–1214.

[79] Kolstad C. D.. Learning and Stock Effects in Environmental Regulation: The Case of Greenhouse Gas Emission [J]. Journal of Environmental Economics and Management, 1996, 31 (1): 1–18.

[80] Lanoie P. et al.. Environmental Policy, Innovation and Performance: New Insights on Porter Hypothesis [J]. Journal of Economics & Management Strategy, 2011, 20 (3): 803–842.

[81] Lindell M., Karagozoglu N. Corporate Environmental Behavior: A Comparison Between Nordic and US Firms [J]. Business Strategy and the Environment, 2001 (10): 38–52.

[82] López-Gamero M. D., Molina-Azorin J. F., Claver-Cortes E.. The Potential of Environmental Regulation to Change Managerial Perception, Environmental Management, Competitiveness and Financial Performance [J]. Journal of Cleaner Production, 2010, 18 (10/11): 963–974.

[83] M. J. JÁlvarez Gil, J. Burgos Jiménez, J. Céspedes Lorente. An Analysis of Environmental Management: Organizational Context and Performance of Spanish Hotels [J]. Omega, 2001 (29): 457–471.

[84] Mathews J. A.. Competitive Advantages of the Late Comerfirms: A Resource-based Account of Industrial Catch up Strategies [J]. Asia-pacific Journal of Management, 2002, 19 (4): 467–488.

[85] Massoud M. A., Fayad R., El-Fadel M., Kamleh R. Drivers, Barriers and Incentives to Implementing Environmental Management Systems in the Food Industry: A Case of Lebanon [J]. Journal of Cleaner Production, 2010 (18): 200–209.

[86] Maxwell J. W. and C. S. Decker. Voluntary Environmental Investment and

Responsive Regulation [J]. Environmental & Resource Economics, 2006, 33 (4): 425–439.

[87] McClaughlin C.. The Impact of Environmental Management on Firm Performance [J]. Management Science, 1996, 42 (6): 1199–1214.

[88] Murillo-Luna J. L., Garces-Ayerbe C., Rivera-Torres P.. What Prevents Firms from Advancing in Their Environmental Strategy?[J]. International Advances in Economic Research, 2007 (13): 35–46.

[89] Majumdar S. K., Marcus A.. Rules versus Discretion: The Productivity Consequences of Flexible Regulation[J]. Academy of Management Journal, 2001, 44 (1): 170–179.

[90] Malueg David A.. Emision Credit Trading and the Incentive to Adopt New Pollution Abatement Technology [J]. Journal of Environmental Economics and Management, 1989 (16): 52–57.

[91] Marconi D.. Trade, Technical Progress and the Environment: The Role of A Unilateral Green Tax on Consumption, Bank of Italy Temidi Discussione (Working Paper), 2010, No.744.

[92] Molina-Azorín J. F., Claver-Cortés E., Pereira-Moliner J., Tarí J. J. Environmental Practices and Firm Performance: An Empirical Analysis in the Spanish Hotel Industry [J]. Journal of Cleaner Production, 2009 (17): 516–524.

[93] Nadkarni Sucheta, Pamela S. Barr. Environmental Context, Managerial Cognition, and Strategic Action: An Integrated View[J]. Strategic Management Journal, 2008, 29 (13): 1395–1427.

[94] Nakao Y., Amano A., Matsumura K., Genba K., Nakano M.. Relationship Between Environmental Performance and Financial Performance: An Empirical Analysis of Japanese Corporations [J]. Business Strategy and the Environment, 2007 (16): 106–118.

[95] Nancy Brooks, Rajiv Sethi. The Distribution of Pollution: Community Characteristics and Exposure to Air Toxics [J]. Journal of Environmental Economics and Management, 1997 (32): 233–250.

[96] Niki Bey, Michael Z. Hauschild and Tim C. McAloone. Drivers and Barri-

ers for Implementation of Environmental Strategies in Manufacturing Companies [J]. CIRP Annals-Manufacturing Technology, 2013 (62): 43-46.

[97] Olson Mary K.. Agency Rule-making, Political Influences, Regulation, and Industry Compliance [J]. Journal of Law, Economics, and Organization, 1999, 15 (3): 573-601.

[98] Orsato R. J.. Cometitive Environmental Strategies: When Does It Pay to Be Green? [J]. California Management Review, 2006, 48 (2): 127-143.

[99] P. Bansal. Evolving Sustainably: A Longitudinal Study of Corporate Sustainable Development [J]. Strategic Management Journal, 2005, 26 (3): 197-218.

[100] Parker C., and Nielsen V. L.. Corporate Compliance Systems-could They Make Any Difference? [J]. Administration and Society, 2009, 41 (1): 3-37.

[101] Porter M., Van der Linde C.. Toward a New Conception of the Environment Competitiveness Relationship [J]. Journal of Economic Perspectives, 1995 (9): 97-118.

[102] Porter M., Van der Linde C.. Green and Competitive: Ending the Stalemate [J]. Harvard Business Review, 1995, 73 (5): 120-134.

[103] Porter M. E. America's Green Strategy [M]. Scientific American, 1991: 168-264.

[104] Pigou A.. The Economics of Welfare [M]. New Jersey: Transaction Publishers, 2001: 387-392.

[105] Pashigian P.. The Effect of Environmental Regulation on Optimal Plant Size and Factor Shares [J]. Journal of Law and economics, 1984 (27): 1-28.

[106] Poter M. E., Vander L. C.. Green and Competitive: Ending the Stalemate [J]. Harvard Business Review, 1995, 73 (5): 120-134.

[107] Runa Sarkar. Public Policy and Corporate Environmental Behavior: A Broader View [J]. Business Strategy & the Environment, 2008, 16 (8): 554-570.

[108] Russo M. V. Fouts P. A.. A Resource-Based Perspective on Corporate Environmental Performance and Profitability [J]. Academy of Management Journal, 1997, 40 (3): 534-559.

[109] R. D. Klassen and C. P. McLaughlin. The Impact of Environmental Man-

agement on Firm Performance[J]. Management Science, 1996, 42 (8): 1199-1214.

[110] Robert D.. Klassen and Curtis P. McLaughlin. The Impact of Environmental Management on Firm Performance [J]. Management Science, 1996 (8): 1199-1214.

[111] S. B. Banerjee, E. S. Lyer and P. K. Kashyap. Corporate Environmentalism: Antecedents and Influence of Industry Type [J]. Journal of Marketing, 2003, 67 (2): 106-122.

[112] S. Rothenberg. Knowledge Content and Worker Participation in Environmental Management at NUMMI [J]. Journal of Management Studies, 2003, 40 (2): 1777-1796.

[113] Seema Arora, Shubhashis Gangopadhyay. Toward a Theoretical Model of Voluntary Over Compliance [J]. Journal of Economic Behavior Organization, 1995 (28): 289-309.

[114] Sharfman M. P., Wolf G., Chase R. B., Tansik D. A.. Antecedents of Organization Slack [J]. Academy of Management Review, 1988, 13 (4): 601-614.

[115] Sharma S., Aragón-Correa J. A., Rueda-Manzanares A. The Contingent Influence of Organizational Capabilities on Proactive Environmental Strategy in the Service Sector: An Analysis of North American and European Ski Resorts [J]. Canadian Journal of Administrative Sciences, 2007 (24): 268-283.

[116] Sharma S., Nguan O.. The Biotechnology Industry and Strategies of Biodiversity Conservation: The Influence of Managerial Interpretations and Risk Propensity [J]. Business Strategy of Environment, 1999 (8): 46-61.

[117] Sharma S., Vredenburg H.. Proactive Corporate Environmental Strategy and the Development of Competitively Valuable Organizational Capabilities[J]. Strategic Management Journal, 1998, 19 (8): 729-753.

[118] Sharma S.. Different Strokes: Regulatory Styles and Environmental Strategy in the North-American Oil and Gas Industry [J]. Business Strategy and the Environment, 2001 (10): 344-364.

[119] Sharma S.. Managerial Interpretations and Organizational Context as Predictors of Corporate Choice of Environmental Strategy [J]. Academy of Management

Journal, 2000, 43 (4): 681-697.

[120] Simpson David, Robert Bradford. Taxing Variable Cost: Environmental Regulationas Industrial Policy [J]. Journal of Environmental Economics and Management, 1996 (16): 282-300.

[121] Stanwick P. A.. Stankwick S. D.. The Relation Between Corporate Social Performance and Organizational Size Financial Performance and Environmental Performance: An Empirical Examination [J]. Journal of business ethics, 1998 (1): 195-205.

[122] Stone G., Joseph M., Blodgett J. M.. Toward the Creation of an Eco-oriented Corporate Culture: A Proposed Model of Internal and External Antecedents Leading to Industrial Eco-orientation [J]. Journal of Business and Industrial Marketing, 2004 (19): 68-84.

[123] Silvo K., Melanen M., Honkasalo A., Ruonala S., Lindström M.. Integrated Pollution Prevention and Controle the Finnish Approach [J]. Resources, Conser-vation and Recycling, 2002 (35): 45-60.

[124] Testa Iraldo & Frey. The Effect of Environmental Regulation on Firms' Competitive Performance [J]. Journal of Environment Management, 2011 (92): 2136-2144.

[125] Thomas Broberg. Testing the Porter Hypothesis: The Effects of Environmental Investments on Efficiency in Swedish Industry [J]. National Institute of Economic Research, 2013 (1): 43-56.

[126] Thomas W. D.. Do Environmental Regulations Impede Economic Growth? A Case Study of the Metal Finishing Industry in the South Coast Basin of Southern California [J]. Economic Development Quarterly, 2009 (23): 329-341.

[127] Triebswetter U., Wackerbauer J.. Integrated Environmental Product Innovation in the Region of Munich and Its Impact on Company Competitiveness [J]. Journal of Cleaner Production, 2008 (16): 1484-1493.

[128] Van Hemel J., Cramer J.. Barriers and Stimuli for Ecodesign in SMEs [J]. Journal of Cleaner Production, 2002 (10): 439-453.

[129] Wally N., White H.. It's Not Easy Being Green [J]. Harvard Business

Review, 1994, 72 (3): 46-52.

[130] Walter G. Blacconiere, W. Dana Northcut. Environmental Information and Market Reactions to Environmental Legislation [J]. Journal of Accounting, Auditing and Finance, 1997 (12): 149-178.

[131] Wayne B. Gray, Ronald J. Shadbegian. "Optimal" Pollution Abatement-whose Benefits Matter, and How Much?[J]. Journal of Environmental Economics and Management, 2004, 48 (1): 655-681.

[132] Wernerfelt B.. From Critical Resources to Corporate Strategy [J]. Journal of General Management, 1989, 14 (3): 4-12.

[133] Wilma Rose Q. Anton, George Deltas and Madhu Khanna. Incentives for Environmental Slf-regulation and Implications for Environmental Performance [J]. Journal of Environmental Economics and Management, 2004 (48): 632-654.

[134] Wagner M.. How to Reconcile Environmental and Economic Performance to Improve Corporate Sustainability: Corporate Environmental Strategies in the European Paper Industry [J]. Journal of Environmental Management, 2005, 76 (2): 105-118.

[135] Welch, Mori. Environmental Disclosures in the Annual Reports of Large Companies in Spam [J]. European Accounting Review, 2002, 9 (1): 7-29.

[136] 2017年全国环境保护工作会议 [R]. 2017-01-11.

[137] 包群, 邵敏, 杨大利. 环境管制抑制了污染排放吗？[J]. 经济研究, 2013 (12): 42.

[138] 陈琪. 环境规制、企业环保投资与企业价值 [M]. 北京: 经济科学出版社, 2014.

[139] 陈茹, 王兵, 卢金勇. 环境管制与工业生产率增长：东部地区的实证研究 [J]. 产经评论, 2010 (2): 74-83.

[140] 陈收, 施秀搏, 吴世园. 互补资源与创新资源协同对企业绩效的影响——环境动态性的调节作用 [J]. 系统工程, 2015, 33 (1): 61-67.

[141] 陈雯, Dietrich Soyez, 左文芳. 工业绿色化：工业环境地理学研究动向 [J]. 地理研究, 2003, 22 (5): 601-608.

[142] 陈璇, 淳伟德. 企业环境行为对经济行为的影响分析 [J]. 经济体制改

革，2010（4）：77-80.

[143] 陈怡秀，胡元林. 重污染企业环境行为影响因素实证研究［J］. 科技管理研究，2016（13）：260-266.

[144] 程巧莲，田也壮. 中国制造企业环境战略、环境绩效与经济绩效的关系研究［J］. 中国人口·资源与环境，2012（11）：116-118.

[145] 崔睿，李延勇. 企业环境管理与财务绩效相关性研究［J］. 山东社会科学，2011（7）：169-171.

[146] 戴璐，孙茂竹. 跨学科视角下的管理会计——理论发展与实地调查［M］. 北京：中国人民大学出版社，2014.

[147] 傅京燕，李丽莎. 环境规制、要素禀赋与产业国际竞争力的实证研究——基于中国制造业的面板数据［J］. 管理世界，2010（10）：87-98.

[148] 戈爱晶，张世秋. 跨国公司的环境管理现状及影响因素分析［J］. 中国环境科学，2006，26（1）：82-83.

[149] 关劲峤，黄贤金等. 太湖流域印染业企业环境行为分析［J］. 湖泊科学，2005（4）：351-355.

[150] 郭际，张扎根. 环境规制强度对技术创新影响的差异性研究［J］. 工业技术经济，2015（3）：85-90.

[151] 郭庆. 世界各国环境规制的演进与启示［J］. 东岳论丛，2009（6）：140-142.

[152] 郭涛，张彦志，王立群. 创新能力与企业核心竞争力关联研究［J］. 问题研究，2008（3）：12-13.

[153] 葛建华，王利平. 多维环境规制下的组织目标及组织形态演变——基于中国长江三峡集团公司的案例研究［J］. 南开管理评论，2011（8）：12-23.

[154] 葛俊杰. 利益均衡视角下的环境保护公众参与机制研究——以社区环境圆桌会议为例［D］. 南京：南京大学博士学位论文，2011.

[155] 韩超，胡浩然. 清洁生产标准规制如何动态影响全要素生产率——剔除其他政策干扰的准自然实验分析［J］. 中国工业经济，2015（5）：70-82.

[156] 胡美琴，李元旭. 西方企业绿色管理研究述评及启示［J］. 管理评论，2007（12）：2-43.

[157] 胡元林，康炫. 重污染企业主动型环境战略的驱动因素——基于扎根

理论的探索研究[J].科技与经济,2017,30(1):11-15.

[158] 胡元林,李茜.环境规制对企业绩效的影响——以企业环保投资为传导变量[J].科技与经济,2016,29(1):72-76.

[159] 胡元林,康炫.环境规制下企业实施主动型环境战略的阻力与动因[J].资源开发与市场,2016(2):151-155,144.

[160] 胡元林,孙华荣.环境规制对企业绩效的影响:研究现状与综述[J].生态经济,2016(1):94-98.

[161] 胡元林,孙华荣.环境规制影响企业绩效的路径研究[J].中国科技论坛,2015(12):75-80.

[162] 胡元林,孙旭丹.环境规制对企业绩效影响的实证研究——基于SCP分析框架[J].科技进步与对策,2015(21):108-113.

[163] 胡元林,杨雁坤.环境规制下企业环境战略转型的过程机制研究——基于动态能力视角[J].科技管理研究,2015(3):220-224,236.

[164] 胡元林,郑文.环境规制对企业绩效的影响机制研究——基于SCP的研究框架[J].改革与战略,2015,31(2):145-150.

[165] 胡元林,陈怡秀.环境规制对企业行为的影响[J].经济纵横,2014(7):51-54.

[166] 黄德春,刘志彪.环境规制与企业自主创新——基于波特假设的企业竞争优势构建[J].中国工业经济,2006(3):100-106.

[167] 黄旭,陈林林.西方资源基础理论评析[J].财经科学,2005(5):94-99.

[168] 惠宁,惠炜,白云朴.资源型产业的特征、问题及其发展机制[J].学术月刊,2013(7):100-106.

[169] 颉茂华,果婕欣,王瑾.环境规制、技术创新与企业转型——以沪深上市重污染行业企业为例[J].研究与发展管理,2016,28(1):84-94.

[170] 颉茂华,王瑾,刘冬梅.环境规制、技术创新与企业经营绩效[J].南开管理评论,2014,17(6):106-113.

[171] 解垩.环境管制与中国工业生产率增长[J].产业经济研究,2008(1):19-25.

[172] 金碚.资源与增长[M].北京:经济管理出版社,2009:279-306.

[173] 孔刘柳,王勇.中国钢铁业:结构、行为和绩效分析[J].经济与管理,2005(9):31-35.

[174] 李冰.黑龙江省工业企业绿色管理影响因素的因子分析[J].统计与决策,2008(14):122-123.

[175] 李干杰.十八大以来美丽中国建设深入人心稳步推进[R].http://news.ifeng.com/a/20170926/52163400_0.shtml.

[176] 李华友.我国建立重污染企业退出机制的深层思考[J].环境经济,2010(9):42-44.

[177] 李虹,熊振兴.生态占用、绿色发展与环境税改革[J].经济研究,2017,52(7):124.

[178] 李拓晨,丁莹莹.环境规制对我国高新技术产业绩效影响研究[J].科技进步与对策,2013(1):64-69.

[179] 李晓翔,刘春林.高流动性冗余资源还是低流动性冗余资源———一项关于组织冗余结构的经验研究[J].中国工业经济,2010(7):94-103.

[180] 李晓翔,刘春林.冗余资源与企业绩效关系的情境研究[J].南开管理评论,2011,14(3):4-14.

[181] 李永波.企业环境战略的形成机制:基于微观动力视角的分析框架[J].管理学报,2012(8):1233-1248.

[182] 李云雁.企业应对环境管制的战略与技术创新行为[D].杭州:浙江工商大学硕士学位论文,2010.

[183] 李志学,杨媛.环境规制政策对企业绩效影响的路径研究[J].国土与自然资源研究,2011(4):81-82.

[184] 李钢,马岩,姚磊磊.中国工业环境管制强度与提升路线——基于中国工业环境保护成本与效益的实证研究[J].中国工业经济,2010(3):31-41.

[185] 李虹,熊振兴.生态占用、绿色发展与环境税改革[J].经济研究,2017,52(7):124.

[186] 李强,聂锐.环境规制与区域技术创新——基于中国省际面板数据的实证分析[J].中南财经政法大学学报,2009(4):19-23.

[187] 林伯强,蒋竺均.中国二氧化碳的环境库兹涅茨曲线预测及影响因素分析[J].管理世界,2009(4):27-36.

[188] 刘丹鹤. 环境规制工具选择及政策启示 [J]. 北京理工大学学报, 2010 (4): 12-23.

[189] 刘红明. 工业绿色化的内涵及影响因素分析 [J]. 现代经济探讨, 2008 (11): 54-57.

[190] 刘文辉. 环境规制对企业竞争策略的影响因素分析 [J]. 山东理工大学学报（社会科学版）, 2007, 23 (6): 42-44.

[191] 马富萍, 郭晓川, 茶娜. 环境规制对技术创新绩效影响的研究——基于资源型企业的实证检验 [J]. 科学学与科学技术管理, 2011 (8): 87-91.

[192] 马海良, 黄德春, 姚惠泽. 技术创新、产业绩效与环境规制——基于长三角的实证分析 [J]. 软科学, 2012 (1): 1-5.

[193] 马中东, 陈莹. 环境规制约束下企业环境战略选择分析 [J]. 科技进步与对策, 2010 (6): 110-113.

[194] 梅国平, 龚海林. 环境规制对产业结构变迁的影响机制研究 [J]. 经济经纬, 2013 (2): 72-76.

[195] 孟庆峰等. 企业环境行为影响因素研究现状及发展趋势 [J]. 中国人口·资源与管理, 2010 (9): 100-109.

[196] 孟庆峰, 李真, 盛昭瀚等. 企业环境行为影响因素研究现状及发展趋势 [J]. 中国人口·资源与管理, 2010 (9): 100-109.

[197] 裴芳. 基于环境价值链的企业绿色升级探析 [D]. 北京: 北京交通大学硕士学位论文, 2009.

[198] 秦颖, 武春友, 徐光. 企业行为与环境绩效之间关系的相关性分析与实证研究 [J]. 科学学与科学技术管理, 2004 (2): 129-132.

[199] 邱桂杰, 彭辉. 我国企业污染减排动力的影响因素分析 [J]. 生态经济 (学术版), 2011 (1): 257-260.

[200] 沈红波, 谢越, 陈峥嵘. 企业的环境保护、社会责任及其市场效应——基于紫金矿业环境污染事件的案例研究 [J]. 中国工业经济, 2012 (1): 141-151.

[201] 沈洪涛, 廖菁华. 会计与生态文明制度建设[J]. 会计研究, 2014 (7): 15.

[202] 沈晓悦, 张辉建. 环境管理与企业竞争力: 问题与对策 [J]. 环境保护,

2004（8）：41-45.

［203］舒燕，邱鸿钟. 我国中药企业资源、动态能力与竞争优势的结构方程研究［J］. 中国科技论坛，2014（7）：81-87.

［204］宋宝莉，何东. 基于核心利益相关者的企业承担生态责任创造战略价值回归研究［J］. 企业管理，2011（12）：84-85.

［205］宋马林，王舒鸿. 环境规制、技术进步与经济增长［J］. 经济研究，2013（3）：122-134.

［206］宋宝莉，何东. 基于核心利益相关者的企业承担生态责任创造战略价值回归研究［J］. 企业管理，2011（12）：84-85.

［207］孙宝连，綦振法，王心娟. 企业主动绿色管理战略驱动力研究［J］. 华东经济管理，2009（23）：81-84.

［208］孙宝连，吴宗杰. 企业主动绿色管理战略动因分析与政策建议［J］. 科技进步与对策，2010，27（5）：75-77.

［209］孙剑，李崇光，程国强. 企业环保导向、环保策略与绩效关系研究——来自武汉城市圈"两型社会"建设试验区的调查［J］. 管理学报，2012（6）：927-935.

［210］石盛林，陈圻. 高管团队认知风格与竞争战略关系的实证研究［J］. 科学学与科学技术管理，2010（12）：147-153.

［211］唐国平，李龙会. 股权结构、产权性质与企业环保投资——来自中国A股上市公司的经验证据［J］. 财经问题研究，2013（3）：93-100.

［212］王爱兰. 试论企业环境成本与经济效益关系的影响因素［J］. 中州学刊，2006（2）：58-61.

［213］王宜虎，陈雯. 工业绿色化发展的动力机制分析［J］. 华中师范大学学报（自然科学版），2007，41（1）：125-129.

［214］王兵，吴延瑞，颜鹏飞. 环境管制与全要素生产率增长：APEC的实证研究［J］. 经济研究，2008（5）：19-32.

［215］王凤，王爱琴. 企业环境行为研究新进展［J］. 经济学动态，2012（1）：124-129.

［216］王宇露，江华. 企业环境行为研究理论脉络与演进逻辑探析［J］. 外国经济与管理，2012（8）：26-34，42.

[217] 吴军, 笪凤媛, 张建华. 环境管制与中国区域生产率增长 [J]. 统计研究, 2010 (1): 83-89.

[218] 许士春, 何正霞等. 环境管制与企业国际竞争力: 一个文献综述 [J]. 商业研究, 2009 (9): 34.

[219] 许士春, 何正霞, 魏晓平. 环境管制与企业国际竞争力: 一个文献综述 [J]. 商业研究, 2009 (9): 34-37.

[220] 许松涛, 万红艳. 环境规制、政府支持与重污染行业的融资约束 [J]. 统计与信息论坛, 2011 (9): 77-83.

[221] 薛伟贤, 刘静. 环境规制及其在中国的评估 [J]. 中国人口·资源与环境, 2010 (9): 70.

[222] 杨德锋, 杨建华. 企业环境战略研究前沿探析 [J]. 外国经济与管理, 2009, 31 (9): 29-37.

[223] 杨东宁, 周长辉. 企业自愿采用标准化环境管理体系的驱动力: 理论框架及实证分析 [J]. 管理世界, 2005 (2): 85-107.

[224] 杨洪刚. 中国环境政策工具的实施效果及其选择研究 [D]. 上海: 复旦大学博士学位论文, 2009.

[225] 叶强生, 武亚军. 转型经济中的企业环境战略动机: 中国实证研究 [J]. 南开管理评论, 2010 (3): 53-59.

[226] 原毅军, 耿殿贺. 环境政策传导机制与中国环保产业发展 [J]. 中国工业经济, 2010 (10): 65-74.

[227] 张成, 于同申. 环境规制会影响产业集中度吗? 一个经验研究 [J]. 中国人口·资源与环境, 2012 (3): 98-103.

[228] 张成. 基于S-C-P范式的中国环境规制问题研究 [M]. 苏州: 苏州大学出版社, 2013.

[229] 张钢, 张小军. 企业绿色创新战略的驱动因素: 多案例比较研究 [J]. 浙江大学学报 (人文社会科学版), 2014, 44 (1): 113-124.

[230] 张海姣, 曹芳萍. 竞争型绿色管理战略构建——基于绿色管理与竞争优势的实证研究 [J]. 科技进步与对策, 2013, 30 (9): 96-100.

[231] 张红凤, 陈淑霞. 环境与经济双赢的规制内在机理与对策 [J]. 财经问题研究, 2008 (3): 43-46.

[232] 张红凤. 制约、双赢到不确定性：环境规制与企业竞争力相关性研究的演进与借鉴[J]. 财经研究，2008，34（7）：16-26.

[233] 张敬伟. 扎根理论研究法在管理学研究中的应用[J]. 科技管理研究，2010（1）：235-237.

[234] 张嫚. 环境规制约束下的企业行为——循环经济发展模式的微观实施机制[M]. 北京：经济科学出版社，2010.

[235] 张三峰，卜茂亮. 环境规制、环保投入与中国企业生产率[J]. 南开经济研究，2011（2）：129-146.

[236] 张台秋，杨静，施建军. 绿色战略动因与权变因素研究——基于转型经济情境[J]. 生态经济，2012（6）：28-33.

[237] 张亚伟. 发达国家环境规制改革的经验与启示[J]. 中州学刊，2010（3）：82-84.

[238] 赵细康. 环境政策对技术创新的影响[J]. 中国地质大学学报（社会科学版）2004（1）：24-28.

[239] 赵玉民，朱方明，贺立龙. 环境规制的界定、分类与演进研究[J]. 中国人口·资源与环境，2009，19（6）：85-90.

[240] 赵卓. 中国环境规制的"三维"分析[J]. 学术交流，2013（8）：88-92.

[241] 赵红. 环境规制对企业技术创新影响的实证研究——以中国30个省份大中型工业企业为例[J]. 软科学，2008（6）：121-125.

[242] 赵红. 环境规制对中国产业绩效影响的实证研究[D]. 济南：山东大学博士学位论文，2007.

[243] 中国面临的绿色挑战[J]. ACCA财会前沿，2013（6）：34.

[244] 朱庆华. 影响企业实施绿色供应链管理制约因素的实证分析[J]. 中国人口·资源与环境，2009（2）：83-87.

[245] 邹海亮，曾赛星，林翰等. 董事会特征、资源松弛性与环境绩效：制造业上市公司的实证分析[J]. 系统管理学报，2016，25（2）：194-202.

后 记

本书为国家自然科学基金地区项目"环境规制影响企业绩效的过程、关键因素及作用机理——以重污染企业为例（71362023）"的主要研究成果。该项目的研究工作得到了诸多机构、学者、同事的支持和帮助。

感谢国家自然科学基金委员会的立项支持。该项目获得立项支持激发了课题组深入研究的积极性；持续的经费支持为项目的顺利进行提供了资金保障。通过项目研究，我们培养了科研队伍，提升了科研素质，研究团队继而获得了第二项国家自然科学基金项目"资源视角下企业生态创新实现机理及路径选择（71762020）"，使现有研究得以继续。

感谢一路陪伴的良师益友！感谢浙江工商大学的胡峰教授，中南财经政法大学的李波教授、郭飞教授，江西财经大学的杨飞虎教授，昆明理工大学的赵光洲教授、潘华教授、陈渝教授、孙永河教授、杨红娟教授、庄永耀教授、段万春教授、可星教授、张海亮教授、郑季良教授、吴刘仓教授、缪彬副教授、肖远飞副教授，云南大学的罗美娟教授、秦德智教授，云南财经大学的卢启程教授、朱锦余教授，云南民族大学的聂顺江教授、杨蕊教授！感谢你们多年来的支持和鼓励！

感谢我们的研究团队！感谢和矛博士、洪洁副教授、朱尚俊副教授、朱雁春博士、严凌助理研究员为课题的付出，特别是孙华荣、孙旭丹、杨雁坤、陈怡秀、李茜、黎航、康炫、张萌萌、杨爽、平丽、涂超、李雪、马喆亮等硕士研究生，他们依托项目参与了部分研究工作，完成了相关研究报告，他们的努力及付出在本书中得到了体现。他们在基金项目的支持下进行了较为系统的科研培训，科研能力得到了极大提升，相信他们一定会有一个美好的未来！

感谢经济管理出版社的申桂萍主任和梁植睿编辑！因为你们的辛勤付出，本书才得以最终定稿出版。

在欣慰之余尚有一丝遗憾。尽管项目组竭尽全力，力图揭示环境规制影响企业绩效的内在机理，但囿于项目组的能力局限以及所研究问题的复杂性，研究仍存在一些不足之处，希望在今后的研究中得到进一步完善。

胡元林

2018 年 5 月